转基因技术和机械化
对中国农业发展的影响

乔方彬　著

本书受国家自然科学基金面上项目（编号：71773150）资助

科 学 出 版 社
北　京

内 容 简 介

转基因技术和机械化是近二十年来我国农业生产上最大的技术变革。首先,本书从技术效率的角度,考察转基因技术对农业生产的影响,为转基因技术是一项新的技术革命提供了来自实证分析的证据。其次,本书分析劳动力工资增加、农机专业化服务组织和财政补贴等对机械化的决定性影响,研究机械化对农业生产结构和农业生产的具体影响,揭示机械化和我国粮食生产安全的内在影响机制。本书的十章内容虽然都围绕转基因技术和机械化展开,但是每一章又自成体系。因此,读者可以任选一章开始阅读而不必顾忌章节的先后顺序。

本书可供农业经济的研究者、农业政策的制定者和其他对农业关注的人士阅读。

图书在版编目(CIP)数据

转基因技术和机械化对中国农业发展的影响/乔方彬著. —北京:科学出版社,2022.1
ISBN 978-7-03-070751-2

Ⅰ.①转⋯ Ⅱ.①乔⋯ Ⅲ.①转基因技术-影响-农业发展-研究-中国 ②农业机械化-影响-农业发展-研究-中国 Ⅳ.①F323

中国版本图书馆 CIP 数据核字(2021)第 243958 号

责任编辑:陶 璇/责任校对:王丹妮
责任印制:张 伟/封面设计:有道设计

科学出版社 出版
北京东黄城根北街 16 号
邮政编码:100717
http://www.sciencep.com

北京凌奇印刷有限责任公司 印刷
科学出版社发行 各地新华书店经销

*

2022 年 1 月第 一 版 开本:720×1000 B5
2023 年 2 月第二次印刷 印张:11 1/4
字数:228 000

定价:118.00 元
(如有印装质量问题,我社负责调换)

前　　言

转基因和机械化，是近二十年来我国农业上最大的技术变革。基于此，本书以二者为研究对象。

首先，转基因技术的经济效益，无论是短期效益还是长期效益，均已被广泛证实。而且，无论是在我国，还是在其他转基因作物广泛种植的国家，该结论都是一致的。然而时至今日，公众对转基因技术的质疑并未消散。究其原因，至少有以下两个方面。其一，在学术上，虽然有学者认为转基因技术是一场新的革命，然而却未能提供基因革命不同于绿色革命的实证证据。其二，在实际农业生产中，作为我国唯一实行了大规模商业化种植的农作物，棉花的总播种面积近年来持续下滑。

针对第一个方面的原因，本书的第1章和第2章试图提供实证证据，以证明基因革命不同于绿色革命。第1章使用具有全国代表性的省级面板数据，第2章使用时间跨度超过十年的多轮调查形成的农户面板数据，第1章和第2章的分析实证表明，转基因技术的生产率高于传统技术，而其技术效率则低于传统技术。并且，转基因技术的采用者有一个明显的对新技术的学习过程。换言之，转基因技术不同于传统的绿色革命技术，应被视为新的技术革命。

针对第二个方面的原因，本书的第6章和第7章专门研究我国棉花播种面积下降的具体原因。理论和实证分析结果均表明，随着我国人口红利的消失和劳动力工资的上升，高效率的大中型机械在农业生产中得到广泛应用，以替代劳动力投入的下降。工资水平的上升和机械化的应用，显著改变了原有农作物的比较优势。受此影响，我国的农业生产结构随之发生变化。具体来说，劳动力密集型的农作物（如棉花、油料和糖料作物等）的播种面积下降了，而机械密集型的农作物（如粮食作物）的播种面积上升了。总而言之，我国棉花播种面积的下降并不是由转基因技术引起的。

其次，本书对农业机械化的决定性因素及其对农业生产的影响进行系统分析。具体来说，本书的第3、第4和第5章重点论述劳动力工资上涨、农机购置补贴和农业专业化服务对我国农业机械化的决定性影响。研究认为，农机购置补贴和农业专业化服务都有积极的影响，而劳动力工资上涨则是我国农业机械化快速发展的第一推动力。在机械化的影响方面，本书的第 6 和第 7 章表明机械化使得粮食作物的总播种面积增加，有助于我国粮食生产安全的实现。本书的最后三章，则重点分析机械化对粮食作物生产率和技术效率的影响，证实并从机制上解释机械化如何影响粮食生产率。实证分析结果表明，机械化有助于实现技术效率的快速提高，并进而引致全要素生产率的提高。

需要说明的是，本书一部分章节的不同版本已经发表（或者已经被接受将要发表）在中文或英文杂志上。类似地，另外一部分章节的其他版本也正在投稿中。为了保持章节的完整性，本书没有对不同章节中重复的内容进行合并或者删减，也没有重新对参考文献进行统一编排。当然，这样做也有一个好处，那就是每个章节都自成一体，所以读者可以从任意一个章节开始阅读，而不必在意章节的前后顺序。

还需要说明的是，虽然本书的研究内容学术性较强，但笔者希望它也能吸引更多的，不具有专业知识背景的读者。为此，笔者尽最大可能避免使用拗口难懂的专业词汇，而用简单明了的方式来说明问题。通俗易懂是本书在写作过程中追求的一个重要目标。

最后需要声明的是，本书的部分内容是笔者及其合作者的共同研究成果，对此笔者深表感谢！当然，本书中的不足之处完全是笔者自己的责任。

乔方彬
2020 年夏于中央财经大学

目　　录

第1章　基因革命：来自技术效率的实证证据 ⋯⋯⋯⋯⋯⋯⋯⋯⋯⋯⋯⋯ 1
   1.1　引言 ⋯⋯⋯⋯⋯⋯⋯⋯⋯⋯⋯⋯⋯⋯⋯⋯⋯⋯⋯⋯⋯⋯⋯⋯⋯ 1
   1.2　数据来源和样本选择 ⋯⋯⋯⋯⋯⋯⋯⋯⋯⋯⋯⋯⋯⋯⋯⋯⋯⋯ 3
   1.3　转基因抗虫棉的技术优势 ⋯⋯⋯⋯⋯⋯⋯⋯⋯⋯⋯⋯⋯⋯⋯⋯ 4
   1.4　技术效率的动态变化和新技术的学习过程 ⋯⋯⋯⋯⋯⋯⋯⋯⋯ 9
   1.5　结论 ⋯⋯⋯⋯⋯⋯⋯⋯⋯⋯⋯⋯⋯⋯⋯⋯⋯⋯⋯⋯⋯⋯⋯⋯⋯ 12
   参考文献 ⋯⋯⋯⋯⋯⋯⋯⋯⋯⋯⋯⋯⋯⋯⋯⋯⋯⋯⋯⋯⋯⋯⋯⋯⋯ 13

第2章　转基因技术的效率研究：基于中国的农户数据 ⋯⋯⋯⋯⋯⋯ 16
   2.1　引言 ⋯⋯⋯⋯⋯⋯⋯⋯⋯⋯⋯⋯⋯⋯⋯⋯⋯⋯⋯⋯⋯⋯⋯⋯⋯ 16
   2.2　调查数据和样本选择 ⋯⋯⋯⋯⋯⋯⋯⋯⋯⋯⋯⋯⋯⋯⋯⋯⋯⋯ 17
   2.3　转基因抗虫棉的技术效率变动情况 ⋯⋯⋯⋯⋯⋯⋯⋯⋯⋯⋯⋯ 19
   2.4　转基因抗虫棉技术效率的决定因素 ⋯⋯⋯⋯⋯⋯⋯⋯⋯⋯⋯⋯ 25
   2.5　结论和政策建议 ⋯⋯⋯⋯⋯⋯⋯⋯⋯⋯⋯⋯⋯⋯⋯⋯⋯⋯⋯⋯ 29
   参考文献 ⋯⋯⋯⋯⋯⋯⋯⋯⋯⋯⋯⋯⋯⋯⋯⋯⋯⋯⋯⋯⋯⋯⋯⋯⋯ 30

第3章　非农就业对农业机械化影响的量化分析 ⋯⋯⋯⋯⋯⋯⋯⋯⋯ 32
   3.1　引言 ⋯⋯⋯⋯⋯⋯⋯⋯⋯⋯⋯⋯⋯⋯⋯⋯⋯⋯⋯⋯⋯⋯⋯⋯⋯ 32
   3.2　非农就业对农机作业服务影响的机制 ⋯⋯⋯⋯⋯⋯⋯⋯⋯⋯⋯ 33
   3.3　数据与实证模型 ⋯⋯⋯⋯⋯⋯⋯⋯⋯⋯⋯⋯⋯⋯⋯⋯⋯⋯⋯⋯ 34
   3.4　结论与政策建议 ⋯⋯⋯⋯⋯⋯⋯⋯⋯⋯⋯⋯⋯⋯⋯⋯⋯⋯⋯⋯ 42
   参考文献 ⋯⋯⋯⋯⋯⋯⋯⋯⋯⋯⋯⋯⋯⋯⋯⋯⋯⋯⋯⋯⋯⋯⋯⋯⋯ 43

第4章　财政补贴和工资率是推动农业机械化的主要动力 ⋯⋯⋯⋯ 45
   4.1　引言 ⋯⋯⋯⋯⋯⋯⋯⋯⋯⋯⋯⋯⋯⋯⋯⋯⋯⋯⋯⋯⋯⋯⋯⋯⋯ 45
   4.2　农机购置补贴在中国的发展历程 ⋯⋯⋯⋯⋯⋯⋯⋯⋯⋯⋯⋯⋯ 47
   4.3　数据和样本选择 ⋯⋯⋯⋯⋯⋯⋯⋯⋯⋯⋯⋯⋯⋯⋯⋯⋯⋯⋯⋯ 48
   4.4　工资增长、财政补贴和机械化发展 ⋯⋯⋯⋯⋯⋯⋯⋯⋯⋯⋯⋯ 50
   4.5　结论 ⋯⋯⋯⋯⋯⋯⋯⋯⋯⋯⋯⋯⋯⋯⋯⋯⋯⋯⋯⋯⋯⋯⋯⋯⋯ 56

参考文献 ·· 57

第5章　农业专业化服务组织对机械化发展的影响 ············· 59
5.1　引言 ·· 59
5.2　农业机械服务组织在我国的发展历程 ····························· 60
5.3　理论框架 ··· 63
5.4　数据和实证模型分析 ··· 64
5.5　结论 ·· 72
参考文献 ·· 73

第6章　工资增长对机械化和农业生产的影响 ······················ 75
6.1　引言 ·· 75
6.2　理论模型 ··· 77
6.3　计量经济学实证模型和估计结果分析 ····························· 78
6.4　结论 ·· 88
参考文献 ·· 89

第7章　机械化对农作物播种面积的影响 ······························ 91
7.1　引言 ·· 91
7.2　理论模型 ··· 93
7.3　实证模型和检验 ··· 95
7.4　结论和政策建议 ·· 108
本章附件A　外出务工工资率对机械化的影响 ······················· 109
本章附件B　机械化对不同作物播种面积的影响 ···················· 111
参考文献 ·· 112

第8章　机械化和中国粮食生产奇迹 ···································· 114
8.1　引言 ·· 114
8.2　机械化和农业专业化服务 ··· 115
8.3　数据来源和样本选择 ··· 117
8.4　实证模型和估计结果分析 ··· 123
8.5　结论 ·· 129
参考文献 ·· 130

第9章　农业专业化服务与技术效率 ···································· 132
9.1　引言 ·· 132
9.2　农业专业化服务在我国的发展概况 ······························ 133
9.3　实证模型和估计结果 ··· 135
9.4　结论 ·· 150
参考文献 ·· 151

第 10 章 技术进步与中国的粮食生产安全 ·············· 154
10.1 引言 ···································· 154
10.2 数据 ···································· 156
10.3 实证模型 ································ 160
10.4 实证模型的估计结果 ···················· 162
10.5 结论和政策性建议 ······················ 168
参考文献 ····································· 169

第1章 基因革命：来自技术效率的实证证据

转基因技术的经济效益已经在全世界范围内得到了广泛的认同。但是，转基因技术能否被视为农业上的新技术革命？在这个问题上依然存在不同的观点。有些人认为该技术为绿色革命的继续和延伸，而另一些人则将其归为与绿色革命一样的基因革命。而之所以该分歧依然存在，是因为没有实证支持转基因技术是一场新的农业革命。以转基因棉花为例，本章使用具有广泛代表性的省级面板数据，从技术效率的角度为转基因技术是农业新技术革命提供实证。本章的研究结果表明，转基因技术的生产率比传统技术要高，而转基因技术的技术效率却比传统技术的技术效率低。此外，这项研究还证明了随着转基因技术在我国的推广应用，技术效率逐步提高。换言之，本章的实证分析提供了一个新技术扩散和采用者的学习过程的实例。

1.1 引　言

迄今为止，转基因作物的开发利用被认为是农业生物技术研究最成功的应用（Wu and Butz，2004）。由于转基因技术具有非常显著的经济效益和环境效益，该技术已被证明是历史上采用速度最快的农业技术（James，2016）。根据国际农业生物技术应用服务组织（The International Service for the Acquisition of Agri-biotech Applications，ISAAA）的统计，2016年全球有26个国家种植了1.85亿公顷不同的转基因作物（James，2016）。因此，有人认为转基因技术是继绿色革命之后，在农业领域发生的又一次技术革命，即基因革命（Parayil，2003；Wu and Butz，2004）。

但是，转基因技术是否真的应该被认为是一场新的农业技术革命？具体而言，转基因技术与传统技术（即绿色革命的技术）有显著不同吗？从理论上讲，转基因的技术机制不同于绿色革命的技术机制（Serageldin，1999；Nielsen et al.，2001；Parayil，2003；Wu and Butz，2004）。目前对转基因技术的实证研究都集中在转基因技术产生的不同效益上，特别是经济收益上（如投入品的节省，即农药和劳动力的使用和作物产量的增加上）。类似地，转基因技术带来的对人类健康和环境方面的正面影响也已经在全世界的不同地方被广泛证实（Pray et al.，2001；Huang et al.，2002a，2002b，2003；Qaim，2003；Qaim and Zilberman，2003；Hossain et al.，2004；Brookes and Barfoot，2005；Kathage and Qaim，2012；Qiao，2015；Qiao et al.，2016）。然而，这些研究都没有能够从实证的角度，证实转基因技术是一项新的农业技术革命。

因此，在转基因技术是否应被视为一场新的农业技术的革命的问题上，已有的研究并没有提供令人满意的答案，特别是来自实证方面的证据。有研究认为，始于20世纪60年代的绿色革命并没有结束，而是一直持续发展着（Conway，1998；Guerinot，2000；Thistle，2001）。同转基因技术一样，绿色革命曾经给传统的农业生产带来产量和总收益上的显著提高。因此，持这种观点的人士认为转基因技术是绿色革命的一部分或扩展，而不是一场新的技术革命。因此，来自实证研究的可靠证据将有助于回答转基因技术究竟是绿色革命的延伸还是一场新的基因革命。

本章的研究试图填补这一知识空白。具体来说，本章有两个研究目标。首先，本章将说明转基因技术是否明显优于传统技术。为此，本章将比较传统技术和转基因技术对生产率的影响。其次，本章将说明是否存在采用者对转基因技术的学习过程。如果转基因技术是新的技术革命，则采用者需要花费一些时间才能完全掌握新技术。因此，随着新技术的普及推广，采用者的学习过程就会发生。新技术的生产效率和生产力都将随之提高。

但是，由于数据可得性的限制，本章的研究将在以下三个方面缩小具体的分析范围。首先，本章是我国的案例研究。我国是最大的转基因作物生产国之一，也是拥有转基因产权的国家之一（Huang et al.，2002c；James，2016）。鉴于此，本章认为建立在我国数据上的分析结论可以充分代表转基因技术的影响。其次，本章的分析仅限于转基因抗虫技术。从2006年开始，我国成为最大的转基因抗虫棉生产国（James，2007）。虽然曾在2015年被印度超过，但是我国目前仍然是世界上第二大转基因抗虫棉的生产国（James，2016）。从这个意义上说，对我国转基因抗虫棉数据的分析能够充分代表转基因抗虫技术的影响。最后，我国还是最早商业化种植转基因抗虫棉的国家之一。在世界范围内，转基因抗虫棉于1996年率先在美国开始商业化种植。一年后，我国开始商业化种植转基因抗虫棉（Pray et al., 2001）。换句话说，转基因抗虫棉在我国已经种植了二十余年。

本章的其余部分安排如下。在 1.2 节中，笔者将讨论用于本章实证分析的数据来源和时间选择，以及本章研究中的主要棉花生产省份。在 1.3 节中，笔者将计算并比较转基因抗虫棉和非转基因抗虫棉的全要素生产率（total factor productivity，TFP）和技术效率。该部分的分析将说明转基因技术在技术效率和生产力方面与传统技术是否有显著区别。在 1.4 节中，笔者将集中讨论是否存在一个转基因技术的学习过程。该过程如果存在，则说明转基因技术是不同于传统技术的新技术。1.5 节是结论。

1.2　数据来源和样本选择

本章中使用的数据，主要来自《全国农产品成本收益资料汇编》和《中国统计年鉴》。具体而言，农药投入、劳动力投入和化肥投入等投入品数据，以及棉花和粮食作物（小麦、水稻和玉米）产量数据，都来自《全国农产品成本收益资料汇编》[国家发展和改革委员会（原国家计划委员会），1997~2015][①]。另外，分省区市的棉花和粮食作物的总播种面积及消费者价格指数数据来自《中国统计年鉴》（国家统计局，1997~2015）。不同省区市的转基因抗虫棉的种植面积及其占棉花播种总面积的比例，笔者并没有发现有政府相关部门公布统计数据。本章使用的转基因抗虫棉的种植比例数据来自中国科学院农业政策研究中心[②]。

在本章的研究中，十个主要的棉花生产省区市都包括在内。我国有三个主要的棉花生产地区：黄河流域、长江流域和西北（Hsu and Gale, 2001）。首先，在西北棉区，本章的研究包括新疆维吾尔自治区，这是我国最大的棉花生产地区。在黄河流域棉区，我们选取了五个省份，即山东、河北、河南、陕西和山西。在长江流域棉区，我们选取了四个省份，即湖北、安徽、江苏和江西。这九个省也

---

① 自 1953 年以来，国家发展和改革委员会开始进行家庭调查，以了解每种主要农作物的成本和收益情况。例如，对于棉花作物，国家发展和改革委员会在主要棉花生产地区选择样本县，然后在样本县中随机选择样本农户。对于选中的样本农户，国家发展和改革委员会持续调查其棉花生产情况。如果有些农户不再具有代表性，如放弃了棉花生产，则放弃对该样本农户的调查。根据 1999~2003 年的数据（2003 年之后，样本信息不再公布），平均样本数量超过 1 500 户。

② 具体地说，黄河流域和长江流域棉区大多数省份的转基因抗虫棉的种植比例是从中国科学院农业政策研究中心的数据库中获得的。新疆维吾尔自治区和甘肃省的转基因抗虫棉的种植比例，是作者根据 Li 等（2013）的研究计算得出的。

是我国第二大至第十四大产棉省（国家统计局，2013）[①]。根据国家统计局的数据，本章研究包括的这十个省区的2014年棉花播种总面积为406万公顷，占2014年全国棉花播种总面积的93.46%。表1-1总结了本章研究中使用的主要变量的基本特征。

表1-1 主要变量的基本特征

变量名	棉花 均值	棉花 标准差	玉米 均值	玉米 标准差	水稻 均值	水稻 标准差	小麦 均值	小麦 标准差
单产/（千克/公顷）	70.62	9.80	397.33	49.00	477.87	26.77	304.52	53.44
农药成本/（元/公顷）	24.00	4.96	2.79	1.33	8.17	3.07	3.31	0.95
化肥成本/（元/公顷）	48.52	11.69	31.79	5.80	34.91	8.85	36.67	7.49
劳动力成本/（元/公顷）	234.50	125.80	79.91	36.42	98.11	40.42	54.62	19.37
观察值	234		397		185		291	

1.3 转基因抗虫棉的技术优势

在本节中，笔者将首先计算棉花和粮食作物的全要素生产率。转基因棉花是我国唯一实行了商业化种植的转基因作物，而所有的粮食作物都是非转基因作物。换句话说，作为绿色革命的一部分或延伸，粮食作物的种植技术都是传统技术。因此，将棉花的全要素生产率和粮食作物的全要素生产率进行比较，将有益于理解转基因技术和传统技术有无显著区别，进而为转基因技术是否可以被认为是一场新的技术革命提供依据。

1.3.1 实证模型

为了估计全要素生产率，Battese和Coelli（1995）引入了超越对数生产函数。随后，该生产函数形式在相关研究中得到了广泛认可和使用。例如，Jin等（2010）、Darku等（2016）和Wang等（2016）都采用了超越对数的生产函数形式。遵循这一传统，本章的研究也使用了超越对数生产函数。具体来说，超越对数生产函数可以写成如下形式：

---

① 由于缺少转基因抗虫棉的数据，湖南省、甘肃省和天津市被排除在本章的实证分析之外。

$$Y_{it} = \beta_0 + \sum_{j=1}^{3}\beta_j X_{jit} + \gamma_1 \text{Year} + \frac{1}{2}\gamma_2 \text{Year}^2 + \frac{1}{2}\sum_{j=1}^{3}\sum_{l=1}^{3}\beta_{jl}X_{jit}X_{lit}$$
$$+ \sum_{j=1}^{3}\beta_{tj}\text{Year}X_{jit} + v_{it} - u_{it} \quad (1\text{-}1)$$
$$u_{it} = \text{Year}_t + \sum_i \text{Province}_i + w_{it}$$

其中，i 是第 i 个省；t 是第 t 年；w 和 v 是误差项。因变量是作物产量（单位：千克/公顷）。在本章的研究中，我们考虑了三种粮食作物（小麦、水稻、玉米）和棉花作物。

X_{it} 是一组传统投入品变量的向量。在本章的研究中，我们考虑了三个重要的传统投入：肥料、劳动力和农药。根据我们的样本数据，这三种投入在小麦、水稻、玉米和棉花的总生产成本中所占的比例分别为：59.18%、70.22%、71.72%和80.47%。因此，我们认为将这三个投入品变量加入方程（1-1）中，即可以充分衡量投入对产出的影响。Province 是省份的虚拟变量。在实证研究中，添加了省份虚拟变量，可以考虑那些随着时间推移不变的因素（如地理、气候等因素）对产量的影响。

方程（1-1）的估计结果见表 1-2。在讨论结果之前，我们有必要对自变量进行说明。在类似的实证分析中，自变量之间，尤其是在加入了自变量的相互作用项之后，共线性问题非常常见。这一问题是众所周知的。因此，如表 1-2 所示，大部分投入品变量的估计系数都没有通过统计显著性检验。如前所述，这样的结果也是可以预期的。需要说明的是，本章研究的核心是分析转基因技术相对于非转基因技术的优势，而不是不同自变量对作物产量的具体影响程度。鉴于此，我们将讨论的焦点集中在全要素生产率、技术效率变化及棉花和粮食作物的技术效率的动态变化上。

表1-2 超越对数随机前沿生产函数的估计结果

随机前沿生产函数	棉花 参数	棉花 标准差	玉米 参数	玉米 标准差	水稻 参数	水稻 标准差	小麦 参数	小麦 标准差
常数项	2.605	2.162	5.747***	1.059	2.868***	0.946	6.808***	0.961
年份	0.058	0.060	0.044**	0.022	−0.080**	0.034	0.015	0.030
年份平方	0.002**	0.001	0.000	0.000	0.000	0.001	0.001***	0.001
年份×劳动力	−0.018	0.017	−0.008**	0.004	0.012*	0.007	−0.005	0.006
年份×化肥	0.003	0.010	−0.003	0.006	0.010	0.009	−0.008	0.007
年份×农药	0.004	0.010	0.005**	0.003	−0.004	0.004	0.008*	0.005
劳动力	0.599	1.023	−0.219	0.297	0.833*	0.454	−0.150	0.357
化肥	−0.534	0.519	0.098	0.246	0.015	0.196	0.390	0.258
农药	0.384	0.656	−0.091	0.522	1.075**	0.511	−0.470	0.476
(1/2)×劳动力平方	0.006	0.297	0.006	0.07	−0.229*	0.121	0.022	0.098

续表

随机前沿生产函数	棉花 参数	棉花 标准差	玉米 参数	玉米 标准差	水稻 参数	水稻 标准差	小麦 参数	小麦 标准差
(1/2)×化肥平方	−0.052	0.210	0.016	0.174	−0.252	0.177	0.119	0.162
(1/2)×农药平方	−0.234**	0.104	0.038	0.046	0.021	0.023	−0.005	0.041
(1/2)×劳动力×化肥	−0.290	0.337	0.160	0.159	−0.055	0.178	0.151	0.213
(1/2)×劳动力×农药	0.096	0.291	0.051	0.097	0.133	0.082	−0.145	0.112
(1/2)×化肥×农药	0.425**	0.197	−0.158	0.166	−0.154	0.104	−0.113	0.115
技术无效率								
常数项	−0.314	0.397	0.560***	0.066	0.466***	0.066	0.243***	0.059
年份	−0.002	0.005	−0.011***	0.003	0.000	0.004	−0.016***	0.004
省份虚拟变量	包括		包括		包括		包括	
Sigma 平方	0.034***	0.006	0.027***	0.004	0.015***	0.001	0.006***	0.001
Gamma	0.908***	0.100	0.934***	0.029	0.393***	0.103	0.631***	0.085
对数似然值	125.370		243.770		271.800		250.700	
观察值	243		291		397		185	

*** $p<0.01$, ** $p<0.05$, * $p<0.1$

注：作物单产、劳动力、化肥和农药成本都取其自然对数

1.3.2　全要素生产率的增长率

根据表 1-2 的估计结果，我们计算了不同作物的全要素生产率的增长率。如图 1-1 所示，所有粮食作物（即小麦、水稻和玉米）的全要素生产率增长率都显示出非常相似的趋势，并且随着时间推移略有增加。换句话说，粮食作物的技术创新动力似乎非常相似。进一步的观察表明，所有粮食作物的不同投入品随时间推移的变动趋势也非常相似。

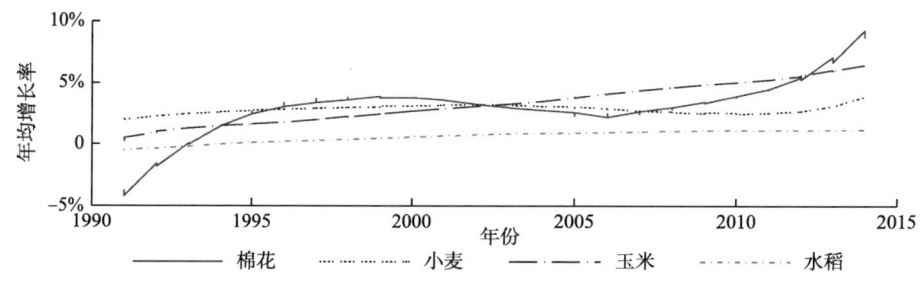

图 1-1　棉花和粮食作物全要素生产率增长率

另外，棉花的全要素生产率的增长动态变动情况，与粮食作物的增长模式截然不同。如图 1-1 所示，在 1993 年之前，棉花的全要素生产率增长为负值。这一现象反映的是 1990 年前后，我国棉花生产的实际情况。由于棉铃虫（我国棉田最重要的害虫）对常规化学农药产生了抗药性，尽管农民喷洒的农药数量越来越多，1990 年初棉铃虫的大爆发还是造成了巨大的棉花产量损失（Huang et al., 2002b）。特别是在黄河流域棉区，有些农户的棉田几乎绝收。所以，在这个时期棉花生产的全要素生产率的增长率是负值。认识到棉铃虫抗药性的危害，农民开始混配农药，或者用交替使用化学农药的方法防治棉铃虫。新的防治方法起到了效果，棉花生产的全要素生产率的增长率从 1995 年变为正值。更为重要的是，自 1997 年以来，农民开始种植转基因抗虫棉。而且，自 2002 年以来，转基因抗虫棉开始占据棉花生产的主导地位。在此影响下，棉花生产的全要素生产率增长加快。

这里需要强调的是，图 1-1 显示了棉花经历了与粮食作物截然不同的全要素生产率增长历程。尽管从总体上看，棉花和粮食作物的全要素增长率都是增加的。但是它们的动态变化是显著不同的。换句话说，图 1-1 似乎表明棉花的技术进步与粮食作物的技术进步显著不同。

1.3.3　转基因技术对产量影响的动态变动

为了进一步了解棉花和粮食作物的全要素生产率增长差异的根源，我们将全要素生产率的增长率（注意是增长率，不是全要素生产率的绝对值）分解为不同的部分。具体而言，根据 Kumbhakar 和 Lovell（2000）的方法，我们将全要素生产率的增长率分解为三个部分：技术变化、技术效率变化和残差：

$$TFP = TC + TEC + residual \qquad (1\text{-}2)$$

其中，TC 是作物生产前沿边界的变化。也就是说，TC 值为正意味着在给定的投入水平下，技术变化将生产边界向上移动。换句话说，快速的技术创新或改进使得 TC 升高，反之亦然。TEC 是技术效率的增长率。这个术语可以解释为效率低下的技术采用者追赶作物生产前沿的速率。较高的 TEC 意味着技术采用者可以获得新技术的全部优势，反之亦然。

接下来，我们将首先检查转基因技术的技术变动（即 TC）的动态变动。通过这样的分析，我们可以了解转基因技术的普及是否引起 TC 值的增加。也就是说，我们要测试采用转基因技术是否会带来重大的技术进步。图 1-2 显示了每个省区市随时间变化的 TC 值的变动情况。

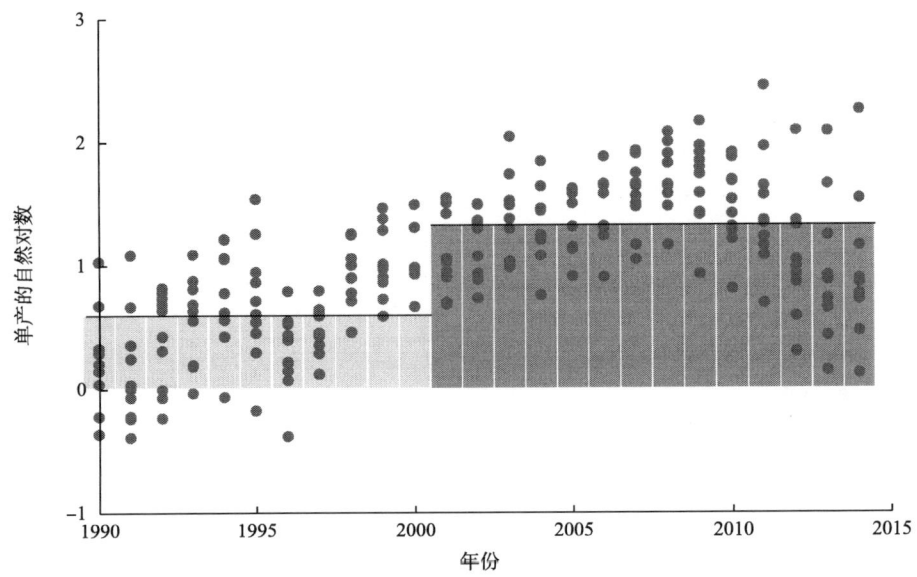

图 1-2　转基因技术采用前后棉花技术变动

为了比较采用转基因技术前后的 TC，我们将整个时间区间进一步分为两个时间段：1997~2001 年和 2002~2014 年。如上所述，转基因抗虫棉是 1997 年开始商业化种植的。然而直到 2002 年，转基因抗虫棉的播种面积还不到全国棉花总播种面积的 50%。因此，在第一个时间段，即 1997~2001 年，传统技术（以下简称非转基因技术）占主导地位。另外，自 2002 年以来，转基因抗虫棉的份额开始超过 50%，此后一直保持在很高的水平（超过 80%）。换句话说，转基因抗虫棉在第二个时间段占主导地位。因此，第二个时间段（即 2002~2014 年）显示了新技术（以下简称转基因技术）的技术变动。

如图 1-2 所示，第二个时间段（即转基因技术占主导地位的时间段）的技术变动显著高于第一个时间段（即非转基因技术占主导地位的时间段）。换句话说，从第一个时间段到第二个时间段，技术变动的速度增加了。进一步的计算表明，非转基因技术的平均技术变化为 0.60，而转基因技术的平均技术变化为 1.33。换句话说，从非转基因技术时期到转基因技术时期，技术变化增加了 121.7%。从这个意义上说，图 1-2 提供了有力的证据，表明新技术（即转基因技术）比传统技术（即绿色革命）具有更高的生产率。

1.4 技术效率的动态变化和新技术的学习过程

根据有关技术采用和传播的经典理论，采用者要完全掌握一门新技术需要时间（Evenson and Westphal，1995；Conley and Udry，2010）。换句话说，存在一个采用者对新技术的不断学习的过程。容易理解的是，如果新技术与传统技术非常相似，则这个学习过程很短，甚至可以避免。例如，在我国的农业生产中，新品种层出不穷。但是，由于新品种在生产实践上与已有的品种没有不同的要求，因此采用者不需要学习过程。从这个意义上说，这种技术（即新品种）也通常被认为是传统技术的扩展，而不是新的技术革命。

另外，转基因抗虫棉在我国的主要优势是减少生产投入（主要是农药的投入）。换句话说，与种植传统品种（即非转基因品种）的农户相比，种植转基因抗虫棉的农户需要喷洒的农药更少（包括农药总用量和喷洒次数）。换言之，转基因抗虫棉的生产方式与非转基因抗虫棉的生产方式是不同的。因此，如果种植转基因抗虫棉的农户仍然遵循传统的生产方式（即非转基因抗虫棉的种植方式），那么就会造成转基因抗虫棉技术效率的降低。因此，对于转基因抗虫棉的技术采用，我们期望存在一个采用者的学习过程。

1.4.1 转基因抗虫棉和非转基因抗虫棉的技术效率

在本章中，我们通过两个步骤来检查是否存在采用者对转基因技术的学习过程。首先，我们将非转基因技术的技术效率与转基因技术的技术效率进行比较。由于非转基因抗虫棉已经种植了很多年，农民对非转基因抗虫棉的种植技术非常了解。因此，非转基因抗虫棉的种植技术效率也很高。转基因技术是一项新技术，农民直到1997年才开始种植转基因抗虫棉。因此我们预计，至少在种植转基因抗虫棉的初期，非转基因技术的技术效率会高于转基因技术的技术效率。其次，我们将转基因抗虫棉的理论最佳农药使用水平（就最优产量而言），与农民实际农药使用量进行比较。如果二者始终不存在显著差异，则不存在采用者对转基因技术的学习过程。如果二者的差异随着时间的推移变得越来越小，则存在学习过程。

采用转基因技术前后的技术效率见图1-3。尽管图1-3是散点图，但是可以看出总的技术效率随时间推移呈现出下降的趋势。换句话说，图 1-3 似乎表明非转基因抗虫棉的技术效率高于转基因抗虫棉。为了进一步显示这种差异，我们分别计算了非转基因技术占主导地位时的技术效率的平均值（即 1997~2001 年）和转基因技术占主导地位时的技术效率的平均值（即 2002~2014 年）。如图 1-3 所示，1997~2001 年技术效率的平均值低于 2002~2014 年技术效率的平均值。

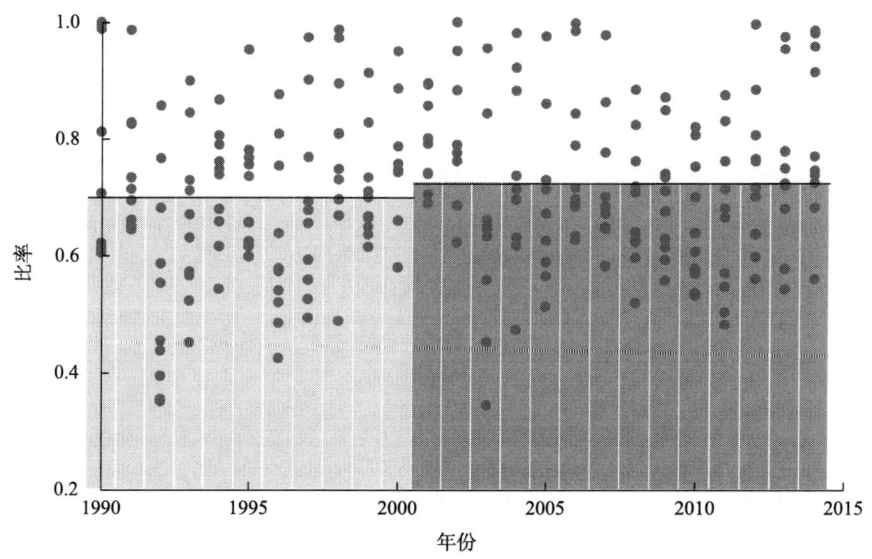

图 1-3　采用转基因技术前后技术效率的变动趋势

此结果与我们的预期一致。如前所述，非转基因抗虫棉是绿色革命的传统技术。虽然绿色革命的传统技术随着时间而不断发展（例如，旧的棉花品种被新品种替代），但作为绿色革命的延伸，不同品种对实际的生产实践的基本要求是相同的或者非常类似。因此，种植者无须学习如何种植新品种。由于农民对该项技术非常了解，因此我们预计非转基因抗虫棉会有比较高的技术效率。转基因技术需要不同于传统种植技术（即非转基因抗虫棉的种植技术）的生产实践。因此，如果种植转基因抗虫棉的农户仍然遵循原来的传统方法来种植转基因抗虫棉，则可能导致技术效率低下。

1.4.2　学习转基因技术的过程

为了揭示棉花和粮食作物的全要素生产率和技术变动之间差异的根源，我们随后展示了不同投入品的动态变化情况。如图 1-4 所示，无论是化肥成本还是人工成本，均随时间推移呈单调平稳增长的态势。1997 年以后，随着转基因技术迅速而广泛地传播,农药成本显著减少。此外,在 2002 年之后,即当转基因抗虫棉占主导地位后,农药成本则随着时间的推移而保持恒定或略有增加。因此,棉花的全要素生产率和技术变动的非单调动态变化情况,似乎与农药成本的非单调动态变动趋势相关。

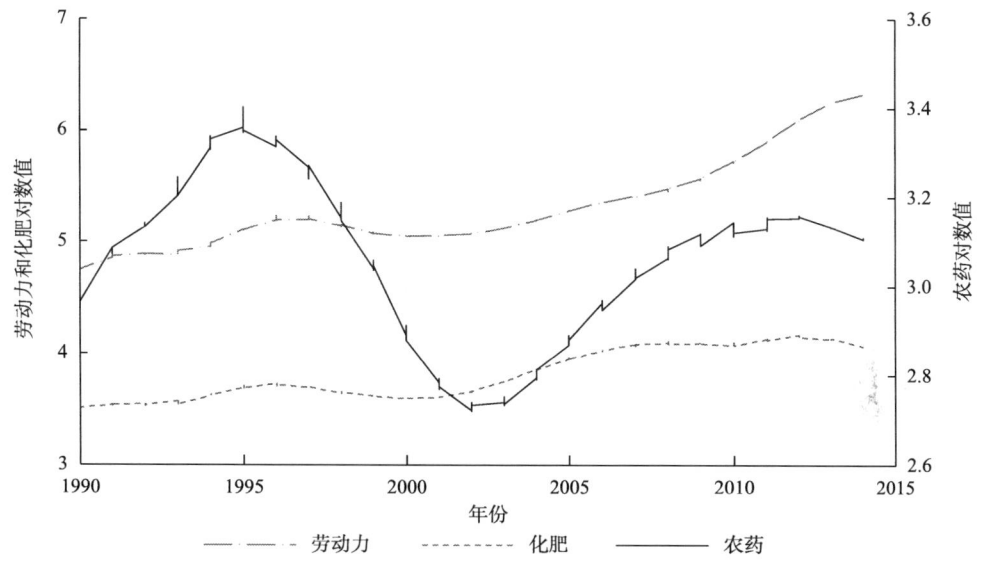

图 1-4 棉花生产中,化肥、农药和劳动力的动态变化

如前所述,新技术(即转基因技术)的主要优势是减少农药的使用。所以,在以下部分中,我们将通过介绍引入转基因技术后的农药的动态变动趋势,来验证对新技术的学习过程是否存在。具体来说,我们将展示理论上的农药最佳使用水平和农民实际喷洒农药的水平。然后,将这两者之间的差异用作技术效率的一个指代指标。如果二者差别很高,则我们说技术效率较低,而如果二者差异比较小,则我们说技术效率高。同样,如果在转基因抗虫棉商业化后,二者的差异有减小的趋势,我们可以得出学习过程发生了的结论。

如图 1-5 所示,由于转基因抗虫棉在我国迅速传播,在 1997~2001 年,最佳农药成本与实际农药成本之间的差异急剧减小。从 2002 年开始,转基因抗虫棉的份额开始超过 50%。相应地,图 1-5 显示的二者之间的差异,在 2002 年之后呈恒定趋势。换句话说,图 1-5 表明随着时间的流逝,农民实际农药成本越来越接近于使用农药的最佳理论水平,即随着时间的流逝,经济损失变小,而技术效率变大。

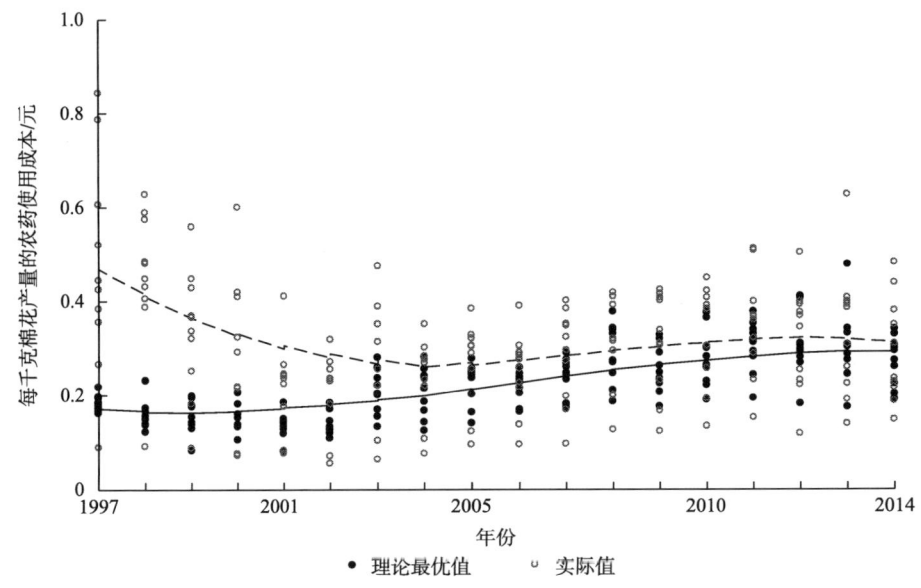

图 1-5 我国棉花生产中，农药的理论最优值和农民实际喷洒水平
趋势线是平均值的平滑线

图 1-5 中显示的结果符合我们的预期。首次引入转基因棉花时，农民可能并不完全了解这种新技术，因此并不能在实际的农业生产中遵循新技术的特殊要求（即减少农业生产中的农药使用）。先前的研究表明，引入转基因抗虫棉后的前几年，农民仍然过度使用农药（Liu and Huang，2013）。然而，随着转基因抗虫棉的广泛传播，农民从自己的经验及邻居和他人的经验中学到了新技术的种植要求（Umetsu et al.，2003；Genius et al.，2014；Barham et al.，2015）。因此，他们逐渐减少了农药的使用，从而使实际农药使用水平接近最佳农药使用水平。结果，技术效率就增加了。如图 1-5 所示，实际农药成本和最佳农药成本的变化情况，为农户的转基因技术的学习过程提供了一个有力的证据。

1.5 结 论

尽管现有的学术文献早已充分证明了转基因技术所带来的多重好处，并且转基因作物已遍及全球，但先前的研究均未提供实证以证明转基因技术是否与传统技术存在显著不同。在本章的研究中，我们的实证分析结果表明，转基因作物的全要素生产率较高，因此转基因技术比传统技术（即绿色革命）的生产率高。有趣的是，我们的研究还显示，农民对这项新技术的采用有一个明显的学习过程。因此，本章提供了坚实的经验证据，证实应将转基因技术视为一场新的农业技术革命（即基因革命）。这也是本章的学术贡献。

本章的结果在实践中也具有重要意义。尽管转基因作物在全球范围内的收益和可持续性已得到充分证明，但近年来公众和媒体对转基因技术的消极态度似乎占了主导地位（Kathage and Qaim，2012；Qiao，2015）。因此，至少在一定程度上受到这种负面舆论的影响，我国政府目前已经停止了其他转基因作物的商业化进程。而实际上，我国有许多转基因作物，如转基因玉米和水稻，它们已经具备了商业化生产的能力。从这个意义上说，这些转基因作物商品化的延误将导致巨大的经济损失。毫无疑问，本章可能会促进我国及其他国家对转基因技术态度的转变，从而促进全球转基因技术的发展。

参 考 文 献

国家发展和改革委员会（原国家计划委员会）. 1997~2015. 全国农产品成本收益资料汇编. 北京：中国统计出版社.

国家统计局. 1997~2015. 中国统计年鉴. 北京：中国统计出版社.

国家统计局. 2013. 中国统计年鉴. 北京：中国统计出版社.

Barham B L, Chavas J, Fitz D, et al. 2015. Risk, learning, and technology adoption. Agricultural Economics, 46（1）：11-24.

Battese G E, Coelli T J. 1993. A stochastic frontier production function incorporating a model for technical inefficiency effects. Working Papers in Econometrics and Applied Statistics, No.69, Department of Econometrics University of New England, Armidale：22.

Battese G E, Coelli T J. 1995. A model for technical inefficiency effects in a stochastic frontier production function for panel data. Empirical Economics, 20：325-332.

Brookes G, Barfoot P. 2005. GM Crops：the global economic and environmental impact - the first nine years 1996-2004. AgBio Forum, 8（2/3）：187-196.

CNBS [China National Bureau of Statistics]. 2008, 2013. China Statistical Yearbook. Beijing：China Statistical Press.

Conley T G, Udry C R. 2010. Learning about a new technology：pineapple in Ghana. American Economic Review, 100（1）：35-69.

Conway G. 1998. The Doubly Green Revolution：Food for All in the Twenty-First Century. New York：Cornell University Press.

Darku A B, Malla S, Tran K C. 2016. Sources and measurement of agricultural productivity and efficiency in Canadian provinces: crops and livestock. Canadian Journal of Agricultural Economics, 64 (1): 49-70.

Evenson R, Westphal L. 1995. Technological change and technology strategy//Behrman J, Srinivasan T N. Handbook of Development Economics. Amsterdam: North Holland Publishing Co: 2209-2300.

Genius M, Koundouri P, Nauges C, et al. 2014. Information transmission in irrigation technology adoption and diffusion: social learning, extension services, and spatial effects. American Journal of Agricultural Economics, 96: 328-344.

Guerinot M L. 2000. The green revolution strikes gold. Science, 287 (1): 241-243.

Hossain F, Pray C, Lu Y, et al. 2004. Genetically modified cotton and farmers' health in China. International Journal of Occupational and Environmental Health, 10 (3): 296-303.

Hsu H, Gale F. 2001. Regional shifts in China's cotton production and use. Cotton and Wool Situation and Outlook. Washington DC: Economic Research Service, USDA.

Huang J, Hu R, Pray C, et al. 2003. Biotechnology as anlternative to chemical pesticides: a case study of Bt cotton in China. Agriculture Economics, 29: 55-67.

Huang J, Hu R, Rozelle S, et al. 2002a. Transgenic varieties and productivity of smallholder cotton farmers in China. The Australian Journal of Agricultural and Resource Economics, 46 (3): 367-387.

Huang J, Rozelle S, Pray C. 2002b. Enhancing the crops to feed the poor. Nature, 418: 678-684.

Huang J, Rozelle S, Pray C, et al. 2002c. Plant biotechnology in China. Science, 295(25): 674-677.

International Service for the Acquisition of Agri-biotech Applications. 2007. Global status of commercialized biotech/GM crops: 2007. Issue Brief No. 37, New York, Ithaca: James, Clive.

International Service for the Acquisition of Agri-biotech Applications. 2016. Global status of commercialized biotech/GM crops: 2007. Issue Brief No. 51, New York, Ithaca: James, Clive.

James C. 2007. Global Status of Commercialized Biotech/GM Crops: 2007. International Service for the Acquisition of Agri-biotech Applications (ISAAA) Brief No. 37. ISAAA: Ithaca, NY.

James C. 2016. Global Status of Commercialized Biotech/GM Crops: 2016. International Service for the Acquisition of Agri-biotech Applications (ISAAA) Brief No. 52. ISAAA: Ithaca, NY.

Jin S, Ma H, Huang J, Hu R, et al. 2010. Productivity, efficiency and technical change: measuring the performance of China's transforming agriculture. Journal of Productivity Analysis, 33 (3): 191-207.

Kathage J, Qaim M. 2012. Economic impacts and impact dynamics of Bt (Bacillus thuringiensis) cotton in India. Proceedings of the National Academy of Sciences of the United States of America, 109: 11652-11656.

Kumbhakar S C, Lovell C A K. 2000. Stochastic Frontier Analysis. Cambridge: Cambridge University Press.

Li X, Gong Z, Wang J, et al. 2013. Current situation and policy suggestions for Bt cotton in Xinjiang. Paper presented at annual meeting of China Cotton Association, August 8-9, Changsha, China.

Liu E, Huang J. 2013. Risk preferences and pesticide use by cotton farmers in China. Journal of Development Economics, 103（1）: 202-215.

Margarita G, Koundouri P, Nauges C, et al. 2014. Information transmission in irrigation technology adoption and diffusion: social learning, extension services, and spatial effects. American Journal of Agricultural Economics, 96: 328-344.

[NDRC] National Development and Reform Commission. 1991-2015. All China Data Compilation of the Costs and Returns of Main Agricultural Products. Beijing: China Statistics Press.

Nielsen C P, Robinson S, Thierfelder K. 2001. Genetic engineering and trade: panacea or dilemma for developing countries. World Development, 29（8）: 1307-1324.

Parayil G. 2003. Mapping technological trajectories of the Green Revolution and the Gene Revolution from modernization to globalization. Research Policy, 32（6）: 971-990.

Pray C E, Ma D, Huang J, et al. 2001. Impact of Bt cotton in China. World Development, 29: 813-825.

Qaim M. 2003. Bt cotton in India: field trial results and economic projections. World Development, 31（12）: 2115-2127.

Qaim M, Janvry A D. 2011. Genetically modified crops, corporate pricing strategies, and farmers' adoption: the case of Bt cotton in Argentina. American Journal of Agricultural Economics, 85（4）: 814-828.

Qaim M, Zilberman D. 2003. Yield effects of genetically modified crops in developing countries. Science, 299: 900-902.

Qiao F. 2015. Fifteen years of Bt cotton in China: the economic impact and its dynamics. World Development, 70: 177-185.

Qiao F, Huang J, Zhang C. 2016. The sustainability of the farm-level impact of Bt cotton in China. Journal of Agricultural Economics, 67（3）: 602-618.

Qiao F, Yao Y. 2015. Is the economic benefit of Bt cotton dying away in China. China Agriculture Economic Review, 7: 322-336.

Serageldin I. 1999. From Green Revolution to Gene Revolution. Economic Perspectives, 4（4）, IIP E-Journals, US Department of State.

Thistle. 2001. Continuing the Green Revolution: the corporate assault on the security of the global food supply. The Thistle, 13（4）, June/July.

Umetsu C, Lekprichakul T, Chakravorty U. 2003. Efficiency and technical change in the Philippine rice sector: a malmquist total factor productivity analysis. American Journal of Agricultural Economics, 85（4）: 943-963.

Wang X, Yamauchi F, Huang J. 2016. Rising wages, mechanization, and the substitution between capital and labor: evidence from small scale farm system in China. Agricultural Economics, 47（3）: 309-317.

Wu F, Butz W P. 2004. The Future of Genetically Modified Crops: Lessons from the Green Revolution. California: RAND Corporation.

第 2 章 转基因技术的效率研究：基于中国的农户数据

转基因技术带来的经济效益已得到充分证明，然而转基因技术效率的动态变动情况则鲜有分析。本章使用了 1999~2012 年 7 次农户调查得到的面板数据，对转基因技术效率进行了实证分析。分析结果证实，与非转基因抗虫棉相比，转基因抗虫棉的生产力显著提高。研究结果还显示，由于转基因技术是一项新的农业技术，故转基因抗虫棉的技术效率低于非转基因抗虫棉。进一步的动态研究表明，转基因抗虫棉的技术效率随着时间的推移而不断增加，最终接近非转基因抗虫棉的技术效率水平。这项研究还表明，技术效率的增加不仅受到采用者自己的种植经验的影响，还受到新技术在其社区内的传播速度的影响。

2.1 引 言

转基因技术带来的经济效益已得到充分证明。基于农户调查数据进行的实证分析表明，转基因技术经济效益的短期影响（即减少农药使用和劳动力投入及增加作物产量）是显著的和普遍的（Pray et al.，2001；Huang et al.，2002，2003；Qaim，2003；Qaim and Zilberman，2003）。此外，最近的研究表明，转基因技术经济效益具有可持续性（Kathage and Qaim，2012；Qiao，2015；Qiao et al.，2016）。因此，转基因技术在世界范围内迅速传播。截至 2014 年，来自 15 个国家的近 2 000 万农民种植了转基因抗虫棉。印度、中国和美国这三个最大的棉花生产国中，转基因抗虫棉的采用率均超过 90%（James，2014）。

然而，对转基因技术效率的动态变动情况则鲜有分析。转基因抗虫棉的效率最早由 Thirtle 等（2003）在南非进行过估算。十余年后，Abedullah 和 Qaim（2015）

及 Veettil 等（2017）分别分析了在印度和巴基斯坦收集的农户数据，从而重新审视了这个问题。这些研究表明，转基因抗虫棉在技术效率上比非转基因抗虫棉更高。然而转基因技术是一项新的农业技术，所以得到转基因抗虫棉的技术效率高于非转基因抗虫棉的实证结论似乎和理论并不一致。换言之，在转基因技术效率上，我们需要更进一步的研究。

许多因素都会影响新技术的技术效率。例如，新技术的普及率是影响技术效率大小的关键因素，尤其是在新技术采用的前期阶段（Klenow and Rodriguez-Clare，1997；Comin and Hobijn，2010）。先前的研究表明，广泛而快速的技术扩散可以增强新技术的影响力（Feder et al.，1985；Garicano and Rossi-Hansberg，2015）。同样，个人的经验、社交网络和其他因素也有助于新技术的技术效率的提高（Umetsu et al.，2003；Genius et al.，2014；Barham et al.，2015）。我国转基因技术的技术效率的变动情况与这些研究结果一致吗？转基因技术的技术效率的主要决定因素是什么？这些问题尚待研究。

本章试图回答以上的问题。在实证分析中，本章使用了 1999~2012 年在我国农村地区通过七次调查得到的农户数据。具体来说，本章研究有两个目标。第一，本章研究将估算转基因抗虫棉的技术效率，并描述其随着时间的变化而变动的动态趋势。第二，本章研究将确定影响转基因抗虫棉技术效率的主要因素，并定量评估其影响。本章的研究结果表明，尽管转基因技术的生产率显著高于非转基因技术的生产率，但转基因抗虫棉的技术效率却低于非转基因抗虫棉的技术效率。这一结论与已有研究在其他国家的实证分析结果是不一致的（Thirtle et al.，2003；Abedullah and Qaim，2015；Veettil et al.，2017）。但是值得注意的是，本章的研究还表明转基因抗虫棉的技术效率随时间推移而不断增长，已非常接近非转基因抗虫棉的技术效率。进一步的研究表明，农民自己的种植经验及新技术在社区中的传播速度都提高了转基因抗虫棉的技术效率。

本章的其余部分安排如下。在 2.2 节中，笔者将介绍在我国主要棉花生产地区收集的七次农户调查数据。在 2.3 节中，笔者将讨论用来估算转基因抗虫棉技术效率的计量经济学模型。在 2.4 节中，笔者通过构建计量经济学模型来识别和估计影响技术效率的主要决定因素，然后讨论模型的估计结果。最后一部分是本章的总结。

2.2　调查数据和样本选择

本章分析所用的数据是独一无二的。该数据集是在 1999~2001 年、2004 年、

2006~2007 年和 2012 年在我国黄河流域棉区和长江流域棉区的七次农户调查中收集的。转基因抗虫棉于 1997 年首次在我国商业化种植，我们对转基因抗虫棉的首次调查则发生在 1999 年。而当我们于 2012 年进行第七次农户调查时，转基因抗虫棉在我国已经商业化种植了 15 年。据我们所知，这是世界上针对转基因抗虫棉进行的时间跨度最长的农户实地数据调查。

该农户数据调查是由中国农业科学院的中国农业政策中心组织进行的。本章使用的数据包括四个主要的棉花生产省份：河南、山东、河北和安徽。调查数据包括 493 户的 3 894 块棉田。据统计，当我们在 2012 年进行最后一轮实地调查时，这四个省的棉花播种总面积为 183 万公顷（占全国棉花播种总面积的 39%）（国家统计局，2013）。有关调查样本选择的更多细节请见 Pray 等（2001）、Huang 等（2003）、Liu 和 Huang（2013）及 Qiao 等（2016）的论文。表 2-1 显示了本章中使用的主要变量的基本特征。

表2-1 转基因抗虫棉地块和非转基因抗虫棉地块的投入产出比较

变量名	转基因抗虫棉地块	非转基因抗虫棉地块
观察值	3 709	185
农户数量	493	69
籽棉产量/（千克/公顷）	3 132.70	2 185.54
劳动力投入/（工日/公顷）	350.33	450.50
农药成本/（元/公顷）	547.61	936.18
化肥成本/（元/公顷）	1 690.68	1 092.36
种子成本/（元/公顷）	499.19	152.75
地块面积/公顷	0.22	0.24
户主年龄/岁	48.02	44.77
户主教育水平/年	7.14	7.09
是否村干部（是=1）	0.35	0.04
棉花生产所占时间比例	14.30	20.97
参与技术培训虚拟变量（是=1）	0.35	0.09
该村抗虫棉面积比例	96.20	58.81
该村抗虫棉地块比例	0.94	0.76
到县市政府所在地距离/千米	18.19	21.04

资料来源：笔者调查

在这七次农户调查中，被调查对象不但提供了有关的家庭特征，还提供了农业生产，特别是棉花生产的详细信息。该调查问卷包括如下几个部分。第一部分详细询问了农户的家庭基本特征，如农场规模、劳动力禀赋及种植转基因抗虫棉的历史等。第二部分收集有关家庭中每个人的人口统计信息（如年龄、教育水平、在棉花生产上花费的时间比例及是否参加过任何农业技术培训计划等）。

我们的调查问卷还包括一个很详细的部分，用来调查农户每块棉田的棉花生产情况。虽然我们的调查对象都是小农户，大多数的抽样农民仅种植了小于0.5公顷或更少的棉花，但他们通常拥有一块或者几块棉花田[①]。对于每块棉田，我们都详细记录了棉花产量及所有投入的详细信息。这些投入信息包括种子（是否为转基因品种、种子成本等）、肥料使用和人工使用等。

2.3 转基因抗虫棉的技术效率变动情况

遵循传统的方法，我们用一个随机前沿生产函数来估计技术效率。该函数可以写成如下的形式：

$$\text{LnYield}_{ijt} = \alpha_0 + \sum_{k=1}^{k=5}\alpha_k \text{Ln}X_{kijt} + \frac{1}{2}\sum_{k=1}^{k=5}\sum_{l=1}^{l=5}\alpha_k \text{Ln}X_{kijt}\ln X_{lijt} + \alpha_6 \text{Year\_dummy} + \sum_{i=1}^{N=1}\text{ID}_i + v_{ijt} + u_{ijt}$$

（2-1）

其中，Yield是棉花产量；X是包含一组自变量的向量。该自变量向量包括四个常规投入：肥料、人工、农药、种子（Fertilizer、Labor、Pesticide、Seed）和一个地块特征变量，即地块面积（Area）。Fertilizer用化肥成本表示，Labor用总劳动力投入表示，Pesticide用总农药成本表示，Seed用每公顷棉田的种子成本来衡量。为了考虑规模经济的影响，方程（2-1）还增加了一个描述农场规模大小的变量（即Area）。在估计中，所有这些值都是其自然对数形式。为了考虑年份异质性（比如降水和温度不同造成的）影响，我们在方程（2-1）中还添加了六个年份虚拟变量，即2000年、2001年、2004年、2006年、2007年和2012年的年份虚拟变量（以1999年为基年）（Year_dummy）。下标i是第i个家庭，j是第j个棉花地块，t是第t年，v是误差项，u是技术效率。

由于笔者使用的是多轮农户调查收集的面板数据，所以我们可以在方程中添加每个农户的虚拟变量，以考虑农户异质性对棉花产量的影响。换句话说，添加这些虚拟变量是为了考虑每个人随着时间推移而保持一致的那些因素（比如农户的农业经营能力等）对产量的影响。通过添加这些农户的个体虚拟变量，我们估计的方程变成了一个固定效应模型。需要说明的是，那些只有一个棉花地块的观

[①] 在我们的样本中，户均耕地面积是0.73公顷，户均地块数是5.0（其中户均棉花地块是3.4）。

察值对我们方程的估计不起作用①。

仿照 Yang 等（2016）的做法，我们在方程估计之前通过各自的样本均值归一化了所有投入品变量和产量。在模型的选择上，我们用广义似然比（likelihood ratio，LR）作为确定柯布－道格拉斯 Cobb-Douglas 模型或者超越对数模型（包括相互作用项和平方项，以考虑自变量的相互作用和对因变量的非线性影响）的检测依据。广义似然比的检验结果表明，超越对数模型适用于转基因棉田，而 Cobb-Douglas 模型适用于非转基因棉田。

模型的估计结果如表 2-2 所示。总而言之，大多数自变量的回归结果均符合预期。如表 2-2 所示，大多数自变量的估计系数具有预期的符号，并且统计检验显著。在估计了随机生产函数之后，我们计算了转基因抗虫棉和非转基因抗虫棉各自的技术效率值。

表2-2　随机前沿生产函数的估计结果

变量	产量的自然对数	
	转基因	非转基因
劳动力	0.025 4	−0.053 5
	（2.10）**	（−0.55）
种子	0.018 3	−0.035 2
	（7.72）***	（−1.26）
农药	0.038 2	0.003 5
	（4.72）***	（0.08）
化肥	0.033 9	0.152 7
	（3.52）***	（2.29）**
地块面积	0.009 8	−0.014 0
	（2.77）***	（−0.39）
劳动力平方	0.019 7	
	（3.23）***	
种子平方	0.002 2	
	（1.58）	
农药平方	−0.000 4	
	（−0.10）	

---

① 因为估计固定效应方程，我们排除了 125 块转基因棉花地块和 124 块非转基因棉花地块。排除的地块所占总样本的比例为 5.55%。进一步的研究表明，排除的地块比分析中使用的地块具有更低的产量和更高（或相似）的投入。换句话说，本章研究中得到的转基因抗虫棉的技术效率被高估了。然而如果忽略个人异质性对棉花产量的影响，则估计偏差可能会很严重。因此，我们最终决定排除仅具有一个转基因棉花地块和（或）一个非转基因棉花地块的观察值，并估计固定效应模型。

续表

变量	产量的自然对数	
	转基因	非转基因
化肥平方	0.002 9	
	(1.84)*	
地块面积平方	0.001 8	
	(0.55)	
劳动力 × 种子	−0.002 3	
	(−0.88)	
劳动力 × 农药	−0.046 9	
	(−4.01)***	
劳动力 × 化肥	−0.003 3	
	(−1.04)	
劳动力 × 地块面积	0.014 2	
	(2.01)**	
种子 × 农药	0.013 7	
	(2.58)***	
种子 × 化肥	−0.008 6	
	(−3.62)***	
种子 × 地块面积	0.001 8	
	(0.39)	
农药 × 化肥	0.007 5	
	(1.88)*	
农药 × 地块面积	−0.019 0	
	(−3.59)***	
化肥 × 地块面积	0.005 6	
	(0.99)	
常数项	7.956 9	6.933 5
	(289.26)***	(14.76)***
观察值	3 709	185

*** $p<0.01$, ** $p<0.05$, * $p<0.1$

注：所有变量都取其自然对数。括号中为 z 值

仿照 Kathage 和 Qaim（2012）与 Qiao 等（2016）的做法，我们将连续三轮的观察时间段放在一起，以比较转基因抗虫棉田和非转基因抗虫棉田的平均值。因为笔者使用了 7 轮的农户调查数据，按照这样的分类方法，我们可得三个时期的数据，即 1999~2001 年（转基因抗虫棉采用前期，简称为采用前期），2004~2007 年（转基因抗虫棉采用中期，简称为采用中期）和 2012 年（转基因抗虫棉采用后

期,简称为采用后期)。

如表 2-3 所示,非转基因抗虫棉的技术效率高于转基因抗虫棉的技术效率。在我们的样本点,棉花是主要农作物。平均而言,我们的样本中农民种植(非转基因)棉花已有数十年的历史了。因此,我们预计非转基因抗虫棉的技术效率值较高。另外,转基因抗虫棉于 1997 年才开始在我国商业化种植。所以我们预测转基因抗虫棉的技术效率值较低。如表 2-3 所示,分析结果与我们的预期是一致的。结果显示在种植初期和中期,非转基因抗虫棉的技术效率均高于转基因抗虫棉。

表2-3 转基因抗虫棉地块和非转基因抗虫棉地块技术效率比较

年份	有两个以上转基因抗虫棉观察值的农户		有两个以上非转基因抗虫棉观察值的农户	
	技术效率	T 值	技术效率	T 值
1999~2001	0.798 8		0.997 1	
2004~2007	0.803 8	−0.76 [a]	0.997 1	0.03 [a]
2012	0.841 7	−4.81*** [a]		

*** $p<0.01$

注: a 跟 1999~2001 比

资料来源:笔者调查

有趣的是,表 2-3 还显示了转基因抗虫棉的技术效率随着时间的推移而持续增加。这一趋势无论是从前期到中期来看,还是从中期到后期来看,都是很明显的。进一步的研究表明,转基因抗虫棉的技术效率随时间的推移而增加具有统计学意义上的显著性。如表 2-3 所示,转基因抗虫棉的技术效率从采用前期的不到 0.80 上升到采用后期的 0.841 7(第 1 列)。采用前期和采用后期之间的差异具有统计学上的显著性(第 2 列)。另外,采用前期和采用中期非转基因抗虫棉的技术效率值的差异是不明显的(第 3 和第 4 列),这表明非转基因抗虫棉的技术效率随时间推移而基本保持一致。转基因抗虫棉技术效率随着时间的推移而不断增加的趋势,为我们提供了第一个线索,即转基因抗虫棉种植者在后来的种植活动中通过不断总结自己的种植经验或者学习邻居的经验,从而逐渐掌握了转基因抗虫棉的种植技术,提高了技术效率。

首先,图 2-1 以更直观的方式比较了转基因抗虫棉和非转基因抗虫棉的生产率。在图 2-1 中,通过估计随机边界生产函数,我们可以预测(平滑的)生产可能性边界。生产可能性边界越高,说明棉花的产量可能性(即最大技术产量)就越高。如图 2-1(a)所示,转基因抗虫棉(经过平滑处理)的生产可能性边界的平均值和实际产量均高于非转基因抗虫棉。这些结果与我们的预期相符。

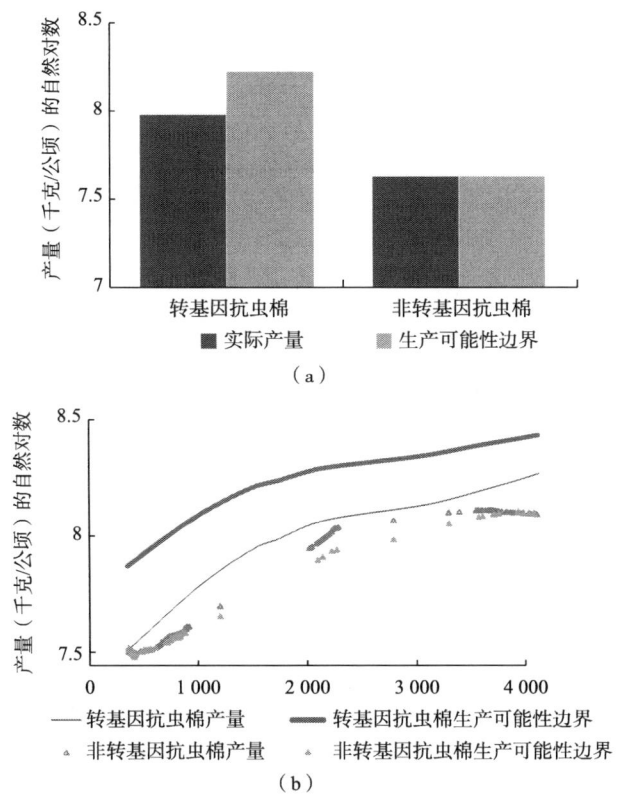

图 2-1 转基因抗虫棉地块和非转基因抗虫棉地块的技术效率
资料来源：笔者调查

其次，图 2-1 还比较了转基因抗虫棉和非转基因抗虫棉的技术效率。在图 2-1 中，技术效率的大小是通过（平滑的）生产可能性边界与（平滑的）实际棉花产量之间的差异来衡量的。差异越大，则表明技术效率越小。如图 2-1（b）所示，转基因抗虫棉的生产可能性边界和实际产量的差异大于非转基因抗虫棉的差异。换言之，转基因抗虫棉的技术效率小于非转基因抗虫棉的技术效率。

最后，图 2-1 还显示了转基因抗虫棉和非转基因抗虫棉的技术效率的动态变化情况。更有趣的是，图 2-1（b）显示转基因抗虫棉的技术效率从采用前期到采用中期，再到采用后期都有所增加（即实际产量与生产可能性边界之间的差异变小了）。另外，非转基因抗虫棉的技术效率似乎保持不变。这些结果与表 2-3 的估计结果是一致的。

在图 2-2 中，我们尝试将转基因抗虫棉的技术效率与其重要的决定因素联系起来。首先，我们将转基因抗虫棉的技术效率与转基因抗虫棉的传播变量相关联。在本章中，笔者使用两个变量来表示转基因抗虫棉的传播：转基因抗虫棉的播种面积占全村棉花种植面积的份额,以及转基因抗虫棉地块总数占全村棉花地块总数的份额。需要说明的是,为了消除内生性,我们计算这两个份额变量的时候,农户自身不包括在内。如图2-2(a)所示,转基因抗虫棉播种面积份额与转基因抗虫棉技术效率的拟合关系为正。换句话说,随着转基因抗虫棉面积份额的增加,转基因抗虫棉的技术效率也随之增加。笔者使用转基因抗虫棉传播的另外一个变量,即(其他农民的)转基因抗虫棉地块份额,也得到了非常相似的结果,如图2-2(b)所示。

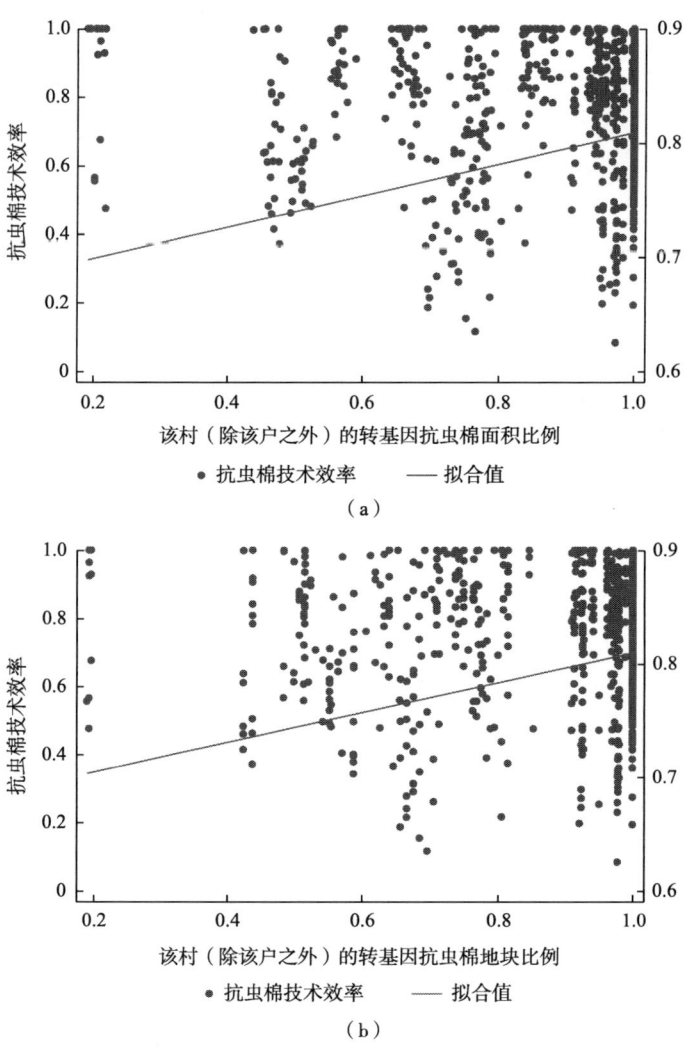

(a)

(b)

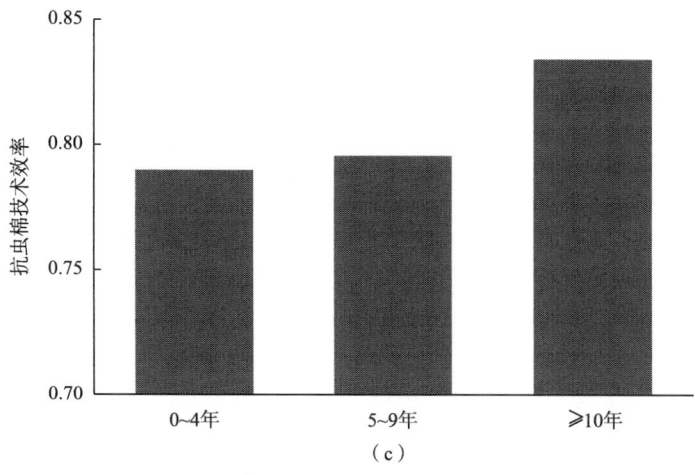

图 2-2 转基因技术的技术效率和其决定因素之间的关系
资料来源：笔者调查

其次，我们将转基因抗虫棉的技术效率与每个农民自己的种植经验相关联。根据农户转基因抗虫棉花种植经验，我们将所有样本分为三类：具有 0~4 年经验的农户（占总样本的 29%）、具有 5~9 年经验的农户（占样本的 47%）和具有至少 10 年经验的农户（占样本的 23%）。如图 2-2（c）所示，随着棉农种植经验的增加，转基因抗虫棉的技术效率持续增加。换句话说，转基因抗虫棉的技术效率与农民自己的种植经验有正相关关系。

2.4 转基因抗虫棉技术效率的决定因素

我们接下来将分析更进一步深入。也就是说，上面的分析是描述性的，仅仅为自变量和因变量之间提供了一些可能性。从描述性分析中得到的结论可能存在误导性，因为描述性分析没有考虑其他因素的影响。在这一部分，我们将构建一个计量经济学模型，以具体衡量自变量和因变量之间的准确关系。

根据 Genius 等（2014）的研究，一项新技术的技术效率受技术推广和社交网络及农民自己的种植经验（即边做边学）等多种变量的影响。因此，转基因抗虫棉的技术效率的计量经济学模型可以写为

$$TE_{it} = \beta_0 + \beta_1 Bt\_diffusion_{it} + \beta_2 Experience_{it} + \beta_3 Individual_{it} + \beta_4 Household_{it}$$
$$+ \beta_5 Year\_dummy_{it} + \sum_{i=1}^{i=N-1} ID_i + \varepsilon_{it} \quad (2-2)$$

其中，因变量（TE）是转基因抗虫棉的技术效率。该变量是根据方程（2-1）的估计结果计算得出的。如果一个农户有多块棉田，我们取其均值。

自变量，Bt_diffusion，用于衡量转基因抗虫棉的技术扩散对技术效率的影响。如上所述，此变量是通过以下两个变量来衡量的：全村（其他农户）转基因抗虫棉地块的份额和全村（其他农户）转基因抗虫棉播种面积的份额。

另外一个自变量，Experience，是农民种植转基因抗虫棉的年限。此变量用于衡量农民自己的种植经验对转基因抗虫棉技术效率的影响。边做边学是农民增加新技术知识的重要措施之一，也是提高技术效率的重要措施。我们预期，随着农民种植转基因抗虫棉经验的增加，转基因抗虫棉的技术效率也会增加。

Individual 是一组描述户主特征变量的向量。在方程中加入该向量，可以解释农户的特征对转基因抗虫棉技术效率的影响。该向量中包括农户参与技术培训的虚拟变量，Training_dummy。该变量用来衡量农民参加当地农业推广站组织的技术培训对技术效率的影响。如果农民参加了培训项目，则该虚拟变量等于 1，否则为零。除此变量外，还包括了其他几个变量来衡量户主特征对技术效率的影响，如户主年龄、年龄平方和受教育程度等。此外，我们还考虑了农民花在棉花生产上的时间占其农业生产总时间的比例（Time_on_cotton），以衡量棉花对其农业生产的重要性。该变量值越高，表示转基因抗虫棉对该农户来说越重要（即棉花是其主要农业收入来源之一），那么农民将更加关注转基因技术。我们预计，该变量越高，转基因抗虫棉的技术效率也越高，反之亦然。

与 Individual 相似，Household 是一组描述农户家庭特征的向量。在方程中加入该变量，是为了考虑不同家庭特征对转基因抗虫棉技术效率的影响。在实证分析中，笔者使用农场规模（Farm_size）来估计是否存在经济规模。为了衡量本地信息源的影响，我们添加了从该村到县市政府所在地的距离变量。我们之所以用到县市政府所在地的距离，是因为农业技术推广站通常在县市政府所在地。换言之，加入该变量可以衡量信息来源（主要是农业推广站）的影响。

如像方程（2-1）中那样，我们在方程中增加了六个年份的虚拟变量，以考虑每年不同的气候因素（如降水和气温等）对技术效率的影响。最后，由于笔者使用的是农户的面板数据，所以我们还在方程中添加了每个农户的虚拟变量（ID），以考虑单个农户特征的固定效果。需要指出的是，在添加单个农户的虚拟变量后，那些随着时间变动而恒定的变量（如年龄、学历、到县市的距离）都将被排除在外。换句话说，固定效应模型可以写成如下的形式：

$$\Delta TE_{it} = \gamma_0 + \gamma_1 \Delta Bt\_diffusion_{it} + \gamma_2 \Delta Experience_{it} + \gamma_3 \Delta Training\_dummy_{it}$$
$$+ \gamma_4 \Delta Farm\_size_{it} + \gamma_5 \Delta Time\_on\_cotton_{it} + \delta_{it} \quad (2-3)$$

在方程（2-3）中，Δ 是该变量减去平均值以后的变化量。在实证分析中，我们还发现村庄中（除该农户以外的）所有农民的平均种植抗虫棉的经验与转基因抗虫棉的面积份额和该农民的自身经验高度相关。因此，该变量被排除在估计方程之外。出于同样的原因，该村中参加技术培训项农户所占比例也被排除在方程估计之外。变量之间的高度相关问题在类似的研究中也比较常见（如 Genius et al., 2014）[①]。

为了考虑转基因抗虫棉的技术效率与农民自身经验（Experience）之间的非线性关系，我们在估计方程时增加了一种估计方案。在该方案下，我们没有添加经验变量，而是添加了经验变量的平方根。这样，可以估算出农民自己种植转基因抗虫棉的经验与技术效率之间的非线性关系。换句话说，随着农民种植经验的增加，机械效率会增加，但是技术效率的增长速度可能会下降。

方程（2-3）的估计结果见表 2-4[②]。总而言之，大多数自变量的回归结果与本章第 3 节中的描述性分析一致。大多数的自变量的估计系数与预期符合，并且统计检验显著。表 2-4 显示，转基因抗虫棉的扩散和农民的种植经验都对转基因抗虫棉的技术效率产生重要影响。在下文中，我们将分别具体讨论它们的作用。

首先，方程（2-3）的估计结果表明，转基因抗虫棉种植技术的扩散，对转基因抗虫棉的技术效率有重要影响。随着技术的传播，农户对这项新技术的知识不断积累。所以，我们预计转基因抗虫棉的技术效率会增加。如表 2-4 的第 2 行和第 3 行所示，转基因抗虫棉播种面积份额的估计系数和转基因抗虫棉地块份额的估计参数都是正的，并且统计检验显著。换句话说，估计结果表明，随着转基因抗虫棉种植技术的不断扩散，转基因抗虫棉的技术效率也随之增加。

表2-4　转基因技术的技术效率的决定因素估计结果

变量名称	方案1	方案2	方案3	方案4
社区特征				
该村转基因抗虫棉面积比例	0.083 6		0.075 0	
	(1.85)*		(1.62)	
该村转基因抗虫棉地块比例		0.075 2		0.066 2
		(1.74)*		(1.49)

---

① 就像 Genius 等（2014）那样，我们也尝试了用因子分析法来解决变量的多重共线性问题。然而，在我们的数据分析中，我们发现主成分并没有明显的经济学含义。

② 从理论上讲，将随机前沿生产函数和技术效率的决定方程分开估计会造成估计效率的损失。然而，据我们所知，目前尚没有成熟的统计分析软件可以处理我们在本章研究中所用的农户面板数据。

续表

变量名称	方案1	方案2	方案3	方案4
边做边学				
种植转基因作物的年数/年	0.003 7	0.003 7		
	(2.69)***	(2.71)***		
种植转基因作物的年数的平方根			0.017 4	0.017 6
			(2.64)***	(2.65)***
推广服务				
参与技术培训虚拟变量（是=1）	0.022 7	0.022 8	0.025 2	0.025 3
	(1.92)*	(1.92)*	(2.18)**	(2.19)**
其他影响因素				
种植棉花的时间百分比	-0.001 0	-0.001 0	-0.001 1	-0.001 1
	(-1.14)	(-1.20)	(-1.28)	(-1.34)
地块面积/公顷	-0.004 4	-0.004 3	-0.005 0	-0.004 9
	(-0.28)	(-0.27)	(-0.32)	(-0.31)
常数项	0.705 6	0.714 3	0.697 6	0.706 4
	(16.25)***	(17.37)***	(16.28)***	(17.40)***
观察值	1 660	1 660	1 660	1 660
R^2	0.025	0.025	0.025	0.024
农户数量	493	493	493	493

*** $p<0.01$，** $p<0.05$，* $p<0.1$

注：括号中为 z 值

其次，估计结果表明农民自己的种植经验对转基因抗虫棉的技术效率有积极影响。如表 2-4 第 5 和第 6 行所示，农民自身种植转基因抗虫棉的经验变量的估计系数显著为正。这一结果表明，农民自己的种植经验是影响转基因抗虫棉技术效率的重要因素之一。估算结果表明，农民种植转基因抗虫棉的时间越长，技术效率越高。

更有趣的是，估算结果表明，农民自己的种植经验对技术效率的边际影响速度（随着自身经验程度的累积）不断下降。也就是说，该估算结果提供了一个农民对新技术的实际学习曲线的具体示例。如表 2-4 所示，农户种植经验的平方根变量的估计系数为正，并且统计检验显著（第 6 行）。换句话说，该估算结果表明，随着农民经验的增加，转基因抗虫棉的技术效率值会增加。但是，技术效率增长率在下降。

最后，估算结果还表明，参加农业技术培训对转基因抗虫棉的技术效率有积极影响。如表 2-4 的第 8 行所示，参与技术培训虚拟变量的估计系数为正，并且统计检验显著。该结果表明，参加技术培训的农户的技术效率高于未参加技术培训的农户。由于转基因技术是一项新技术，因此农民可以通过参加这些培训来更好地掌握该技术。

2.5 结论和政策建议

种植转基因抗虫棉的经济利益在学术上已得到充分证明（Kathage and Qaim 2012；Qiao，2015；Qiao et al.，2016）。然而，对转基因技术的技术效率及其动态变化的研究还不够深入。本章首先表明，在中国转基因抗虫棉的生产率较高，而其技术效率在抗虫棉推广初期是低于非转基因抗虫棉的。然而，随着农民对该技术的掌握，转基因抗虫棉的技术效率不断增加，并已经接近非转基因抗虫棉的技术效率水平。尽管该结果与以前对转基因技术的技术效率的研究结论有所不同，但它们与技术扩散理论是一致的，即新技术的技术效率随着时间的推移而增加。其次，本章的研究还表明，技术效率的增加不仅受到采用者自己的种植经验的影响，还受到新技术的传播程度的影响。

这项研究的结果具有重要的政策含义。首先，这项研究进一步证实，转基因抗虫棉可以显著提高棉花生产的生产力。然而，在转基因技术已经商业化应用20多年之后的今天，仍然还有许多国家和消费者对转基因技术采取敌视态度。近年来，在许多发展中国家，公众和媒体对转基因技术的消极态度似乎占了主导地位（Kathage and Qaim，2012；Qiao，2015）。这种现象不仅影响了消费者对转基因产品的态度，也影响了政府和投资人对转基因技术的投资和转基因作物的商业化进程。本章的研究表明，转基因技术带来的生产率要高于非转基因技术。毫无疑问，这项研究的结果将有助于中国及其他国家对转基因技术的认识，从而推动全球转基因技术的发展。

其次，本章的研究表明我们可以通过提高技术推广初期的推广率，来增加技术效率。我们的研究表明，增加转基因抗虫棉在一个村庄的推广率（无论是播种面积还是种植地块比例），可以促进农民采用转基因技术，提高其种植效率。这是社交网络对技术效率的影响。当然，种子公司的规模及其销售能力也影响到新技术的推广程度，从而对技术效率产生影响。

再次，本章的研究结果表明技术推广具有非常重要的作用。因此，我国政府需要重视农业技术推广的作用，积极研究新形势下如何有效提高农业技术推广的能力。特别是在新技术采用的初期，技术推广对农民科学合理地掌握新技术起着至关重要的作用。通过对技术掌握程度的影响，农业技术推广部门可以影响新技术的采用效率和农业生产率。

最后，更好的推广服务可以帮助农民更接近新技术的前沿。尽管这不是本章的新发现，但是本章的研究结果再次证实了新技术对生产力的巨大推动力。特别是在我国从传统农业向现代农业转变的过程中，如何向亿万农户及时提供新技术是巨大挑战。而在新形势下，增加农业推广的投资和不断改革技术推广的模式对中国及其他发展中国家都至关重要（Hu et al.，2012；Babu et al.，2015）。

参 考 文 献

国家统计局. 2013. 中国统计年鉴. 北京：中国统计出版社.

Abedullah S K, Qaim M. 2015. Bt cotton, pesticide use and environmental efficiency in Pakistan Journal of Agricultural Economics, 66（1）: 66-86.

Babu S C, Huang J, Venkatesh P, et al. 2015. A comparative analysis of agricultural research and extension reforms in China and India. China Agricultural Economic Review, 7（4）: 541-572.

Barham B L, Chavas J, Fitz D, et al. 2015. Risk, learning, and technology adoption. Agricultural Economics, 45: 1-14.

Comin D, Hobijn B. 2010. An exploration of technology diffusion. American Economic Review, 100（5）: 2031-2059.

Feder G, Just R E, Zilberman D. 1985. Adoption of agricultural innovations in developing countries: a survey. Economic Development and Cultural Change, 33: 255-298.

Garicano L, Rossi-Hansberg E. 2015. Knowledge-based hierarchies: using organizations to understand the economy. Annual Review of Economics, 7: 1-30.

Genius M, Koundouri P, Nauges C, et al. 2014. Information transmission in irrigation technology adoption and diffusion: social learning, extension services, and spatial effects. American Journal of Agricultural Economics, 96: 328-344.

Hu R, Cai Y, Chen K, et al. 2012. Effects of inclusive public agricultural extension service: results from a policy reform experiment in Western China. China Economic Review, 23: 962-974.

Huang J, Hu R, Pray C, et al. 2003. Biotechnology as an alternative to chemical pesticides: a case study of Bt cotton in China. Agriculture Economics, 29: 55-67.

Huang J, Rozelle S, Pray C. 2002. Enhancing the crops to feed the poor. Nature, 418: 678-684.

James C. 2014. Global Status of Commercialized Biotech/GM Crops: 2014. ISAAA Brief No. 49. Ithaca: ISAAA.

Kathage J, Qaim M. 2012. Economic impacts and impact dynamics of Bt （Bacillus thuringiensis）cotton in India. Proceedings of the National Academy of Sciences of the United States of America, 109: 11652-11656.

Klenow P J, Rodriguez-Clare A. 1997. Economic growth: a review essay. Journal of Monetary Economics, 40（3）: 597-617.

Liu E M, Huang J. 2013. Risk preferences and pesticide use by cotton farmers in China. Journal of Development Economics, 103（C）: 202-215.

National Bureau of Statistics of China. 2013. China Statistics Yearbook. Beijing: China Statistics Press.

Pray C E, Ma D, Huang J, et al. 2001. Impact of Bt cotton in China. World Development, 29: 813-825.

Qaim M. 2003. Bt cotton in India: field trial results and economic projections. World Development, 31: 2115-2127.

Qaim M, Zilberman D. 2003. Yield effects of genetically modified crops in developing countries. Science, 299: 900-902.

Qiao F. 2015. Fifteen years of Bt cotton in China: the economic impact and its dynamics. World Development, 70: 177-185.

Qiao F, Huang J, Zhang C. 2016. The sustainability of the farm-level impact of Bt cotton in China. Journal of Agricultural Economics, 67（3）: 602-618.

Thirtle C, Beyers L, Ismael Y, et al. 2003. Can GM-technologies help the poor? The impact of Bt cotton in Makhathini Flats, KwaZulu-Natal. World Development, 31（4）: 717-732.

Umetsu C, Lekprichakul T, Chakravorty U. 2003. Efficiency and technical change in the Philippine rice sector: a Malmquist total factor productivity analysis. American Journal of Agricultural Economics, 85（4）: 943-963.

Veettil P C, Krishna V V, Qaim M. 2017. Ecosystem impacts of pesticide reductions through Bt cotton adoption. Australian Journal of Agricultural and Resource Economics, 61: 115-134.

Yang J, Wang H, Jin S, et al. 2016. Migration, local off-farm employment, and agricultural production efficiency: evidence from China. Journal of Productivity Analysis, 45: 247-259.

第 3 章 非农就业对农业机械化影响的量化分析

尽管非农就业对农机服务的正向影响已被广泛论证,然而对其影响程度的量化分析则并不完善。已有的量化分析不是欠缺数据的广泛代表性,就是欠缺分析方法的科学性。本章利用具有广泛代表性的中国家庭追踪调查(China family panel studies,CFPS)数据和考虑了变量内生性的实证模型系统,量化分析了非农就业对农机作业服务的具体影响程度。实证分析结果表明,受到非农就业的影响,我国对农机作业服务的需求会以每年 2.16 亿元的速度增加。

3.1 引 言

伴随着农村劳动力的大量外流,农业生产对机械作业服务的需求也出现快速增长的趋势(苏卫良等,2016)。根据国家统计局的统计,在 2008~2017 年,全国农民工总量从 2.25 亿人增长到了 2.87 亿人,年均约增加 690 万人(国家统计局,2017a)。同时,国家统计局的统计数据显示,2017 年末我国农村人口为 5.77 亿人(国家统计局,2017b)。换言之,2017 年的农民工总量占全国农村人口总量的 49.74%。随着劳动力投入的减少,农业机械在农业生产上得到了快速发展(Qiao,2017)。由于我国农户生产规模小、经营地块分散,自有农机并不是经济合理的选择(Ruttan,2000;Pingali,2007;Otsuka,2013)。因此,农机作业服务应运而生并快速发展。以三种主要粮食作物平均农机作业服务费用支出为例,农户农机作业服务费用从 2006 年的 46.73 元/亩(1 亩≈666.67 平方米)上涨到 2017 年的 145.72 元/亩(中国机械工业信息研究院,2006~2017)。也就是说,在十年左右的时间里,农机作业服务费用增加到 3 倍多。

劳动力转移对农机作业服务的影响在国内外已经被广泛证实。例如，苏卫良等（2016）基于江苏省4个村庄100多户农户的数据，验证了非农就业对农机作业服务支出有着显著的正向影响。类似地，Wang等（2016）研究表明随着农业上劳动力投入的减少，我国农户会增加在农机作业服务上的支出。纪月清和钟甫宁（2013）、Zhang等（2017）也都通过自己的研究得出了类似的结论。事实上，该结论在使用其他发展中国家的农户数据进行的实证分析中也得到了验证（Yamauchi，2016）。

然而，已有的研究至少存在两个方面的缺陷。第一，实证模型中所用的数据可能欠缺代表性。例如，苏卫良等（2016）、纪月清和钟甫宁（2013）在研究相关问题时，仅仅使用中国个别地区的农户作为样本进行研究，选择的样本可能不具有代表性。第二，实证分析方法的选取不恰当。例如，Wang等（2016）仅仅考虑了劳动力转移对农机服务的直接影响，并忽视了其间接影响。大部分的研究都是采用简单的最小二乘法（ordinary least square，OLS）进行回归分析，忽视了一些变量（如土地流转等）的内生性问题。换言之，尽管已有的定量分析相对丰富，但是在劳动力转移对农机作业服务的具体影响程度上，这些研究并没有给出令人满意的科学答案。

为了弥补以往研究这两个方面的缺陷，本章在定量分析劳动力转移对农机服务影响时将选择具有更大代表性的农户数据，并将考虑变量的内生性及劳动力转移的间接影响。具体来说，为了弥补已有研究在样本代表性方面的不足，本章使用CFPS的调查数据。该数据的调查样本包括全国24个省区市，共计7 564户农户。与以前的同类研究相比，CFPS数据的样本涵盖面积广，更具代表性。另外，本章在进行定量分析时，将考虑劳动力转移通过影响土地流转而对农机服务的间接影响。并且，本章还将考虑劳动力转移及土地流转的内生性对估计结果的影响。基于以上两点，我们有理由相信本章的量化分析将提供一个更令人满意的答案。

3.2 非农就业对农机作业服务影响的机制

伴随着非农就业工资的上涨，农户在农业生产上投入的劳动力持续减少。为了减缓劳动力减少对农业生产的影响，农户加大了在农机作业服务上的投入。农业机械对农业劳动力的替代就是我们常说的非农就业对农机作业服务产生的直接影响。Wang等（2016）和Yamauchi（2016）的实证研究也都证实了这一观点。

除了直接影响外，非农就业还会对农机服务产生间接影响。Yamauchi（2016）、

Brandt 等（2004）都指出农村劳动力市场的发展会促使农村土地流转市场的发展。同时，Kung（2002）指出非农劳动力市场的发展是土地租赁市场发展的原因。胡新艳和洪炜杰（2019）在研究劳动力转移与农地流转两者之间的因果关系时，也指出劳动力转移能够显著地促进土地流转。随着非农就业机会的增加，土地流转市场得到了快速发展，而那些土地流入户会增加对农机作业服务的需求，土地流出户则会减少对农机作业服务的需求。劳动力转移通过影响土地流转，从而对农业机械化造成间接的影响。

3.3 数据与实证模型

3.3.1 数据

本章使用的数据来自北京大学收集的 CFPS 数据。目前可以查询的 CFPS 数据包括 2010 年、2012 年、2014 年、2016 年共 4 次。但是，2014 年与 2016 年的数据没有统计土地流转面积等变量，因此本章不能使用这两年的数据。类似地，2010 年的调查数据没有统计农机作业服务费用，因此也不适合本章的研究。所以，本章仅使用 2012 年的 CFPS 数据进行实证分析。

2012 年的 CFPS 调查数据涵盖了 9 032 户农村居民。根据研究的需要，本章对 9 032 户农户进行进一步的筛选。首先，去掉没有土地信息也没有从事农业生产并且获得农业收入的 957 户农户。其次，去掉信息严重缺失的、农户回答前后矛盾的和回答明显不符合实际情况的 511 户农户。经过上面的筛选后，本章得到信息完整的，来自 24 个省（自治区、直辖市）的 7 564 户农户。

需要说明的是，调查问卷并没有涉及谁是户主的问题。然而，户主的特征却是本章实证分析的重要考虑因素。因此，我们首先需要确定每户的户主。在选择户主时，文章参考马小勇和苏云飞（2017）在使用 CFPS 数据时的做法，即选取家庭问卷中"最熟悉家庭财务情况的人"作为户主。对于那些回答者年龄过小的情况，本章以"是否结婚"作为进一步筛选的依据。如果"最熟悉家庭财务情况的人"未婚，则优先使用其父亲作为户主；如果没有其父亲的相关信息，则使用其母亲作为户主。

本章使用的数据显示，在 7 564 户农户中有 25.4% 的农户参与了土地流转（包括流入户和流出户）。流转土地面积（即流入土地与流出土地面积的平均值）占总土地面积的 20.0%。而依据农业部数据，截至 2012 年底，全国土地流转面积达到 2.7 亿亩，占家庭承包经营耕地面积的 21.5%（人民网，2013）。因此，本章使用样本的土地流转情况与全国的土地流转情况具有较高的一致性。

3.3.2 数据描述

表 3-1 展示了本章所使用样本的相关信息。其中，关于户主学历的衡量，本章参考吴奇峰和苏群（2018）在使用 CFPS 数据时的做法，即依据我国各教育阶段正常的学习年限，对劳动者的受教育年限进行估算。具体定义如下：文盲或者半文盲学习年数为 0，小学为 6 年，初中为 9 年，高中、中专和技校为 12 年，大专为 15 年，本科及以上一律使用 16 年。

表3-1 主要变量的描述性统计

变量名	均值	标准差
农机作业服务支出/元	278.089	858.846
是否流出土地（0=否，1=是）	0.103	0.304
是否流入土地（0=否，1=是）	0.151	0.358
流出土地面积/亩	0.423	2.896
流入土地面积/亩	1.556	17.226
自有土地面积/亩	8.617	17.149
家距公交站距离/千米	0.982	1.689
家庭总人口/人	4.189	1.816
农产品价值/万元	0.849	1.835
自有农机价值/万元	0.149	0.615
非农就业人数/人	1.082	1.100
户主年龄/岁	50.079	12.524
户主性别（0=女，1=男）	0.581	0.493
户主学历/年	6.382	3.711
工资/千元	19.031	32.341
是否丘陵（0=否，1=是）	0.351	0.477
是否山地（0=否，1=是）	0.155	0.362
是否平原（0=否，1=是）	0.422	0.494
是否高原（0=否，1=是）	0.062	0.240
是否草原（0=否，1=是）	0.002	0.041
是否渔村（0=否，1=是）	0.009	0.094
全村非农就业比例	0.256	0.096
全村土地流出比例	0.143	0.515
全村土地流入比例	0.254	2.528
观测值	7 564	

表 3-2 描述了不同类型的农户,在土地流转与农机作业费用方面的相关信息。如表 3-2 所示,流出土地农户的经营土地面积、农机作业费用与从事农业人数均最少,而流入土地农户在这三项上则都较多。这与本章的想法一致,即流入土地的农户会增加经营土地面积,减少从事非农就业,并增加对农机服务的需求。类似地,流出土地农户则是那些从事非农业人数多、经营土地面积小、农机作业费用低的农户。进一步的 T 检验表明,流入、流出土地农户在农机作业费用上与不参与土地流转的农户有着显著的差异。同时,流入土地农户在从事农业人数上与不参与土地流转的农户之间存在显著差异。

表3-2　三类农户的经营土地面积、农机作业费用和从事农业人数

农户	户数	经营土地面积/亩	农机作业费用/元	从事农业人数/人
流出土地农户	779	3.83***	148.32**	1.85
流入土地农户	1 140	18.13***	578.01***	3.04***
不参与土地流转农户	5 680	8.96	239.59	2.65

*** $p<0.01$,** $p<0.05$

注:该结果基于 T 检验。三个变量均是以不参与土地流转的农户作为参照对象,两两进行对比。流出土地户数与流入土地户数中均包含了 35 户同时流入、流出的农户

3.3.3　模型设定

本章使用的实证分析模型如下:

$$\text{Off\_farm}_j = \gamma_0 + \gamma_1 \text{Labor\_market}_j + \gamma_2 \text{Wage}_j + \gamma_3 \text{Land\_market}_j + \sum_{k=4}^{k=6} \gamma_k \text{HH}_{kj}$$
$$+ \sum_{k=7}^{k=11} \gamma_k \text{FC}_{kj} + \sum_{k=12}^{k=16} \gamma_k \text{Terrain}_{kj} + \sum_{k=17}^{k=40} \gamma_k \text{Province}_{kj} + u_j \quad (3\text{-}1)$$

$$\text{Rent\_in}_j = \delta_0 + \delta_1 \text{Off\_farm}_j + \delta_2 \text{Rent\_in\_market}_j + \delta_3 \text{Labor\_market}_j$$
$$+ \sum_{k=4}^{k=6} \delta_k \text{HH}_{kj} + \sum_{k=7}^{k=11} \delta_k \text{FC}_{kj} + \sum_{k=12}^{k=16} \delta_k \text{Terrain}_{kj} + \sum_{k=17}^{k=40} \delta_k \text{Province}_{kj} + \vartheta_j \quad (3\text{-}2)$$

$$\text{Rent\_out}_j = \theta_0 + \theta_1 \text{Off\_farm}_j + \theta_2 \text{Rent\_out\_market}_j + \theta_3 \text{Labor\_market}_j$$
$$+ \sum_{k=4}^{k=6} \theta_k \text{HH}_{kj} + \sum_{k=7}^{k=11} \theta_k \text{FC}_{kj} + \sum_{k=12}^{k=16} \theta_k \text{Terrain}_{kj} + \sum_{k=17}^{k=40} \theta_k \text{Province}_{kj} + \tau_j \quad (3\text{-}3)$$

$$\text{AMRE}_j = \beta_0 + \beta_1 \text{Off\_farm}_j + \beta_2 \text{Rent\_in}_j + \beta_3 \text{Rent\_out}_j + \sum_{k=4}^{k=6} \beta_k \text{HH}_{kj}$$
$$+ \sum_{k=7}^{k=11} \beta_k \text{FC}_{kj} + \sum_{k=12}^{k=16} \beta_k \text{Terrain}_{kj} + \sum_{k=17}^{k=40} \beta_k \text{Province}_{kj} + \nu_j \quad (3\text{-}4)$$

方程（3-1）是农户的非农就业方程。其中，Off_farm 是农户中从事非农工作的人数；Labor_market 是村庄劳动力市场的发展程度，本章使用外出就业劳动力总数占村庄总人数的比例来表示当地劳动力市场的发展程度；Wage 是非农就业劳动力的工资收入；Land_market 是村庄土地流转市场的发育程度，本章使用土地流入、流出面积占土地总面积的比例来表示；HH 是户主个人特征的相关控制变量，包括户主年龄、性别、受教育水平共 3 个变量；FC 是家庭特征的相关控制变量，包括家庭自有土地面积、家庭人数、自有农机价值、农产品价值、家庭距公交站距离共 5 个变量；Terrain 是地形虚拟变量的向量，本章以平原为基准，分别为丘陵、山地、高原、渔村、草原 5 种地形构建了 5 个地形虚拟变量；Province 是省份虚拟变量，本章一共包含 24 个省区市，在方程中加入省份虚拟变量，从而固定省份层面的特征，加入省份虚拟变量也使得我们估计的方程变成固定效应方程；γ_0 是常数项；u 是模型残差项。

方程（3-2）是农户流入土地的方程。其中，Rent_in 是流入土地面积；Rent_in_market 是该农户所在村土地流入面积占土地总面积的比例。该变量用来衡量该村的整体土地流入情况，是流入土地面积的工具变量。方程（3-2）中的其他变量在前面均有讨论。

方程（3-3）是农户流出土地的工具方程。其中，Rent_out 是流出土地面积；Rent_out_market 是该农户所在村土地流出面积占土地总面积的比例。该变量用来衡量该村的整体土地流出情况，是流出土地面积的工具变量。方程（3-3）中的其他变量在前面均有讨论。

方程（3-4）是农机服务支出费用（AMRE）的影响因素方程。已有的研究表明土地流转是影响农机使用的重要变量（Wang et al.，2016）。为了与现有的研究作对比，本章还将土地流转变量（流入土地和流出土地）包括在方程（3-4）中。由于自有土地面积与流入、流出土地面积具有明显的共线性，本章在估计方程（3-4）时，剔除了农户自有土地面积变量。

最后，在计算农户非农就业对使用农机作业服务的具体影响程度时，本章将农户分为三类：流入土地农户、流出土地农户、不参与土地流转农户。依据样本，在 2012 年有 10.30% 的流出土地农户、15.07% 的流入土地农户和 74.63% 的不参与土地流转农户。针对这三类不同的农户，本章首先按照方程（3-5）~方程（3-7）分别计算非农就业对农机作业服务支出的边际影响。

不参与土地流转农户有

$$\frac{dAMRE}{dOff\_farm} = \frac{\partial AMRE}{\partial Off\_farm} \quad (3-5)$$

流出土地农户有

$$\frac{dAMRE}{dOff\_farm} = \frac{\partial AMRE}{\partial Off\_farm} + \frac{\partial AMRE}{\partial Rent\_out} \frac{\partial Rent\_out}{\partial Off\_farm} \quad (3-6)$$

流入土地农户有

$$\frac{dAMRE}{dOff\_farm} = \frac{\partial AMRE}{\partial Off\_farm} + \frac{\partial AMRE}{\partial Rent\_in} \frac{\partial Rent\_in}{\partial Off\_farm} \quad (3-7)$$

本章将三种类型农户按照其概率加权后加总，即可获得总样本农户非农就业对农户农机作业服务的总影响。

在对方程（3-1）~方程（3-4）进行实证估计之前，本章需要说明三个问题。第一，由于本章使用的是截面数据，无法消除诸如农户能力等遗漏变量造成的内生性问题。而农户能力对农户租赁农机行为、流转土地行为及非农就业均有重要的影响，从而导致模型估计的误差。因此，本章分别使用全村的土地流入面积占全村总面积的比例、土地流出面积占全村总面积的比例及全村非农就业人数占全村总人数的比例作为工具变量。

第二，用 OLS 估计可能会造成偏差。由于主模型的被解释变量为农机租赁费用，而整体样本中有 4 949 户农户并没有租赁农机（占总样本的 65.43%），其农机租赁费用为零。因此，如果直接使用 OLS 对样本数据进行回归分析，可能会造成估计偏差。由于样本数据具有明显的"归并数据"特征，为了更好地拟合该数据，本章使用 Tobit 模型进行实证分析。

第三，本章首先估计方程（3-1），然后估计方程（3-2）和方程（3-3），最后再估计方程（3-4）。如前所述，Kung（2002）、Yamauchi（2016）、Brandt 等（2004）、胡新艳和洪炜杰（2019）等都指出农村劳动力市场的发展会促使农村土地流转市场的发展。同时，胡新艳和洪炜杰（2019）研究认为，土地流转市场对劳动力转移并不存在显著影响。基于此，本章首先估计方程（3-1），并将得到的非农就业人数的预测值置于方程（3-2）和方程（3-3）中进行回归分析。最后，虽然同时估计要素市场方程[即方程（3-1）~方程（3-3）]和农机服务方程在统计上是有效的，然而鉴于本章估计的是 Tobit 模型，据我们所知，现有的统计分析软件并不支持该模型系统的同时估计。所以，本章首先估计方程（3-1）~方程（3-3），然后将得到的预测值置于方程（3-4）中进行回归分析。

3.3.4　实证结果与分析

本章实证估计结果见表 3-3 和表 3-4。表 3-3 显示的非农就业方程（3-1）和土地流转方程（3-2）和方程（3-3）的估计结果，表 3-4 显示的是农机服务方程的估计结果。首先需要说明的是，由于 Tobit 模型的估计参数并不是各个解释变量对被解释变量的边际影响，为了便于读者的理解，表 3-3 和表 3-4 显示的是解释变量的边际影响（被解释变量不被截尾的概率和在此情况下的边际数量影响）。表 3-3 和表 3-4 的估计结果与本章之前的预期和描述性分析的结果一致。接下来，本章先讨论表 3-3 的估计结果，然后讨论表 3-4 的估计结果。

表3-3　不同影响因素对非农就业、土地流入和流出的边际影响

变量	非农就业人口数	流入土地面积	流出土地面积
非农就业人数占总人数比例	2.868 2***	8.085 7***	0.325 6
	（32.45）	（2.86）	（0.54）
流入土地面积占总面积比例		0.112 7***	
		（2.93）	
流出土地面积占总面积比例			0.317 2***
			（4.84）
流转土地占总土地面积比例	0.000 9		
	（0.00）		
工资收入	0.007 5***		
	（30.98）		
非农就业人数		−0.491 2	0.258 0***
		（−1.33）	（3.58）
户主性别	−0.022 3	0.430 0	−0.215 9***
	（−1.34）	（1.37）	（−2.66）
户主年龄	−0.004 2***	−0.063 0***	0.023 8***
	（−6.13）	（−4.67）	（7.22）
户主学历	−0.003 1	0.023 5	0.034 0***
	（−1.47）	（0.59）	（3.35）
自有农机价值	0.000 1*	1.052 8***	−0.246 4**
	（1.69）	（6.02）	（−2.46）
自有土地面积	−0.021 6	−0.006 3	0.010 4***
	（−0.34）	（−0.60）	（5.76）
农产品价值	−0.005 7	1.106 2***	−0.116 3***
	（−1.18）	（19.10）	（−4.70）
家距公交站距离	0.001 0	−0.830 8	0.139 5
	（0.02）	（−0.93）	（0.58）
家庭总人口	0.134 1***	0.147 9	−0.190 2***
	（28.48）	（1.00）	（−5.58）
是否丘陵	0.008 9	0.362 7	−0.316 7***
	（0.43）	（0.91）	（−3.23）

续表

变量	非农就业人口数	流入土地面积	流出土地面积
是否山地	0.023 3	−0.240 9	−0.317 9***
	（0.83）	（−0.45）	（−2.40）
是否高原	0.036 4	−0.233 2	−0.069 3
	（0.95）	（−0.34）	（−0.36）
是否草原	−0.363 2***	0.434 0	1.770 4*
	（−2.83）	（0.12）	（1.75）
是否渔村	−0.017 3	−2.257 5	0.684 8*
	（−0.20）	（−1.50）	（1.68）
是否包含省份虚拟变量	包含	包含	包含
观测值	2 615	2 615	2 615

*** $p<0.01$，** $p<0.05$，* $p<0.1$
注：括号中为 z 值

首先，方程（3-1）~方程（3-3）各自的工具变量均通过了统计显著性检验。如第 1 行所示，工具变量"非农就业人数占总人数比例"在非农就业方程中的估计参数为正，并且统计检验显著。这一结果与预期一致。估计结果表明，使用村里非农就业市场的发展程度作为农户非农就业人数的工具变量具有合理性。同样，在流入土地方程和流出土地方程中，本章分别使用村级土地流入面积、流出面积占总面积的比例作为工具变量。实证结果显示，村里土地流转市场的发展程度，降低了土地流转的交易成本，促进了土地流转（第 2 和 3 行）。

其次，非农就业对土地流转的影响得到了验证。如表 3-3 所示，非农就业人数变量对土地流入有显著的负向影响，对土地流出有正向影响（第 6 行）。而土地流转市场（第 4 行）的发展对农户的非农就业的影响不显著。这与胡新艳和洪炜杰（2019）、Kung（2002）的观点一致，即劳动力市场的发展能够有效地促进土地流转市场的发展，但是土地流转市场对农户非农就业不存在显著影响。

表3-4　土地流转对农户使用农机租赁服务影响的实证结果

变量	估计参数	边际影响（概率）	边际影响（数量）
非农就业人数	130.996 9**	0.029 8**	32.409 9**
	（2.41）	（2.42）	（2.42）
流入土地面积	34.436 94***	0.007 8***	8.520 0***
	（5.09）	（5.10）	（5.10）
流出土地面积	−66.631 9***	−0.015 2***	−16.485 4***
	（−2.90）	（−2.90）	（−2.90）
户主性别	−50.887 8	−0.011 6	−12.612 2
	（−0.87）	（−0.87）	（−0.87）

续表

变量	估计参数	边际影响（概率）	边际影响（数量）
户主年龄	19.888 0***	0.004 5***	4.920 4***
	(4.22)	(4.23)	(4.23)
户主学历	36.154 2***	0.008 2***	8.944 9***
	(4.55)	(4.57)	(4.56)
自有农机价值	-269.444 5***	-0.061 3***	-66.663 2***
	(-4.34)	(-4.35)	(-4.35)
农产品价值	-0.520 1	-0.000 1	-0.128 7
	(-0.01)	(-0.01)	(-0.01)
家距公交站距离	-61.126 1	-0.013 9	-15.123 2
	(-0.42)	(-0.42)	(-0.42)
家庭总人口	-41.477 4	-0.009 4	-10.261 9
	(-1.24)	(-1.23)	(-1.23)
是否丘陵	-1 052.255 3***	-0.219 7***	-245.948 9***
	(-13.71)	(15.44)	(-14.58)
是否山地	-1 818.254 4***	-0.286 5***	-356.104 7***
	(-17.88)	(-30.13)	(-22.97)
是否高原	-1 342.116 1***	-0.216 7***	-263.916 5***
	(-12.08)	(-19.68)	(-15.36)
是否草原	-438.095 7	-0.082 7	-99.078 6
	(-0.78)	(-0.89)	(-0.86)
是否渔村	-377.111 5	-0.078 3	-86.436 2
	(-1.25)	(-1.39)	(-1.35)
是否包含省份虚拟变量	包含	包含	包含
观测值	7 564	7 564	2 615

*** $p<0.01$，** $p<0.05$
注：第一列括号中为 T 值，第二、三列括号中为 z 值

最后，非农就业对农机服务支出的影响见表3-4。表3-4共有4列，其中第2列显示Tobit模型估计的结果。第3列是基于Tobit估计的结果进一步计算的无条件边际效应，即测算各个解释变量对农户是否使用农机租赁的影响。第4列为条件边际效应，其含义为在农户使用农机作业服务情况下，解释变量对农户使用农机作业服务数量的影响。接下来本章主要解释第3列与第4列的结果。估计结果显示，劳动力与农机作业服务存在替代关系。在本章的分析中，劳动力与农机作业服务的替代效应主要体现在农户非农就业人数上。与预期一致，非农就业人数变量的参数估计为正，且统计检验显著（第1行）。依据估计结果，农户非农就业人数每增加1人，其使用农机作业服务的概率也会随之增加2.98%。而使用农机

作业服务的农户，在农机作业服务上的支出会增加 32.41 元。

非农就业对农户使用农机作业服务的间接影响，主要通过土地流入、流出面积这两个变量来体现。如表 3-4 所示，流入土地面积对农户使用农机作业服务有着显著的正向影响（第 2 行）。基于表 3-4 的估计结果，土地流入面积每增加 1 亩，农户使用农机作业服务的概率随之上升 0.78%，而农户在农机作业服务上的支出也随之增加 8.52 元。同时，流出土地对农户使用农机作业服务有着显著的负向影响（第 3 行）。估计结果显示，土地流出面积每增加 1 亩，农户使用农机作业服务的概率随之下降 1.52%，而农户在农机作业服务上的支出也随之减少 16.49 元。综合考虑，土地流转面积每增加 1 亩，农机作业服务需求减少 7.97 元（16.49-8.52=7.97）。

基于本章的实证结论和方程（3-5）~方程（3-7），我们可以计算非农就业对三类农户的边际影响。对于不参与土地流转的 74.60%的农户，根据方程（3-5），如果农户的非农就业增加 1 人，那么农户的农机服务支出增加 32.41 元。对于流出土地的 10.30%的农户而言，根据方程（3-6），如果农户的非农就业增加 1 人，那么农户的农机服务支出增加 28.12 元（32.41-16.49×0.26≈28.12）。对于流入土地的 15.07%的农户而言，根据方程（3-7），如果农户的非农就业增加 1 人，那么农户的农机服务支出增加 28.24 元（32.41-8.52×0.49≈28.24）。由此，我们可以得到，非农就业人数每增加 1 个，农户对农机服务的需求会随之增加 31.36 元（32.41×0.75+28.12×0.10+28.24×0.15=31.36）。

3.4　结论与政策建议

非农就业对农业机械的促进作用已经被广泛证明。然而，由于数据代表性的欠缺或者（和）实证模型的构建问题，现有的实证研究并没有科学合理地量化其具体影响程度。本章基于 CFPS 数据，通过构建一个考虑变量内生性的模型系统分析了非农就业对机械化的直接影响和间接影响。研究表明，非农就业人数每增加 1 个，农户对农机服务的需求会随之增加 31.36 元。按照 2008~2017 年的农民工增长速度，即年均 690 万人（国家统计局，2017a），非农就业对农机作业服务的需求会以每年 2.16 亿元的速度增加。

本章的研究具有重要的现实意义和政策意义。根据国家统计局的统计资料，在 2008~2017 年，全国农民工总量从 2.25 亿人增长到了 2.87 亿人，占全国农村人口总量的 49.74%。非农就业是农民收入的主要来源，也是我国城市化进程的重要推手。非农就业和农村劳动力向城市的转移,已经并将继续伴随我国经济发展的全过程。然而,非农就业对农业生产,特别是粮食生产安全的负面影响一直令人担忧。本章的研究表明,非农就业极大地促进了农业机械化的发展,从而抵消了其对农业生产的负面影响。基于此,政府应该出台更多的政策措施(如大型农机购置补贴等)鼓励农机服务组织在农业生产中发挥更大的作用,以保持我国农业产业,特别是粮食产业的稳定发展。

参 考 文 献

国家统计局. 2017a. 2017 年农民工监测调查报告. http://www.stats.gov.cn/tjsj/zxfb/201804/t20180427_1596389.html.
国家统计局. 2017b. 中国农村统计年鉴. 北京:中国统计出版社.
胡新艳,洪炜杰. 2019. 劳动力转移与农地流转:孰因孰果? 华中农业大学学报(社会科学版),(1):137-145,169.
黄季焜,靳少泽. 2015. 未来谁来种地:基于我国农户劳动力就业代际差异视角. 农业技术经济,(1):4-10.
纪月清,钟甫宁. 2013. 非农就业与农户农机服务利用. 南京农业大学学报(社会科学版),(5):47-52.
马小勇,苏云飞. 2017. 中国城乡居民炫耀性消费的比较分析——基于 CFPS 数据的经验研究. 福建论坛(人文社会科学版),(12):32-41.
人民网. 2013. 农业部:全国土地流转面积 2.7 亿亩. http://theory.people.com.cn/n/2013/0305/c40531-20677203.html.
苏卫良,刘承芳,张林秀. 2016. 非农就业对农户家庭农业机械化服务影响研究. 农业技术经济,(10):4-11.
吴奇峰,苏群. 2018. 计划生育政策如何影响城乡收入差距——基于 CFPS 数据的实证分析. 贵州财经大学学报,(4):1-11.
中国机械工业信息研究院. 2006~2017. 中国农业机械工业年鉴. 北京:机械工业出版社.
Brandt L, Rozelle S, Turner M. 2004. Local government behavior and property right formation in rural China. Journal of Institutional and Theoretical Economics JITE, 160(4):627.
Kung J. 2002. Off-farm labor markets and the emergence of land rental markets in rural China. Journal of Comparative Economics, 30(2):395-414.
Otsuka K. 2013. Food insecurity, income inequality, and the changing comparative advantage in world agriculture. Agricultural Economics, 44(s1):7-18.
Pingali P. 2007. Agricultural mechanization: adoption patterns and economic impact. Handbook of Agricultural Economics, 3:2779-2805.

Qiao F. 2017. Increasing wage, mechanization, and agriculture production in China. China Economic Review, 46: 249-260.

Ruttan V. 2000. Technology, growth, and development: an induced innovation perspective. OUP Catalogue.

Wang X, Yamauchi F, Otsuka K, et al. 2016. Wage growth, landholding, and mechanization in Chinese agriculture. World Development, 86: 30-45.

Yamauchi F. 2016. Rising real wages, mechanization and growing advantage of large farms: evidence from Indonesia. Food Policy, 58: 62-69.

Zhang Q, Meng Q, Xu X. 2004. Development of land rental markets in rural Zhejiang: growth of off-farm jobs and institution building. The China Quarterly, 180: 1031-1049.

Zhang X, Yang J, Wang S. 2011. China has reached the Lewis turning point. China Economic Review, 22 (4): 542-554.

Zhang X, Yang J, Thomas R. 2017. Mechanization outsourcing clusters and division of labor in Chinese agriculture. China Economic Review, 43: 184-195.

第 4 章　财政补贴和工资率是推动农业机械化的主要动力

尽管农机购置补贴和劳动力工资上涨对农业机械化都有积极的影响，然而已有的研究却没有系统地衡量二者对机械化的具体影响程度。使用全国代表性的省级面板数据，本章系统科学地测量了过去十多年来农机购置补贴和劳动力工资上涨对我国机械化的影响。本章的研究结果表明，农机购置补贴对农业机械化的贡献率不到 20%，而劳动力工资率上涨对农业机械化的贡献率则超过 50%。换言之，本章表明劳动力工资率上升是我国农业机械化的第一推动力。

4.1 引　　言

经过半个世纪的发展，我国已成为发展中国家的榜样。改革开放 40 多年来，我国的人均国内生产总值（gross domestic product，GDP）增长率超过了 8.5%。1978 年，我国人均收入为 160 美元，在 122 个国家中排名第 114。2017 年我国人均 GDP 为 1.68 万美元，在 182 个国家中排名第 76（World Bank，2018）。作为世界上第二大经济体，我国在国际市场上的地位日益重要。许多发展中国家，特别是非洲发展中国家，都渴望学习我国的发展经验（Ravallion，2009；Anyanwu，2014）。

但是与此同时，我们还应该清醒地认识到，我国从一个经济落后的发展中国家向现代发达经济体的转变尚未完全完成。而在向现代化发达经济体转变的过程中，如何实现 2 亿多个小农户的现代化则是关键点。在我国，机械化的发展限制了传统的农业社会向现代高效农业社会的转变。在 20 世纪 70 年代后期实施家庭联产承包责任制中，我国将近 1 亿公顷的集体耕地平均分配给大约 8 亿农村人口

（国家统计局，1978~1984）。由于农场规模小和土地碎块化，家庭联产承包责任制实施后，我国机械化的发展基本上处于停滞状态（Qiao and Yao, 2015）。根据国家统计局的统计，直到2003年家庭联产承包责任制实施25年之后，农业种植、播种和收割的综合机械化率还不到三分之一（国家统计局，2004）。

已有的研究表明，在拥有数百万个小农场的国家，几乎不可能实现机械化（Ruttan, 2000; Otsuka, 2004; Pingali, 2007）。但是令人惊讶的是，自21世纪初以来，我国实现了机械化的高速发展。根据国家统计局的数据，我国的综合机械化率在2018年提高到67%，比2004年翻了一番（农业农村部，2019）。国务院则进一步要求到2020年，所有作物的综合机械化率提高到70%，主要粮食作物的综合机械化率提高到100%（国务院，2019）。

许多因素共同促成了这一令人瞩目的发展成就。研究表明，自21世纪初期以来，工资水平的迅速提高对机械化的发展产生了积极的影响。随着中国人口红利的消失，特别是在过去的十年中，非农工作的平均工资率急剧上升（国家统计局，2017）。由于工资上涨和外出务工人员的不断增加，机械在农业生产中得到了广泛应用。已有的研究表明，工资率的上升为机械化的发展做出了重要贡献（Zhang et al., 2011; Qiao, 2017; Wang et al., 2016）。

推动机械化快速发展的另一个重要因素，是政府提供的农机购置补贴。意识到机械化对我国农业生产乃至整个国民经济的重要性，从1998年开始，我国政府开始在一些省份为农机购置户提供财政补贴（农业部网站，2018）。后来的经验表明，农机购置补贴在各个试验省份都取得了显著的成功。这一成功促使中央政府从2004年开始增加补贴数量，并将补贴计划扩展到所有省区市。2016年，中央政府的补贴总额达到228亿元人民币（中国农业机械工业协会，2017）。农机购置补贴对我国农业机械化发展的积极影响也有文献进行过研究（例如Xiao, 2010; Qiao, 2017）。

然而据笔者所知，大多数研究都集中在工资率和/或农机购置补贴的定性分析上（即正面或负面）。换言之，很少有学者定量地测量这些因素对机械化发展的具体影响程度。也就是说，尽管人们一致认为提高工资和农机购置补贴对促进我国的农机化有推动作用，但这些因素对机械化发展的具体影响程度仍不清楚。具体来说，还有一些问题需要进一步研究。例如，机械化的发展更多是由市场导向的工资率上升造成的，还是应该归功于国家的农机购置补贴计划？回答这些问题可以为制定农业机械化和农业政策提供决策依据。

本章的研究试图回答这些问题，并为决策者提供有价值的参考，以指导有关农业机械化的未来决策。本章包括两个具体目标。首先，介绍过去20年来我国政府对机械化的财政补贴。其次，使用全国代表性的省级面板数据和计量经济学模型，分别评估农机购置补贴和工资上涨对机械化发展的具体影响程度。

本章的其余部分安排如下。在 4.2 节中，笔者回顾了农机购置补贴的发展。在第 4.3 节中，笔者说明实证研究中所用数据的来源和样本选择。第 4.4 节介绍实证模型。建立该多元实证模型的目的是隔离农机购置补贴和工资上涨对机械化的影响。最后一部分是本章的研究结论和政策含义。

4.2 农机购置补贴在中国的发展历程

作为一个拥有 2 亿多个小农户的发展中国家，我国对农业的投资不足早有研究（Knight，1995；Lin and Yu，2009）。自 20 世纪 50 年代初以来，我国一直奉行工业优先的发展战略。因此，国家不得不从农业征税，以补贴城市消费者和工业发展。这种从农业征税的政策即使在 20 世纪 70 年代末期实现了农业联产承包责任制也没有改变（Huang et al.，2006）。然而自 21 世纪初以来，根据国家经济发展的需要，我国重新考虑了农业和农村发展的政策（农业部网站，2018）。经过几十年的快速经济发展，我国已成为世界第二大经济体。随着国家经济的持续增长，我国政府开始放弃对农业重税的政策，从 20 世纪 90 年代末开始为农业和农民提供补贴（Tuan et al.，2004）。此后我国又采取了一系列政策，以加强农业发展，为农村地区带来利益，并使农民富裕。根据统计，我国每年对农业投入品和农产品及其他的财政补贴超过 1 000 亿元（农业部网站，2018）。

从 1998 年开始，中央政府开始为部分省份的农机购置提供财政补贴。据研究，1998~2003 年，中央政府拨款 1.2 亿元用于购买农机具（Xiao，2010）。鉴于财政补贴在促进机械化方面的巨大作用，中央政府后来决定增加补贴金额，并将该计划扩展到 31 个省份。2004 年的总补贴额增加到 8 700 万元，是 2003 年的 2 倍多。随后几年，中央政府的总补贴额继续增加。2014 年的总补贴金额达到 236.4 亿元，约是 2004 年的 272 倍。平均而言，财政补贴占到农机总购买价格的 30%左右。在某些省区市（如北京和上海），由于地方政府提供的财政补贴比较多，中央和地方的补贴总额最多可以覆盖农机购置总费用的 80%。

除了中央政府的补贴外，地方政府也为购买农业机械提供了大量补贴。1998~2003 年，省级政府和地方政府的补贴总额超过 5 亿元，是中央政府补贴的 4 倍以上（Xiao，2010）。在 2004 年，地方政府和其他主管部门的补贴总额达到 9.7 亿美元，是中央政府提供的财政补贴总额的 10 倍以上。尤其是在北京、上海、天津和重庆这四个直辖市，地方政府的补贴高达 9 661 万元，约是中央政府补贴（160 万元）的 60 倍。

然而从 2004 年以后，虽然地方政府的补贴金额仍然不断增加，但其增长率远低于中央政府财政补贴的增长速度。在 2007 年，中央政府的补贴总额首次超过了地方政府。2013 年，中央政府的补贴是地方政府和其他政府部门补贴的 7 倍。除上海外，所有省份的中央政府补贴份额均超过财政补贴总额的 50%。也许由于这种差异，从此以后地方政府的具体补贴金额不再公布。

4.3　数据和样本选择

本章中使用的数据主要有以下三个来源：《中国统计年鉴》、《中国物价年鉴》和《中国农业机械工业年鉴》。具体来说，农业机械总功率、大中型拖拉机的总功率和数量、大中型农具的数量、小型拖拉机的功率、农业机械服务组织、中央和省级政府的农机购置补贴数据均取自《中国农业机械工业年鉴》（中国农业机械工业协会，2005~2017）。机械化农机价格指数、农业生产服务价格指数和消费物价指数（consumer price index，CPI）均来自《中国物价年鉴》（国家统计局，2005~2017）。最后，笔者从《中国统计年鉴》中收集了从事农业、商业、建筑和服务业的雇员的平均工资率（国家统计局，2005~2017）。

本章的实证研究使用 2005~2016 年 31 个省份的省级面板数据进行分析。这样选取有以下三个原因。第一，虽然我国政府从 1998 年就开始为购买农机部分农户提供财政补贴，但这个时候的补贴仅在某些试点省份展开。并且在 1998~2003 年，中央财政提供的财政补贴数量相对较少[图 4-1（a）]。但是，从 2004 年开始，中央政府将该补贴政策扩展到 31 个内地省份，并且具体的补贴数量在 2004 年开始大幅增加[图 4-1（a）]。第二，工资率在 21 世纪初才开始迅速增长。尽管大家一直认为会有数百万的农民工外出务工，但从 21 世纪初开始，劳动力短缺的报道不断出现（Han et al.，2007）。公众很快意识到刘易斯转折点已经到来了，我国的人口红利消失了（Zhang et al.，2011；Cai and Du，2011；Golley and Meng，2011；Li et al.，2012）。随着劳动力短缺的不断报道，工资率迅速增加。如图 4-1（b）所示，直到 2000 年之前，工资率增长相对缓慢。但是从 2000 年开始，工资率增长加快。而且，所有省份的工资上涨趋势都是相似的，这可能反映了我国劳动力的自由流动。第三，这项研究的关键变量之一是农业机械服务的价格。但是，该数据未有发布。所以，笔者使用农业服务价格指数来衡量农业机械价格的影响。该价格指数从 2005 年才可得。因此，本章使用包括 31 个省份覆盖 2005~2016 年的面板数据。表 4-1 总结了本章研究的主要变量的基本特征。

(a）农机购置补贴

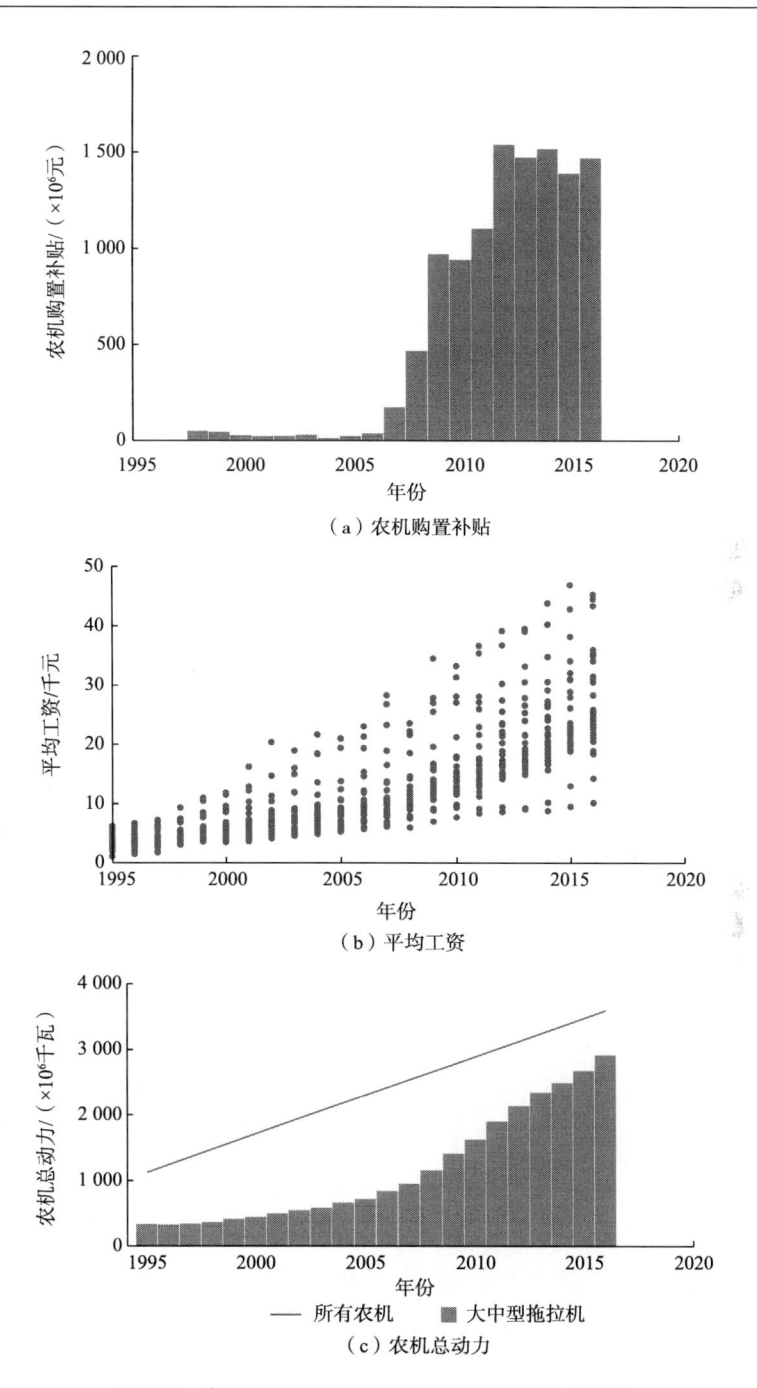

(b）平均工资

(c）农机总动力

图 4-1　农机服务组织的发展和我国的农业机械化

表4-1 主要变量的基本特征

变量名	均值	标准差
农机总动力/（×10⁴千瓦）	2 961.73	2 831.69
大中型拖拉机总动力/（×10⁴千瓦）	391.76	517.64
小型拖拉机总动力/（×10⁴千瓦）	533.38	734.66
大中型拖拉机总数量/万台	12.98	17.90
小型拖拉机总数量/万台	20.32	29.82
工资率（1995年价格，千元）	17.18	8.44
农机购置补贴（1995年价格，千元）	304.88	330.24
农机购置价格指数（1995=100）	75.68	11.51
农机服务价格指数（1995=100）	125.44	29.88
农机服务组织成员数/千人	42.24	66.93

随着工资率和财政补贴的增加，机械化的发展也随之增加。如先前的研究所述，在实施家庭联产承包责任制后，我国出现了2亿多个小农户，而且地块细碎化问题严重。所以，在2000年之前，中型和大型农业机械的机械化发展几乎停滞了（Qiao and Yao，2015；Qiao，2017）。然而，从2000年开始，我国的农业机械化速度显著增加了。如图4-1（c）所示，在过去的二十年中，农业机械的总动力不断增加。此外，大中型拖拉机的增加速度大大高于所有农业机械的总动力的增加速度[图4-1（c）]。

4.4 工资增长、财政补贴和机械化发展

图4-1显示了财政补贴、工资率和机械化随着时间推移的动态变化情况。在本节中，笔者试图通过建立和估计一系列的计量经济学模型，将机械化的动态变动与工资率和财政补贴的动态相互关联起来。首先，笔者通过估计固定效应模型来分析它们的简单关系。然后，在考虑了其他变量对机械化变化的影响后，重新运行模型。最后，考虑到农业机械服务价格是内生变量，忽视其内生性可能引起潜在的估计偏差。基于此，笔者提出了一个综合的方程系统对机械化的影响因素进行实证分析。

4.4.1 实证模型

为了分析工资率、财政补贴对机械化的具体影响程度,笔者首先建立了如下的简单的计量经济学模型:

$$\text{Mechanization}_{i,t} = \alpha_0 + \alpha_1 \text{Subsidy}_{i,t} + \alpha_2 \text{Wage}_{i,t} + \alpha_3 \text{Province}_i + \varepsilon_{i,t} \quad (4\text{-}1)$$

在方程(4-1)中,因变量 Mechanization,用于描述机械化的情况。为了实证模型估计结果的稳定性,笔者使用四个变量来衡量机械化的变动:农机总功率、大中型拖拉机的总功率、大中型拖拉机的数量及农用拖拉机配套农具数量。α 表示待估计的回归系数,而 ε 是误差项。下标表示在时间 t 对省 i 的观测。

方程(4-1)中,有两个重要的解释变量:工资率和财政补贴。首先,工资率(Wage)的估计参数代表工资率变化对机械化发展的影响。为了本章研究的目的,笔者使用了农业生产中雇工的平均工资。正如其他研究所讨论的那样,随着时间的推移,不同的非农工作的工资率呈现出相似的变动趋势(Qiao and Yao,2015)。使用其他的工资变量,如从事建筑或零售行业的雇员的工资率,也不应导致明显不同的估计结果。

其次,财政补贴变量 Subsidy,用于衡量政府补贴对机械化发展的影响程度。如前所述,尽管地方政府的补贴在 1998~2004 年占了比较大的比重,但是过去十年中,地方政府提供的补贴份额一直低于总财政补贴的 20%。此外,2013 年后,地方政府提供的农机购置补贴数据不再公布。出于这些原因,在模型的实际估计过程中,笔者使用了中央政府提供的财政补贴。

变量 Province 是代表各个省份的一组虚拟变量的向量。添加此变量是为了考虑省份级异质性对机械化发展造成的影响。例如,平原较多的省份可能机械化的发展速度快些,而山区较多的省份可能机械化的发展速度较慢。在这项研究中,笔者考虑了我国的 31 个省区市。添加了这些省份虚拟变量以后,方程(4-1)成为一个固定效应模型。

方程(4-1)的估计结果见表 4-2。表 4-2 的前三列显示了农机总动力的估算结果,而后三列则显示了大中型农业机械(即总动力、拖拉机数量和配套农机具数量)的估算结果。使用 1995~2016 年的数据重新估计方程(4-1),我们得到非常类似的结果。由于表 4-2 的主要目标是确认工资率和财政补贴对机械化发展的积极影响,而不是定量地评估其具体影响程度,因此下面将讨论使用 1995~2016 年数据得到的估计结果。由于本章使用了不平衡的面板数据,故在各种模型中使用的观测值总数不尽相同。

表4-2 工资率、财政补贴对农业机械化的影响

变量名称	农机总动力			大中型农业机械		
	（1）	（2）	（3）	总动力	数量	配套农机具数量
财政补贴	0.090 5***		0.049 2***	0.090 4***	0.104 0***	0.139 8***
	（33.22）		（8.50）	（7.32）	（7.06）	（12.05）
工资率		0.482 3***	0.242 9***	0.522 3***	0.491 7***	0.458 7***
		（33.55）	（7.76）	（7.85）	（6.17）	（7.33）
省份虚拟变量	有	有	有	有	有	有
常数项	7.097 0***	6.198 5***	6.640 4***	3.209 7***	−0.254 3	−0.118 7
	（659.78）	（184.91）	（108.93）	（24.91）	（−1.64）	（−0.98）
观察值	676	674	674	670	674	671
R^2	0.632	0.637	0.674	0.648	0.578	0.748

*** $p<0.01$

注：所有变量都取其自然对数形式。括号内为 T 值

表 4-2 表明，在控制了省份的固定效应之后，工资率和财政补贴变量的估计都为正，而且统计检验显著（行 1 和 2）。换句话说，表 4-2 的估算结果表明，工资率的上涨和购买农机具的财政补贴增加均对我国机械化的发展做出了积极贡献。该结果与先前的研究是一致的。

为了检查估算结果的稳健性，笔者使用了另外三个因变量来重新估算方程（4-1）。这三个因变量分别是：大中型拖拉机的总动力、大中型拖拉机的总数量及大中型配套农机具的总数量。估计结果见表 4-2 的第 4 列到第 6 列。这 3 列显示的估算结果证实了工资率和财政补贴对大中型农业机械发展的积极影响。也就是说，表 4-2 中的估算结果表明工资率的上升和国家提供的农机购置补贴对机械化的发展都做出了显著贡献。

更有趣的是，如果我们比较一下第 1 列和第 3 列的估计结果，就会发现，当加入财政补贴的影响后，工资率的估计参数变小了。换句话说，在分析机械化的影响因子时，仅考虑工资率会导致对其影响程度的高估。同样，排除工资率的影响也会导致过高估计财政补贴的影响（第 2 列与第 3 列）。

为了避免遗漏变量而导致的潜在的估计偏差，我们有必要排除其他因素的影响。在控制了其他因素的影响之后，笔者估算了以下的方程：

$$\text{Mechanization}_{i,t} = \beta_0 + \beta_1 \text{Subsidy}_{i,t} + \beta_2 \text{Wage}_{i,t} + \beta_3 \text{Other}_{i,t} + \beta_4 \text{Province}_i + e_{i,t} \quad (4\text{-}2)$$

在方程（4-2）中，新添加的变量 Other 是用来控制其他变量的一组向量。在这项研究中，笔者还考虑了另外三个控制变量：农业机械的购买价格（Price）、农业机械租赁服务的价格（Price_S）和农机服务组织的发展（AMSO）。如上所述，由于农机价格并没有统一的公布数据，所以我们用农业机械的价格指数来衡量。出于同样的原因，我们用农业服务的价格指数来衡量农机租赁服务价格对机械化的影

响。最后，已有的研究表明农机服务组织的发展为机械化的发展做出了积极贡献（Yang et al.，2013）。因此，在这项研究中，笔者将参与农机服务组织的成员数添加到方程（4-2）中。

方程（4-2）的估计结果见表 4-3。表 4-3 第 1 列显示了所有农机总动力的估算结果，第 2 列显示了大中型拖拉机的估算结果。总的来说，研究结果符合预期。例如，结果表明农业机械购买价格的估计参数为负，且统计检验显著。这一结果表明较高的农机购置价格会降低农业机械的购置（行 3）。又如，与先前的研究一致，表 4-3 的估计结果表明农机服务组织的发展有助于机械化的发展（Diao et al.，2012）。

表4-3 财政补贴、工资率和其他因素对农业机械化的影响

变量名称	农机总动力	
	所有农机	大中型拖拉机
财政补贴	0.058 0***	0.157 6***
	（7.67）	（10.14）
工资率	0.172 6***	0.397 9***
	（3.95）	（4.43）
农机购置价格指数	−0.509 0***	−1.532 7***
	（−3.09）	（−4.52）
农机服务价格指数	−0.186 1**	0.474 4***
	（−2.39）	（2.96）
农机服务组织成员数	0.048 2***	0.134 3***
	（3.70）	（5.01）
省份虚拟变量	有	有
常数项	9.723 4***	7.127 7***
	（13.13）	（4.69）
观察值	372	372
R^2	0.576	0.773

*** $p<0.01$，** $p<0.05$
注：所有变量都取其自然对数形式。括号内为 T 值

重要的是，表 4-3 中的估算结果表明，在考虑其他因素（如 Price、Price_S 和 AMSO）的影响后，工资率和财政补贴对机械化的积极影响仍然存在。但是，如表 4-3 的第 1 行所示，在总功率函数中，考虑了其他变量的影响后，财政补贴的估计参数为 0.058 0，与不控制其他变量的影响时相比，大约高出 20%（表 4-2）。与此同时，当考虑其他控制变量后，工资率的系数下降近 30%（表 4-2 中其估计系数为 0.242 9，表 4-3 中的估计系数为 0.172 6）。

同样地，在考虑其他因素的影响后，财政补贴和工资率对大中型拖拉机的影响程度都发生了变化。如表4-3的第2列所示，财政补贴和工资率的估计系数分别为0.1576和0.3979。与排除其他变量的影响前的估计系数相比，两者都发生了变化（如表4-2的第4列所示，二者的估计参数分别为0.0904和0.5223）。换句话说，表4-2中的估计结果在数量上具有误导性，因为该方程在估计时忽略了其他因素的影响。

此外，我们还发现机械租赁服务价格的估计系数在农机总动力方程和大中型拖拉机总动力方程出现不一致的情况（第4行）。如表4-3第4行所示，其估计系数为负，表明较高的机械租赁服务价格与农机总动力具有负相关关系（第1列）。但是，用大中型拖拉机的动力代替农机总动力后，我们发现农机租赁服务价格的估计系数变为正值，并且具有统计意义（表4-3第2列）。

机械租赁服务价格在不同方程中出现估计系数不一致的估计结果，使得我们想到方程（4-2）中变量的内生性问题。与农机服务组织成员数等其他控制变量不同，农机租赁服务的价格是内生的。因此，农机租赁服务的价格会影响机械化，而机械化也会影响农机租赁服务的价格。考虑到农机租赁服务价格的内生性，笔者估计了一个方程系统。该方程系统包括一个需求函数和一个供应函数：

$$\text{Mechanization}_{i,t} = \gamma_0 + \gamma_1 \text{Subsidy}_{i,t} + \gamma_2 \text{Price}_{i,t} + \gamma_3 \text{Price\_S}_{i,t}$$
$$+ \gamma_4 \text{AMSO}_{i,t} + \gamma_5 \text{Province}_i + \eta_{i,t} \quad (4-3)$$
$$\text{Price\_S}_{i,t} = \phi_0 + \phi_1 \text{Mechanization}_{i,t} + \phi_2 \text{Wage}_{i,t} + \phi_3 \text{Province}_i + \mu_{i,t}$$

在方程（4-3）中，γ和ϕ是待估计系数，μ和η是误差项。其他变量在前面都已经讨论过。

方程（4-3）的估计结果见表4-4。如表4-4所示，在考虑其内生性后，机械租赁服务价格的估计系数在农机总动力方程和大中型拖拉机动力的方程中都为正（第3行）。估计结果表明，较高的机械租赁服务价格与较高的农机总动力具有正相关。类似地，较高的机械租赁服务价格也促进了大中型拖拉机的总供应增加。

表4-4 考虑农机租赁服务价格指数内生性以后的估计结果

变量名称	所有农机		大中型拖拉机	
	总动力	租赁价格	总动力	租赁价格
财政补贴	0.0585***		0.1290***	
	(7.17)		(7.71)	
农机购置价格	−0.6082***		−1.3981***	
	(−3.94)		(−4.25)	
农机租赁服务价格指数	0.3370***		2.2389***	
	(3.00)		(10.14)	
农机服务组织成员数	0.0490***		0.1209***	
	(3.75)		(4.35)	

续表

变量名称	所有农机		大中型拖拉机	
	总动力	租赁价格	总动力	租赁价格
工资率		0.342 4***		0.083 8**
		(10.86)		(2.09)
总动力		−0.078 6		−0.065 6
		(−1.04)		(−1.37)
省份虚拟变量	有	有	有	有
常数项	8.708 6***	4.573 3***	1.505 3	−64.106 6***
	(10.83)	(8.23)	(0.92)	(−3.70)
观察值	372	372	372	372
R^2	0.983	0.821	0.957	0.819

*** $p<0.01$，** $p<0.05$
注：所有变量都取其自然对数形式。括号内为 T 值。

就估计参数的大小而言，表 4-4 中财政补贴的估计系数与表 4-3 中的估计系数很相似。如表 4-4 第 1 行所示，财政补贴的估计系数在农机总动力方程中为 0.058 5，在大中型拖拉机总动力的方程中为 0.129 0。而在表 4-3 中，这两个估计参数分别为 0.058 0 和 0.157 6（即当不考虑农机租赁服务价格的内生性问题时）。从这个意义上说，忽略农机租赁服务价格的内生性问题，不会对财政补贴影响程度造成比较大的估计偏差。

但是考虑农机租赁服务价格的内生性，对另外一个重要变量，即工资率，有比较大的影响。如表 4-4 的第 5 行所示，工资率的估计参数在农机总动力方程中为 0.342 4，在大中型拖拉机总动力的方程为 0.083 8。根据这些估计参数，工资率每提高 1%，农业机械的总动力就会提高 0.1154%（0.337 0 × 0.342 4 = 0.115 4）。这一数据比不考虑农机租赁服务价格的内生性时降低了 33.14%（当不考虑农机租赁服务价格的内生性时，其估计参数为 0.172 6，见表 4-3）。同样，当考虑了农机租赁服务价格的内生性后，工资率每上涨 1%，大中型拖拉机的总动力就会提高 0.187 6%（2.238 9 × 0.083 8 = 0.187 6）。这一数据仅仅相当于不考虑农机租赁服务价格的内生性时的 47.15%（当内生性问题被忽视时，其估计参数为 0.397 9，见表 4-3）。因此，忽略农机租赁服务价格变量的内生性问题，会导致对工资率贡献的严重高估。

4.4.2 劳动力工资和财政补贴，谁是机械化发展的最大推动力？

在讨论完工资率和财政补贴对机械化的影响程度之后，笔者还计算了这两个因素对 2005~2016 年我国机械化发展的总体影响。为了计算它们的全国性效应，笔者在计算时，使用了表 4-4 的估计结果（即考虑了农机租赁服务价格内生性的估计结果），以及 2005~2016 年工资率和财政补贴的实际变化量。计算结果总结在表 4-5 中。

表4-5　财政补贴和工资率对机械化影响的全国性影响

变量名称		估计参数	2005~2016年变动百分比	对农机总动力的全国性影响		
				百分比	数量/($\times 10^6$千瓦)	相当于2005~2016年变动的百分比
财政补贴	总动力	0.058 5	31.25%	6.01%	5 513.578	19.21%
	大中型拖拉机动力	0.129 0	137.86%	13.24%	2 217.00	9.61%
工资率	总动力	0.115 4[a]	31.25%	17.77%	16 314.44	56.85%
	大中型拖拉机动力	0.187 6[a]	137.86%	28.89%	4 836.64	20.96%

注：a 0.115 4=0.337 0×0.342 4，0.187 6=2.238 9×0.083 8

如表 4-5 的前两行所示，由于中央政府的财政补贴，农机的总动力增长了 6.01%。这相当于 2005~2016 年农机总动力变化的 19.21%。在同一时期，财政补贴导致大中型拖拉机的总动力增加了 13.24%，占同期大中型拖拉机总动力增长的 9.61%。需要指出的是，在 2005~2016 年，农机总动力的增长不但体现在大中型拖拉机的增长上，更多地可能体现在其他大中型农机具（如大中型收割机、播种机、旋耕机）上。

相比财政补贴的贡献，工资率上涨对农业机械化的贡献要高得多。根据我们的计算，工资率的增长导致农机总动力增加了 17.77%，占其 2005~2016 年总变化的 56.85%。同样，由于工资率的提高，大中型拖拉机的总动力增长了 28.89%（占其总变化的 20.96%）。从这个意义上说，在过去十年中（2005~2016 年），工资率的上升应该被认为是我国农业机械化发展的最大推动力。

4.5　结　　论

财政补贴和工资率上涨对我国农机化的正面影响已得到充分证明。但是，两者具体的影响程度仍然未知。利用全国代表性的省级面板数据，本章不但证实了财政补贴和工资率上涨的积极影响，而且定量评估了二者在过去十年中对机械化发展的确切影响。本章的估计结果表明，财政补贴对我国农机化的贡献率大约为 20%，而机械化增长的一半以上要归因于工资率的上升。从这个意义上说，工资率上涨是最近十多年来我国农业机械化发展的最大推动力。

这项研究具有重要的政策意义。本章的研究表明，政府的财政支持在农业机械化和现代化中起着不可或缺的作用。在一个拥有数亿个小农户的国家（我国平均家庭农场拥有的耕地面积不到 0.5 公顷），农民自己拥有农业机械，特别是效率更高的大中型机械，是不经济的（Ruttan，2000；Otsuka，2004；Pingali，2007）。因此，政府为农机购置者提供财政补贴，可以促进农业机械化的发展。本章的研究结论证实了财政补贴对机械化发展的积极贡献。

其次，这项研究的结论对其他发展中国家也具有重要的实践意义。我国并不是唯一一个实施农机购置补贴的国家。印度和加纳等许多发展中国家也为购买农业机械的农户提供类似的财政补贴（Diao et al.，2012；Singh，2000）。尽管这些国家的财政补贴也有效地促进了机械化进程，但没有一个国家能像我国这样取得如此快速的发展。本章的研究结论揭示了这种差异背后的原因。具体来说，在一个拥有数百万个小农户的发展中国家，完善的机械化不仅取决于政府的财政补贴，而且取决于整个国民经济的发展程度。换句话说，如果一个国家的经济发展程度不够高（工资率不高），那么仅仅提供财政补贴可能不会导致高水平机械化的实现。

参 考 文 献

国家统计局. 2005~2017. 中国物价年鉴. 北京：中国统计出版社.

国家统计局. 1978~1984，2004~2017. 中国统计年鉴. 北京：中国统计出版社.

国务院. 2019-01-10. 国务院关于加快农业机械化和农业机械行业升级转变的指导意见. http://www.gov.cn/zhengce/content/2018-12/29/content_5353308.htm.

农业部网站. 2018-03-04. 农业、财政部就 2018—2020 年农机购置补贴实施工作答记者问. http://www.gov.cn/zhengce/2018-03/04/content_5270593.htm.

农业农村部. 2019-01-02. 农作物耕种收综合机械化率超过 67%. http://www.moa.gov.cn/ztzl/2018zyncgzhy/pd/201901/t20190102_6165892.htm.

中国农业机械工业协会. 2005~2017. 中国农业机械工业年鉴. 北京：中国机械出版社.

Anyanwu J. 2014. Factors affecting economic growth in Africa：are there any lessons from China? African Development Review，26（3）：468-493.

Cai F，Du Y. 2011. Wage increases, wage convergence, and the Lewis turning point in China. China Economics Review，22（4）：601-610.

Diao X，Cossar F，Houssou N，et al. 2012. Mechanization in Ghana: Searching for Sustainable Service，IFPRI Discussion Paper No.01237.

Golley J，Meng X. 2011. Has China run out of surplus labour? China Economics Review，22（4）：555-572.

Han J，Cui C，Fan A. 2007. Rural surplus labor: findings from village survey//Cai F，Du Y. Green

Book of Population and Labor. Beijing: Social Sciences Academic Press.

Huang J, Rozelle S, Wang H. 2006. Fostering or stripping rural China: modernizing agriculture and rural to urban capital flows. Development Economics, XLIV-1: 1-26.

Knight J. 1995. Price scissors and inter-sectoral resource transfers: who paid for industrialization in China? Oxford Economic Papers, New Series, 47 (1): 117-135.

Li H, Li L, Wu B, et al. 2012. The end of cheap Chinese labor. Journal of Economic Perspectives, 26 (4): 57-74.

Lin Y, Yu M. 2009. The political economy of price scissors in China: theoretical model and empirical evidence. Economic Research Journal, 1: 42-56.

Otsuka K. 2004. Food insecurity, income inequality, and the changing comparative advantage in world agriculture. Agricultural Economics, 44: 7-18.

Pingali P. 2007. Agricultural mechanization: adoption patterns and economic impact//Evenson R, Pingali P. Handbook of Agricultural Economics. Amsterdam: Elsevier: 3: 2780-2800.

Qiao F. 2017. Increasing wage, mechanization, and agriculture production in China. China Economic Review, 46: 249-260.

Qiao F, Yao Y. 2015. Is the economic benefit of Bt cotton dying away in China. China Agricultural Economic Review, 7: 322-336.

Ravallion M. 2009. Are there lessons for Africa from China's success against poverty? World Development, 37 (2): 303-313.

Ruttan V W. 2000. Technology, Growth, and Development: An Induced Innovation Perspective. New York and Oxford: Oxford University Press.

Singh G. 2000. Agricultural Machinery Industry in India (Manufacturing, Marketing and Mechanization Promotion). Status of Farm Mechanization in India. New Delhi, Indian Agricultural Statistics Research Institute.

Tuan F, Zhong F, Ke B. 2004. China's agricultural policy: past, recent developments and future alternatives// Tso T C, He K. Dare to Dream: Vision of 2050 Agriculture in China. Beijing: China Agriculture University Press.

Wang X, Yamauchi F, Huang J. 2016. Rising wages, mechanization, and the substitution between capital and labor: evidence from small scale farm system in China. Agricultural Economics, 47 (3): 309-317.

World Bank. 2018. International Comparison Program database. https://data.worldbank.org/indicator/NY.GDP.PCAP.PP.CD? year_high_desc=true.

Xiao D. 2010. Research on agricultural direct subsidy policy of China. Harbin: Northeast Agricultural University PhD Dissertation.

Yang J, Huang Z, Zhang X, et al. 2013. The rapid rise of cross-regional agricultural mechanization services in China. American Journal of Agricultural Economics, 95: 1245-1251.

Zhang X, Yang J, Wang S. 2011. China has reached the Lewis turning point. China Economics Review, 22 (4): 542-554.

第5章 农业专业化服务组织对机械化发展的影响

先前的研究表明,在一个拥有数百万个小农户的发展中国家,实现大规模机械化是不可能的。这背后的原因也不言而喻,对于小农场而言,购买和使用高效的大型农机是不经济的。因此,实现机械化的首要条件是增加农场规模。本章的研究表明,农业专业化服务组织的发展帮助我国解决了这种困局。实证估计结果表明,由于农业专业化服务组织的发展,在2008~2015年,我国农业机械的总功率增加了13.9%,机器化服务的总面积增加了28.2%,综合机械化率增加了16.3%。因此,本章的研究表明对于一个以小农户为主的发展中国家,实现大型农机为主的机械化是完全可能的。

5.1 引 言

先前的研究表明,由于固定成本较高,对于小农户而言,购买和使用机器是不经济的,特别是大中型机械(Ruttan,2001;Pingali,2007)。Otsuka(2013)的研究还表明,只有大型农场主才愿意投资农业机械。总之,这些结果表明,在以小农户为主的发展中国家,增加农场规模是机械化的必由之路。

但是自21世纪初以来,机械化在我国快速发展。自20世纪70年代末实施家庭联产承包责任制之后,我国农业的生产特点就是家庭土地规模非常小(户均耕地不到1公顷)和地块分割(Wen,1989)。结果直到2003年,即家庭联产承包责任制实施25年之后,我国在耕作、播种和收获等农业过程的综合机械化率还不到33%(中国农业机械工业协会,2017)。然而在2017年,我国的农业综合机械化率达到66%(中国农业机械工业协会,2017)。与此同时,在2003~2016年,大中型拖拉机的数量增加了 5 倍以上（从 2003 年的不足 100 万台增加到 2016 年的 645 万台）（国家统计局，2017）。

尽管许多因素共同促成了这一非凡的机械化发展水平，但需要指出的是农业机械服务组织的作用不容忽视。先前的研究表明，通过将大型农业机器的所有者组织起来，农业机械服务组织有助于降低交易成本、扩大服务范围、降低服务价格并提高机器所有者的经济效益（Shu et al., 2011; Yang et al., 2013）。因此，农业机械服务组织极大地促进了机械化的发展，特别是大型机械的使用。

尽管农业机械服务组织对农业机械化有非常大的影响，但很少有研究定量地评估其对机械化发展的具体影响程度。据笔者所知，目前大多数研究要么集中在农业机械服务组织的理论分析上（如 Xu, 2007），要么集中在机械化对农业生产的影响上（如 Qiao, 2017）。换句话说，很少有研究集中在农业机械服务组织对机械化发展的定量分析上。

本章试图填补这一文献中的空白。具体来说，本章将通过使用具有国家代表性的省级面板数据，并构建计量经济模型来定量评估农业机械服务组织对我国机械化发展的影响。

本章其余部分安排如下。在 5.2 节中，我们简要回顾农业机械服务组织的发展历程。在 5.3 节中，我们建立了一个理论模型来讨论农业机械服务组织对机械化的影响。在 5.4 节中，我们首先讨论实证分析中使用的数据和样本选择，然后建立并估计相应的计量经济学模型，以隔离农业机械服务组织对机械化的影响，并讨论估计结果。结论和政策含义在最后一节中讨论。

5.2　农业机械服务组织在我国的发展历程

20 世纪 70 年代末开始的农业改革，极大地改变了我国的农业生产方式。在改革期间，将近 1 亿公顷的集体土地被平均分配给了约 8 亿农村人口（国家统计局，2007）。根据国家统计数据，家庭联产承包责任制实施后，我国约有 2 亿个小农户，而平均家庭农场规模仅为 0.5 公顷（国家统计局，2007）。此外，每个家庭通常都有几块土地（Wen, 1989; Hu, 1997; Tan et al., 2010）。

鉴于农场规模小和土地分割问题，我国机械化的发展在家庭联产承包责任制实施后一直处于停滞状态（Yang et al., 2013; Qiao, 2017）。对于小型农场来说，购买农业机械，特别是大型农业机械是不经济的（Ruttan, 2001）。因此，增加农场规模是机械化的前提条件（Otsuka, 2013）。换句话说，在拥有数百万个小农户的国家，实现机械化几乎是不可能的。

认识到机械化对于我国农业和整个国民经济的重要性，从 1998 年开始，我国政府开始为农户购买农机具提供财政补贴。根据统计，在 1998~2003 年，中央政府在部分试点省份拨款 1.2 亿元用于购置农机具，而地方政府的补贴则超过 500 元（Xiao，2010）。由于补贴政策在这些试验省份取得了很大的成功，中央政府于 2004 年决定大幅增加补贴金额，并将补贴计划扩展到我国所有省份。据统计，2016 年中央政府的补贴总额达到 228 亿元（中国农业机械工业协会，2017）。

由于政府的大量农机购置补贴，我国农业机械化的速度加快了。自 21 世纪初以来，大中型农机的数量急剧增加，如图 5-1（a）所示。大中型农用拖拉机的数量从 1978 年的 56 万辆增加到 2003 年的 98 万辆，年均增长率不到 3%。但是，2016 年大中型拖拉机的数量达到 645 万辆。换句话说，在 2004~2016 年，该中型拖拉机的数量增长了 6 倍以上。

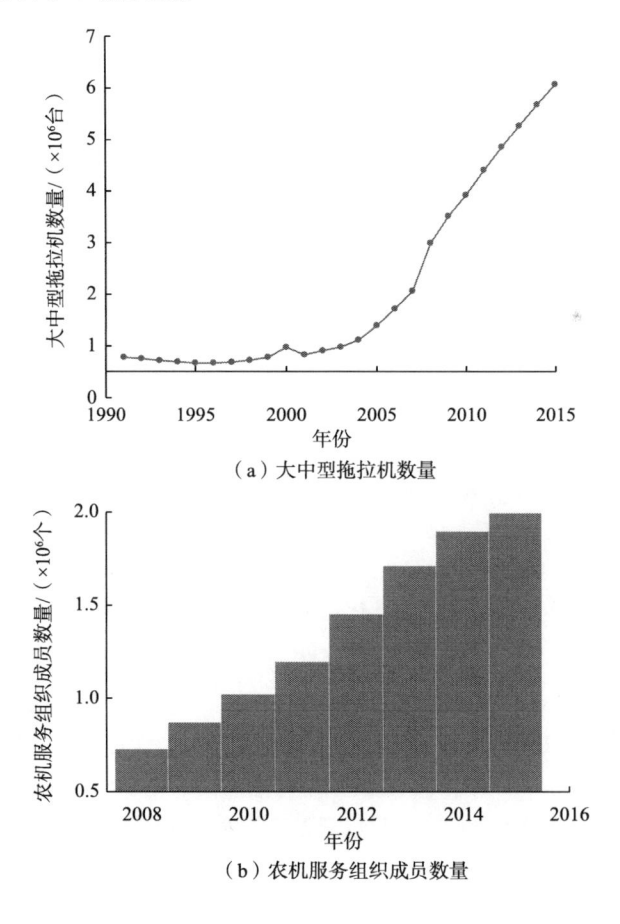

（a）大中型拖拉机数量

（b）农机服务组织成员数量

(c) 我国的农业机械化

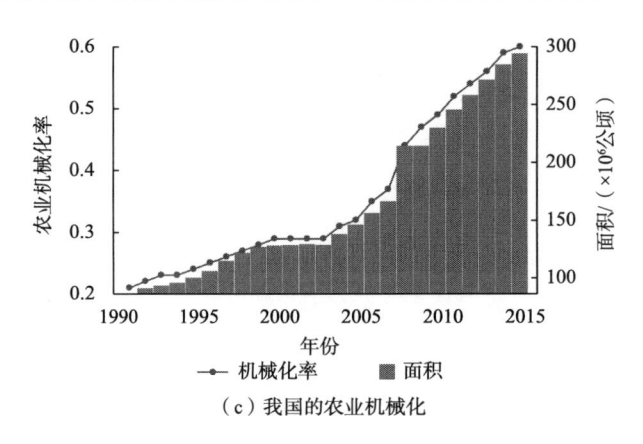

图 5-1 农机服务组织的发展和农业机械化

如前所述，小农户购置农业机械，特别是大中型农业机械，自用是不经济的。而分摊农机购置和维护成本的一个重要手段，就是为当地其他没有农机的农户提供服务。但是在一个地区，主要农作物的物候期可能是固定的，而且是高度相似的。因此，即使本地租赁服务市场很大（即有许多需要机械服务的小农户），一年中的总营业时间也是固定的，而且总服务时间相对较短。相反，作物的物候阶段在不同区域则显著不同。举例来说，南部地区的作物比北部地区要更早种植和收割。因此，如果机器所有者首先在南部地区为农户提供机器服务，然后向北移动，则每年机器总服务时间将延长（Diao et al., 2012）。因此，如果能够提供这种跨区域的服务，就可以完全弥补购买机器的高昂固定成本和相关的维护费用（Yang et al., 2013）。

但是，实现这一跨地区的机械服务还有一些额外的成本（Shu et al., 2011）。首先，运输成本高。其次，由于缺乏有关其他地区对机械服务需求的具体信息，此类服务可能面临漫长的等待时间，或无法找到服务工作。再次，跨地区作业的维护费用高。最后，在这种情况下，实现跨地区的农业服务也可能存在安全性问题。面对这些挑战，单个机器所有者宁愿不提供区域间服务。

农机服务组织的发展，成功地减少了跨区域机械服务相关的额外费用。简单来说，农机服务组织是一个由提供机器服务的个体机器所有者组成的组织（Shu et al., 2011）。通过支付相对较低的会员费，机器所有者（通常是大型机器所有者）联合起来，可以享受农机服务组织提供的所有服务，包括市场信息和机器维护服务（Yang et al., 2006）。随着机械服务组织的发展，跨区作业的安全问题也得以解决（Shu et al., 2011）。结果，自 2012 年以后，农机服务组织迅速发展[图 5-1（b）]。

农机服务组织大大加快了我国机械化的发展进程。如图 5-1（c）所示，自 21

世纪初以来，机器作业的总面积和综合机械化率（如耕种、播种和收获）都迅速增加。此外研究表明，跨区域的机器服务年增长率从 1991~2007 年的 4.23%增加到 2008~2015 年的 7.64%。同样，农业综合机械化率的年增长率从 1991~2007 年的 3.63%，增加到 2008~2015 年的 6.34%。

5.3 理论框架

对于一个机器所有者来说，我们假设机器服务价格为 p 元/天，而机器运行的可变成本（汽油成本、维护等）为 c 元/天。假设每年的农机总服务时间为 D 天，并进一步假设 D 是农机服务组织（AMSO）的增函数。换句话说，dD/dAMSO> 0。最后，我们定义交易成本为 TR，该成本包括跨区作业的相关费用。我们假设 TR 是 AMSO 的减函数，即 dTR/dAMSO <0。那么机器所有者的利润最大化问题，可以写成下面的形式：

$$\pi = \left[(p-c)D - \text{TR}\right]\sum_{t=1}^{t=T} e^{-\rho t} \qquad (5\text{-}1)$$

在方程（5-1）中，T 是机器可以运行的总年数，而 ρ 是折现率。为简单起见，我们假设每年的当年价利润值是相同的[即为（$p-c$）×D−TR]。

从方程（5-1），我们得到 dπ/dAMSO> 0。换句话说，农机服务组织的增长将导致机器所有者利润增加。结果，随着 AMSO 的发展，机器所有者希望购买更多的农业机械。这也是我们将在下一节中使用实际数据进行测试的第一个假说。

农机租赁服务的总供应量是

$$S = \int_0^1 f(A) \mathrm{d}A = \int_{A_{\min}}^1 f(A) \mathrm{d}A \qquad (5\text{-}2)$$

在方程（5-2）中，A 是用于测量一个区域中农机服务组织异质性的变量。在这项研究中，A 定义为当前农机服务组织与相应区域中农机服务组织容量的比率。换句话说，如果没有农机服务组织，则 $A = 0$。相反，如果农机服务组织在一个地区全面发展，则 $A = 1$。函数 $f(A)$ 是一个所有者提供的机器总数。如果 A 太小，提供任何数量的机械服务，可能都是不经济的。因此，我们用 $A_{\min}$ 来表示一些业主在租赁市场上提供机器服务的门槛。

如果我们用 $D(p)$ 定义那些没有机器的农户，对农机服务的总需求，则得到如下的市场清零条件：

$$S(p,A) = \int_0^1 f(A)\mathrm{d}A = D(p) \qquad (5\text{-}3)$$

如方程（5-1）所示，农机服务组织的发展导致机器供应的增加[即，$S(p, A)$ 增加]。总供应量的增加，将导致机器租赁服务市场的市场价格较低（即 p 减小）。结果，对机械服务的需求增加。这是本章的第二个假说。我们将在下一部分中使用经验数据对其进行检验。

5.4 数据和实证模型分析

5.4.1 数据来源和样本选择

本章研究中使用的数据主要来自《中国统计年鉴》、《中国价格年鉴》和《中国农业机械工业年鉴》。具体来说，有关农业机械总功率、农机服务组织的数量、机械化总作业面积、机器耕种面积、机器播种面积、机械收割面积和跨区域机械化作业数据均来自《中国农业机械工业年鉴》（中国农业机械工业协会，2008~2016）。农机购置补贴，包括来自中央和省级政府的财政补贴，均来自《中国农业机械工业年鉴》（中国农业机械工业协会，2008~2016）。农业机械价格指数、农业生产服务价格指数和 CPI 则来自《中国价格年鉴》（国家统计局，2008~2016）[①]。最后，农业从业人员的平均工资来自《中国统计年鉴》（国家统计局，2008~2016）。

在具体分析数据以前，有三点需要说明。首先，省级的农业综合机械化率变量（本章研究的核心变量之一）没有公布数据。尽管全国的农业综合机械化率有公布，但是分省的数据则没有公布。因此，我们根据《中国农业机械工业年鉴》提供的公式对省级的农业综合机械化率进行了计算。该公式为：综合机械化率= 0.4 ×机械化耕种率+ 0.3×机械化收割率+ 0.3×机械化播种率。为了验证我们计算结果的合理性，我们还用该公式计算了全国的综合机械化率，并将计算的数据与《中国农业机械工业年鉴》中公布的数据进行了比较。比较结果表明，我们的计算结果是合理可靠的。例如，在 2015 年，我们计算得到的全国综合机械化率为 62.2%，非常接近公布的数字（63.0%）。

[①] 对于北京、天津、上海和重庆这四个直辖市，农机价格指数缺失。在研究中，笔者用全国的平均价格指数进行了填充。

其次，笔者要说明研究时间段的选择。在本章的实证分析中，出于以下三个原因，笔者选择 2008~2015 年的时间段。第一，省级跨区域的农机作业面积（该变量为本章的核心变量之一）在 2008 年之前没有公布。第二，农机服务组织（该变量为本章的核心变量之一）的统计口径在 2008 年发生了显著变化。这使得 2008 年之前的数据和之后的数据无法比较。第三，2015 年农业机械总动力的统计口径再次发生变化[①]。换言之，2015 年以后的数据和 2015 年之前的数据也没有直接可比性。鉴于以上三个原因，本章的实证分析部分取 2008~2015 年作为研究数据的时间区间。

最后，我们在实证分析中舍弃了西藏自治区的样本。这么做有两个原因。第一，西藏自治区工资率在 2008~2015 年呈下降趋势，与其他省区市的趋势相反。第二，西藏自治区的一些关键数据缺失。例如，缺少 2008 年的农机服务组织会员数据和农机购置补贴的数据。还应注意的是，西藏自治区农业机械的总功率为 620 万千瓦，仅占 2015 年全国农业机械总功率的 0.55%（中国农业机械工业协会，2016）。因此，笔者认为将西藏自治区排除在外并不会导致重大的实证估计偏差。

总而言之，本章的实证研究使用了 2008~2015 年我国 30 个省区市的面板数据。表 5-1 显示了本章研究中使用的主要变量的基本特征。

表5-1 主要变量的基本特征

变量名	均值	标准差
农机总动力/（×10^6 千瓦）	31.71	29.83
大型农机总动力/（×10^6 千瓦）	6.32	7.04
农机作业总面积/（×10^6 公顷）	7.93	8.55
综合机械化率	0.48	0.21
农机服务组织数量/千	5.55	6.42
农机服务组织成员数量/（×10^6 个）	0.04	0.07
农机服务价格指数 [a]	121.03	24.14
农机价格指数 [a]	97.48	4.99
农机购置补贴/亿元	5.95	4.76
跨区作业面积/（×10^6 公顷）	0.48	0.75
外区农机在本区的作业面积/（×10^6 公顷）	0.24	0.23
工资/千元 [a]	23.33	9.42

注：a 数据经过 CPI 调整

---

① 根据《中国统计年鉴》，2015 年的农机总动力为 11.2 亿千瓦，2016 年的农机总动力则为 9.7 亿千瓦。然而，一位政府官员说"2016 年的农机总动力为 9.7 亿千瓦，按照相同口径比较，比 2015 年提高了 7.77%"（Zhang et al., 2017）。因此，我们不难判断农机总动力的统计口径在 2016 年发生了变化。

5.4.2 农机服务组织发展和机械化

如图 5-2 所示，省级面板数据显示农机服务组织的数量（a）和农机服务组织成员的总数（b），都随着时间推移显示出明显的增加趋势。进一步的研究表明，各省区市的增长趋势相似。此结果与图 5-1 所示的国家数据一致。

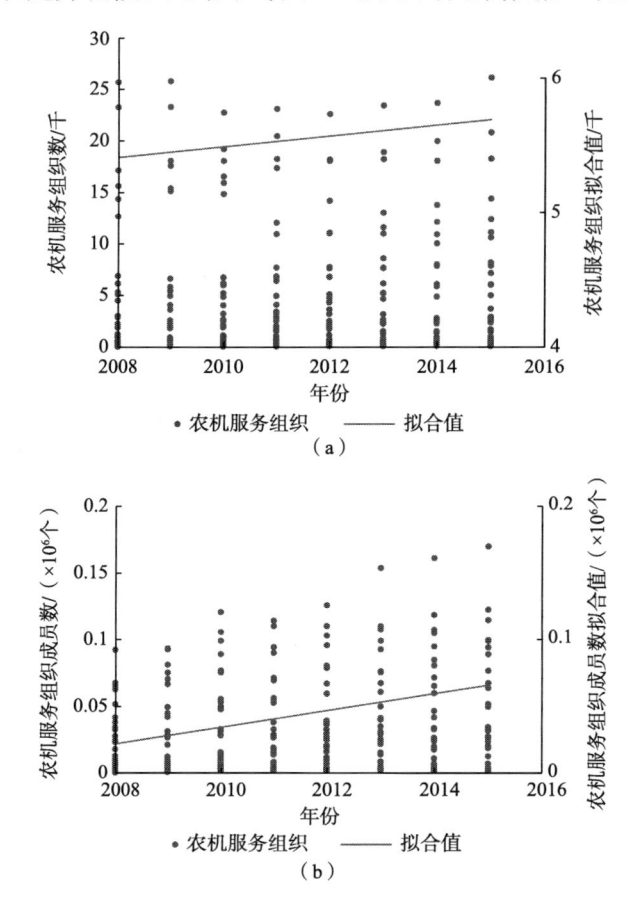

图 5-2　农机服务组织随着时间变化而变化的动态趋势

图 5-3 显示了农机服务组织与农业机械总动力之间的关系。如图 5-3（a）所示，它们之间的正相关关系表明，随着农机服务组织数量的增加，图 5-3 农业机械的总动力也会增加。同样，图 5-3（b）显示，农机服务组织的成员人数越多，农业机械的总动力也越高。因此，图 5-3 显示了农机服务组织与机械化发展之间的正相关关系。

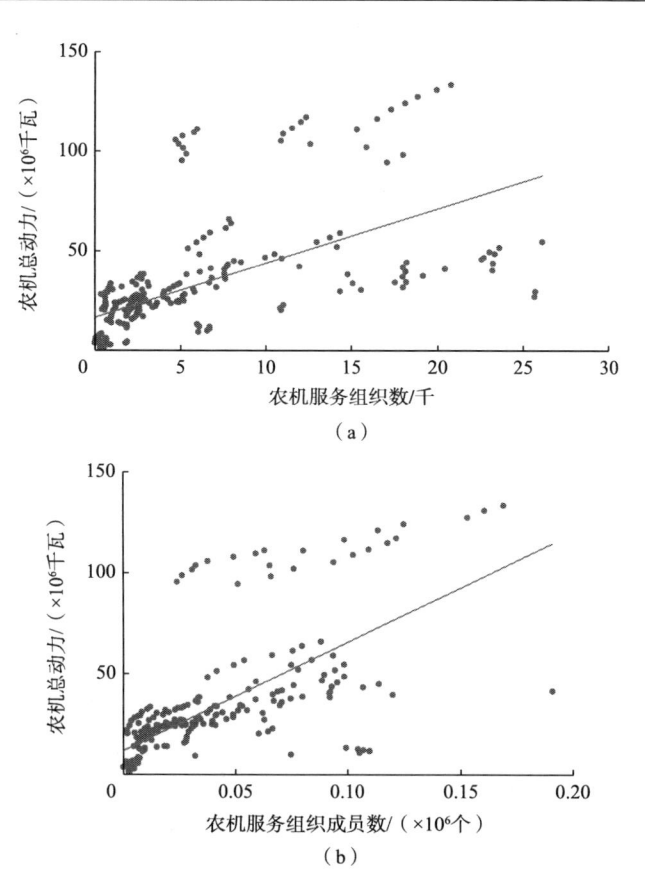

图 5-3 农机服务组织和农机总动力

5.4.3 实证模型

当然，以上通过描述性分析得到的结论可能有偏差，因为该分析方法并没有考虑其他因素的影响。为了隔离农机服务组织的影响，我们需要构建一个多元计量经济学模型。考虑到机器租赁价格的内生性，我们在实际的实证分析中，构建了一个包括需求函数和供应函数的方程组。具体来说，实证方程可以写成：

$$\begin{aligned}
\text{Price}_{i,t} &= \alpha_0 + \alpha_1 \text{Mechanization}_{i,t} + \alpha_2 \text{Wage}_{i,t} + \alpha_3 \text{Area\_inter\_region}_{i,t} \\
&\quad + \alpha_4 \text{Province}_i + \delta_{i,t} \\
\text{Supply}_{i,t} &= \beta_0 + \beta_1 \text{Price\_service}_{i,t} + \beta_2 \text{AMSO}_{i,t} + \beta_3 \text{Subsidy}_{i,t} \\
&\quad + \beta_4 \text{Price\_machine}_{i,t} + \beta_5 \text{Area\_inter\_region}_{i,t} \\
&\quad + \beta_6 \text{Province}_{i,t} + \varepsilon_{i,t}
\end{aligned} \quad (5\text{-}4)$$

在方程（5-4）中，Mechanization 用来考虑机械化变量的影响。在这项研究中，笔者使用三个变量来描述机械化的变化：农业机械总功率、农机作业总面积及农业综合机械化率。α 和 β 是待估计的参数，而 δ 和 ε 是误差项。下标表示在时间 t 对省 i 的观测值。

Price 是机器租赁服务的价格。但是此价格并没有公布数据。因此，笔者使用农业生产服务价格指数来衡量机器租赁服务价格对农机总需求的影响。同样，笔者使用农机价格指数（Price_machine）来衡量机器购买价格对机器购买的影响。

AMSO 是用于衡量农机服务组织对农业机械化影响的变量。在这项研究中，笔者使用两个变量来衡量：参与农机服务组织的总成员数量和农机服务组织的总数量。通过使用这些变量，我们不仅可以准确地衡量农机服务组织数量的变化，还可以充分考虑农机服务组织质量的变化。此外，分别用这两个变量进行回访分析，也将有助于检验我们估算结果的稳健性。

Area_inter_region 度量农机跨区域作业的影响。对于一个地区来说，都有两个与跨区域间机械作业相关的数字：其他区域的机械到本区的跨区作业面积和本区域机器在其他区域的跨区作业面积。但是从《中国农业机械工业年鉴》中，我们只能得到本区农机在其他区域的跨区作业面积。实际上，该数据还包括在同一省内其他县市的作业面积。为简单起见，我们假设在同一省区市的其他县市的跨区作业面积与在其他省份的跨区作业面积之比为 50%，并且假设该比率是恒定的（即并没有随着时间的变化而变化）。在实际的分析中，为了检查该比率设置对估计结果的影响，我们还尝试了其他不同的比率，如 25% 和 75%。结果显示，不同比率设置下的估计结果是一致的。因此，我们认为在基准方案中假设比率为 50% 不会导致严重的估计偏差。

为了获得其他省份的机器在本区的跨区作业面积，我们将跨区作业面积分摊到不同的省份。在分摊过程中，我们有几个条件。首先，根据以前的研究和报告（例如 Cao et al., 2010; Yang, 2015），华北平原（江苏、河南、河北、安徽、山东）和黑龙江的农业机械可以到其他省份跨区域作业。这些省份的农机跨区作业的范围包括山西、陕西、内蒙古自治区、新疆维吾尔自治区、四川、吉林和辽宁。其次，对于所有其他省份，我们假设跨区作业仅仅在邻近的省份间进行。最后，我们假设海南省的机器不在其他省份跨区作业，其他省份的农机也不到海南跨区作业。

除了这两个变量之外，笔者还使用另外两个变量来衡量跨区作业的影响。如上所述，笔者使用其他省份的机器在本区的跨区作业面积，以及本省的农机到其他省份的跨区作业面积，来衡量跨区作业对机械化发展的影响。为了测试此方法的稳定性，笔者使用了另外两个变量：本省份的跨区作业面积与全国平均跨区作业面积之间的差异，以及省份的跨区作业面积与全国平均跨区作业面积之比。

Wage 的估计系数代表工资变动对机械化的影响。在这项研究中，笔者使用了农业生产中雇工的平均工资。由于我国是世界上人口最多的国家，因此有数以万计的农村劳动力到城市打工（Han et al., 2007）。但是，自 21 世纪初以来，我国开始出现劳动力短缺（Chen and Hamori, 2009; Cai and Du, 2011）。2000 年以来，劳动力的短缺导致工资率显著提高，这表明我国的人口红利已经消失了（国家统计局，2014）。笔者预测工资上涨对机械化的发展具有积极影响。

Subsidy 用于衡量政府的农机购置补贴对农机购买的影响。本章研究中，笔者使用来自中央政府的农机购置补贴来衡量该变量。近年来，尽管地方政府的农机购置补贴也在不断增加，但是来自地方政府的补贴所占比例还不到中央政府农机购置补贴的 20%。可能是出于这个原因，2013 年以来，地方政府的农机购置补贴具体金额不再公布。因此，本章研究中使用的补贴数据是中央政府提供的农机购置补贴金额。

最后，Province 是代表各省份异质性的一组虚拟变量的向量。在本章研究中，笔者考虑了我国 30 个省区市，因此通过添加这 30 个省区市的虚拟变量，我们可以估计固定效应模型。

5.4.4 估计结果与分析

方程（5-4）的估计结果示于表 5-2。表 5-2 列出了农业机械总动力和大型农业机械总动力的估算结果。表 5-3 给出了机械化作业总面积和农业综合机械化率方程的估算结果。表 5-2 和表 5-3 显示的是当农机服务组织成员的数量作为自变量时的估计结果，而表 5-4 显示了当农机服务组织的数量作为自变量时的估计结果。

表5-2 农机服务组织成员数和农机总动力

变量名称	所有农机 总动力	所有农机 农机租赁价格	大型农机 总动力	大型农机 农机租赁价格
农机服务组织成员数	0.063 6 (1.62)		0.133 9 (4.56)***	
农机服务价格指数	0.527 7 (1.71)*		1.893 3 (7.23)***	
农机价格指数	-0.638 0 (-1.65)*		-1.405 0 (-4.86)***	
农机购置补贴	0.050 4 (1.30)		0.131 2 (4.32)***	
本区农机的跨区作业面积	0.128 5 (2.97)***	-0.062 3 (-3.12)***	0.053 5 (1.45)	-0.059 0 (-4.19)***

续表

变量名称	所有农机		大型农机	
	总动力	农机租赁价格	总动力	农机租赁价格
外区在本区农机作业面积	−0.156 2 (−2.24)**	0.083 9 (3.53)***	−0.150 8 (−2.56)**	0.079 2 (3.46)***
工资率		0.304 8 (5.85)***		0.285 4 (4.70)***
总动力		0.022 9 (0.17)		0.026 4 (0.48)
省份虚拟变量	有	有	有	有
常数项	3.497 0 (1.31)	4.022 3 (11.45)***	−1.172 3 (−0.55)	4.078 8 (62.15)***
观察值	240	240	240	240
R^2	0.975	0.776	0.991	0.782

*** $p<0.01$, ** $p<0.05$, * $p<0.1$
注：括号内为 z 值；所有变量均取其自然对数形式

表5-3　农机服务组织对农机作业总面积和综合机械化率的影响

变量名称	农机作业总面积		综合机械化率	
	总动力	总面积	总动力	综合机械化率
农机服务组织成员数	0.118 8 (3.02)***		0.041 6 (1.17)	
农机服务价格指数	1.709 9 (5.84)***		1.691 7 (6.18)***	
农机价格指数	0.077 6 (0.21)		−0.101 8 (−0.29)	
农机购置补贴	−0.095 3 (−2.53)**		−0.082 8 (−2.35)**	
本区农机的跨区作业面积	0.363 3 (8.53)***	−0.030 5 (−0.94)	0.372 9 (9.63)***	0.024 5 (0.35)
外区在本区农机作业面积	−0.039 2 (−0.56)	0.090 2 (3.73)***	−0.102 2 (−1.64)	0.078 7 (2.90)***
工资率		0.381 8 (5.40)***		0.481 3 (3.49)***
总动力		−0.123 8 (−1.01)		−0.339 1 (−1.24)
省份虚拟变量	有	有	有	有
常数项	−3.788 0 (−1.50)	4.336 0 (16.72)***	−6.856 7 (−2.85)***	3.594 0 (8.92)***
观察值	240	240	240	240
R^2	0.981	0.761	0.935	0.671

*** $p<0.01$, ** $p<0.05$
注：括号内为 z 值；所有变量均取其自然对数形式

表5-4 农机服务组织数量对机械化的影响

变量名称	所有农机 总动力	所有农机 租赁价格	大型农机 总动力	大型农机 租赁价格	农机作业总面积 总动力	农机作业总面积 作业面积	综合机械化率 总动力	综合机械化率 机械化率
农机服务组织数	0.174 3		0.130 8		0.116 5		0.033 4	
	(4.62)***		(4.43)***		(2.89)***		(0.95)	
农机服务价格指数	0.517 5		1.980 2		1.848 3		1.751 3	
	(1.89)*		(8.03)***		(6.33)***		(6.83)***	
农机价格指数	−1.068 7		−1.928 4		−0.396 3		−0.214 9	
	(−2.91)***		(−6.24)***		(−1.01)		(−0.62)	
农机购置补贴	0.027 7		0.153 7		−0.093 5		−0.077 9	
	(0.74)		(4.75)***		(−2.33)**		(−2.20)**	
本区农机的跨区作业面积	0.092 8	−0.045 0	0.024 1	−0.060 5	0.345 9	0.045 6	0.367 8	0.019 9
	(2.19)**	(−2.53)**	(0.63)	(−4.19)***	(7.69)***	(0.78)	(9.29)***	(0.25)
外区在本区农机作业面积	−0.086 0	0.073 4	−0.113 6	0.084 8	0.001 5	0.110 3	−0.093 6	0.078 9
	(−1.27)	(3.02)***	(−1.89)*	(3.60)***	(0.02)	(3.20)***	(−1.48)	(2.95)***
工资率		0.364 2		0.333 6		0.559 8		0.472 3
		(9.50)***		(5.08)***		(4.24)***		(2.99)***
总动力		−0.138 5		−0.019 3		−0.445 2		−0.320 8
		(−1.60)		(−0.33)		(−1.91)*		(−1.02)
省份虚拟变量	有	有	有	有	有	有	有	有
常数项	5.171 3	4.448 1	−0.154 7	4.085 4	−2.921 2	4.994 1	−6.883 2	3.620 3
	(2.05)**	(18.58)***	(−0.07)	(60.69)***	(−1.08)	(10.28)***	(−2.91)***	(7.86)***
观察值	240	240	240	240	240	240	240	240
R^2	0.977	0.745	0.990	0.771	0.980	0.557	0.933	0.681

*** $p<0.01$, ** $p<0.05$, * $p<0.1$

注：括号内为 T 值；所有变量均取其自然对数形式

表 5-2 中显示的估计值跟我们的预期是一致的。首先，表 5-4 中的估计结果与表 5-2 和表 5-3 中的估计结果非常相似。这意味着使用农机服务组织的数量和农机服务组织成员的数量会产生相似的估计结果。为简单起见，下面笔者将重点讨论表 5-2 和表 5-3 中所示的估计结果。其次，大多数自变量的估计系数与预期是一样的。例如，估计结果显示如果机械租赁的价格很高，则会促进农机的供给量。又如，工资率越高，对农机服务的需求越高。

更重要的是，表 5-2 的估计结果表明农机服务组织的发展对农业机械服务的总供应产生了积极影响。如第 1 行所示,农机服务组织成员数的估计系数为正,并且统计检验显著。换句话说,该估计结果表明,随着农机服务组织成员的增加,农业机械的总动力也将增加。根据该估计结果,如果农机服务组织的成员数量增加 1%,则农业机械的总动力将增加 0.063 6%。本章使用的数据显示,在 2008~2015 年,农机服务组织成员数量增加了 93.36%。据此可以得到,农机服务组织的发展使得农业机械的总动力增加了 5.94%。因为 2008~2015 年农业机械的总动力增长了 29.80%,所以农机服务组织的贡献折算为 19.92%。

同样,表 5-2 显示农机服务组织为大型农业机械的发展做出了贡献。如第 3 列所示,农机服务组织成员变量的估计系数为 0.133 9,而且统计检验显著。根据此分析结果,在 2008~2015 年,大型农业机械功率增长的 15.62%归功于农机服务组织的发展。如果按 2015 年大型农机的总动力对各省份从小到大进行排序的话,则由农机服务组织的发展引起的大型农机功率的增加(即 1 353 万千瓦),超过了前 14 个省份的总和(该 14 个省份是大型农机最少的省份)。

表 5-3 的估计结果表明,农机服务组织的发展对机器作业的总面积及农业耕种、播种和收获的综合机械化率有重大影响。如第 1 行所示,农机服务组织成员的系数均为正,而且统计检验显著。根据估计结果,农机服务组织成员数量增加 1%,将使机器作业的总面积增加 0.118 8%,综合机械化率增加 0.041 6%。进一步的分析表明,2008~2015 年,由于农机服务组织的发展,农机作业总面积增加了 27.69%,而农业综合机械化率增加了 13.99%。

5.5 结　　论

本章研究使用省级面板数据,定量评估了农机服务组织的发展对我国农业机械化的影响。本章的研究结果表明,在 2008~2015 年,农机服务组织的发展使农机总功率提高了约 19.92%,而农机作业总面积和农业综合机械化率分别提高了 27.69%和 13.99%。

该研究为有关农业机械化的文献做出了贡献。近年来,越来越多的研究者开始重新审视农业机械化问题(例如,Ruttan,2001;Pingali,2007;Takahashi and Otsuka,2009;Diao et al.,2012;Otsuka,2013;Zhang et al.,2017)。Ruttan(2001)、Pingali(2007)和 Otsuka(2013)认为,在一些发展中国家,农场规模小和地块细碎化是机械化发展的障碍。然而,Diao 等(2012)和 Zhang 等(2017)的研究表明,即使在拥有数百万个小家庭的国家中,机械化也可以逐渐发展起来。本章研究以我国为例，解释了在拥有数亿个小农户的国家中，机械化（尤其是大中型农业机械）快速发展背后的机制。

本章的研究还具有重要的政策意义。首先，机械化在我国从传统农业生产模式到现代大规模生产模式的转变中发挥着关键性的作用。机械化在增加农民收入、减轻农村地区贫困发生率方面也起着重要作用。从这个意义上讲，农业机械化不仅影响农业和农民，而且影响我国的整个国民经济。认识到其重要性，我国政府在过去十年中，持续不断地促进机械化的发展。根据本章的研究结果，为鼓励机械化的发展，我国政府不仅应提供农机购置补贴，而且应鼓励农机服务组织和信息市场的发展。

应该指出的是，虽然这项研究是基于我国的数据进行的实证分析，但是其研究结论则不局限于我国。由于过去40年的高速经济增长，我国被认为是发展中国家的榜样。在一些发展中国家，如亚洲和非洲国家（如孟加拉国和加纳），它们的机械化的状况与我国在21世纪初的情况非常相似。在这些国家机械化的发展初期，也是小型机械占主导地位。这些国家，目前也都面临着通过使用更高效的大中型农业机器来实现机械化的挑战。我国的经验表明，即使对于一个拥有数百万个小农户的国家，实现由大型机器占主导地位的机械化也是可能的。本章的研究表明，为促进这种转型，政府应在补贴设备采购的同时鼓励设备租赁市场的发展。

参 考 文 献

国家发展和改革委员会. 2008~2016. 全国农产品成本收益资料汇编. 北京：中国统计出版社.
国家统计局. 2007. 中国统计年鉴. 北京：中国统计出版社.
国家统计局. 2017. 中国统计年鉴. 北京：中国统计出版社.
国家统计局. 2008~2016. 中国统计年鉴. 北京：中国统计出版社.
国家统计局. 2008~2016. 中国物价年鉴. 北京：中国统计出版社.
中国农业机械工业协会. 2008~2016. 中国农业机械工业年鉴. 北京：中国机械出版社.
中国农业机械工业协会. 2017. 中国农业机械工业年鉴. 北京：中国机械出版社.
Cai F, Du Y. 2011. Wage increases, wage convergence, and the Lewis turning point in China. China Economic Review, 22（4）: 601-610.
Cao G, Zhou L, Yi Z, et al. 2010. The impact of subsidy for purchasing agricultural machines on farmer's purchasing behavior: empirical evidence from crop production in Jiangsu province. Chinese Rural Economy, 6: 38-48.
Chen G, Hamori S. 2009. Solution to the dilemma of the migrant labor shortage and the rural labor

surplus in China. China & World Economy, 17（4）: 53-71.

Diao X, Cossar F, Houssou N, et al. 2012. Mechanization in Ghana: Searching for Sustainable Service Supply Models. Internal memorandum.

Han J, Cui C, Fan A. 2007. Rural surplus labor: findings from village survey//Cai F, Du Y. Green Book of Population and Labor. Beijing: Social Sciences Academic Press.

Hu W. 1997. Household land tenure reform in China: its impact on farming land use and agro-environment. Land Use Policy, 14（3）: 175-186.

Jiangsu Agricultural Machinery Administration. 2011. Jiangsu agricultural machinery professional cooperative enters the fast development lane. Jiangsu Agricultural Mechanization, 6: 18-19.

Otsuka K. 2013. Food insecurity, income inequality, and the changing comparative advantage in world agriculture. Agricultural Economics, 44: 7-18.

Pingali P. 2007. Agricultural mechanization: adoption patterns and economic impact//Evenson R, Pingali P. Handbook of Agricultural Economics. Amsterdam: Elsevier.

Qiao F. 2017. Increasing wage, mechanization, and agriculture production in China. China Economic Review, 46: 249-260.

Ruttan V W. 2001. Technology, Growth and Development: An Induced Innovation Perspective. New York: Oxford University Press.

Shu K, Yang Y, Guo H. 2011. On formation motivation and mechanism of agricultural machinery service organization. Chinese Agricultural Mechanization, 1: 40-43.

Takahashi K, Otsuka K. 2009. The increasing importance of nonfarm income and the changing use of labor and capital in rice farming: the case of Central Luzon 1979–2003. Agricultural Economics, 40（2）: 231-242.

Tan S, Heerink N, Kuyvenhoven A, et al. 2010. Impact of land fragmentation on rice producers' technical efficiency in South-East China. NJAS - Wageningen Journal of Life Sciences, 57（2）: 117-123.

Wen J G. 1989. The current land tenure system and its impact on long term performance of farming sector: the case of modern China. Chicago: University of Chicago PhD Dissertation.

Xiao D. 2010. Research on agricultural direct subsidy policy of China. Harbin: Northeast Agricultural University PhD Dissertation.

Xu J. 2007. Tactic meaning and counter measures of developing agricultural mechanization service organization. Chinese Agricultural Mechanization, 6: 10-13.

Yang J. 2015. China's agricultural mechanization services and grain production. Hangzhou: Zhejiang University PhD Dissertation.

Yang J, Huang Z, Zhang X, et al. 2013. The rapid rise of cross-regional agricultural mechanization services in China. American Journal of Agricultural Economics, 95（5）: 1245-1251.

Yang M, Tu Z, Zheng C. 2006. Study on the organization structure and mechanism innovation for agricultural machinery service industry. Journal of Agricultural Mechanization Research, 2: 1-5.

Zhang X, Yang J, Thomas R. 2017. Mechanization outsourcing clusters and division of labor in Chinese agriculture. China Economic Review, 43（C）: 184-195.

第6章 工资增长对机械化和农业生产的影响

随着人口红利的消失，我国的工资水平在20世纪末期开始快速提升。工资增长不仅影响到出口导向型行业，而且还显著地影响农业的发展。本章首先建立理论模型，并通过对该模型的定性分析得出工资增长对棉花等劳动力密集型作物的生产有消极影响，而对粮食作物等劳动力粗放型作物的生产有积极影响。接下来，利用具有全国代表性的分省数据进行实证分析，结果证实了该理论分析得到的假说。最后，本章的实证分析结果还表明工资增长有助于机械化的发展，而机械化又进一步加速了劳动力密集型作物的减少和劳动力粗放型作物的增加。根据本章的研究结果，随着工资水平的增加和机械化的发展，我国的棉花播种面积2017年比2014年减少六分之一以上，这可能会危及我国的棉花产业和生产安全。

6.1 引　　言

随着人口红利的消失，我国的工资水平在20世纪末期开始快速上升。根据国家统计局（2013）发布的数据，2012年我国劳动力总量下降了345万。这是我国第一次出现劳动力绝对数量的减少。在接下来的两年里，我国劳动力的绝对数量又持续下降了2 144万。劳动力数量的下降导致了工资水平的上升。在过去的10年间，我国城镇单位就业人员的平均实际工资指数上升了176%。工资水平的大幅度上升预示着我国已经跨越了刘易斯拐点，劳动力过剩的时代宣告结束（Cai and Du，2011；Golley and Meng，2011；Zhang et al.，2011；Li et al.，2012）。

工资水平的增长不仅给出口导向型的工业行业带来了极大影响（Banister，2005；Adams et al.，2006；Yang et al.，2010；Akyz，2011；Peng，2011），也显著影响了我国的农业生产。有些农作物，如棉花，是劳动力密集型作物，而另一些农作物,如小麦、水稻和玉米,则是劳动力粗放型作物。工资水平的增长显著改变了这些农作物的生产成本和成本结构,进而改变了其投入要素结构及其生产结构。而作物利润优势的改变则会进一步影响到不同农作物的播种面积和种植结果。例如,根据国家统计局(2014)的统计,我国棉花的总播种面积从2004年的569万公顷下降到435万公顷,下降了大约四分之一。

随着劳动力工资水平的增长和大量农村劳动力向城市转移,农业机械在生产中得到广泛应用。农业机械的广泛应用在很大程度上弥补了劳动力减少对农业生产的影响。有关数据显示,在主要的农业生产环节,即耕地、播种和收获等环节,农业机械化率已经从2003年的33%上升到2014年的61%(国家统计局,多年数据)。我国政府预测到2020年,农作物的综合机械化水平将达到65%~70%,其中主要粮食作物的机械化水平将达到100%(新华网,2012)。更重要的是,不同作物特征导致其机械化水平极大的不同。比如在2014年,小麦和水稻的综合机械化水平分别达到了94%和81%,而棉花的收获基本都是由人工完成的(除了新疆维吾尔自治区的部分地区以外)。

工资水平的增长将会对农业机械化和农业生产结构产生什么样的影响?具体地说,劳动力密集型农作物是否会继续下降,而劳动力粗放型农作物是否会继续上升呢?与之相应地,棉花是否会步大豆的"后尘",成为严重依赖国际市场的农作物?我国的棉花产业和棉花生产安全是否将面临挑战?据笔者所知,迄今为止还没有研究对这些问题提供令人满意的答案。

本章试图回答这些问题。具体地说,本章将定性分析工资水平的增加对农业生产的影响,并量化工资水平的增长和农业机械化的提高对我国农业生产的影响。量化分析结果还将回答我国的棉花生产安全是否将因此而受到威胁。

这一研究不仅对我国具有重要的现实意义,对世界上其他国家也有很重要的现实意义。作为人口最多的国家,我国在国际农产品市场上扮演着非常重要的角色。特别是,我国的粮食安全问题不仅是我国自身的问题,也是一个世界性问题(Brown,1995)。另外,作为最大的棉花消费国和进口国,我国每年进口400万~500万吨棉花,大约是世界棉花总贸易额的一半(国家统计局,2014)。也就是说,无论是在国际粮食市场上还是在国际棉花市场上,我国都扮演着极为重要的角色。因此本章的研究结论不仅有利于我国相关政策的制定,其他相关国家(比如主要的粮食出口国和进口国,主要的棉花进口国和出口国等)也将受益于这一研究。

本章接下来的部分介绍如下。在6.2节,将建立一个理论模型。该理论模型用来分析工资水平的增长对劳动密集型作物和劳动粗放型作物的影响,并在分析结果的基础上形成待检验的假说。在6.3节,将用具有全国代表性的分省的面板数据和计量经济学模型,检验理论模型得出的定性分析结论(即假说)是否在实证中得到验证，并定量分析工资增长的具体影响。最后一部分是文章的结论。

6.2 理论模型

本章首先假设有一个代表性的农户。该农户通过选择种植棉花（作为劳动力密集型作物的代表）、粮食作物（作为劳动力粗放型作物的代表）和从事非农工作来最大化自己的收益。该农户对三种活动的劳动力投入分别为 L_1、L_2 和 L_3。L 为该农户总的劳动投入。在这样的假设下，我们有：$L_3 = L - L_1 - L_2$。本章假设棉花的种植面积为 A_1，粮食作物的种植面积为 A_2，总的种植面积 A。于是，我们有：$A = A_1 + A_2$。

出于简化而不失普遍性的目的，本章采用最常用的柯布-道格拉斯（Cobb-Douglas）生产函数来分别描述棉花产量和粮食产量各自与其投入之间的关系。也就是说，棉花产量和粮食产量的生产函数分别为：$y_1 = \beta_1 L_1^{\alpha_1} A_1^{\delta_1}$ 和 $y_2 = \beta_2 L_2^{\alpha_2} A_2^{\delta_2}$。这里，$\alpha_1$ 和 δ_1 分别表示棉花生产中的劳动力投入和土地投入的生产弹性。按照通常对生产函数的假定，我们有 $\alpha_1 > 0$，$\delta_1 > 0$，$\alpha_1 + \delta_1 < 1$。同样地，α_2 和 δ_2 分别表示粮食作物生产中，劳动力投入和土地投入的生产弹性。出于同样的原因，我们假设 $\alpha_2 > 0$，$\delta_2 > 0$，$\alpha_2 + \delta_2 < 1$。因为棉花生产中劳动力投入的生产弹性大于粮食作物生产中的生产弹性，所以我们有：$\alpha_1 > \alpha_2$。最后，两个参数 β_1 和 β_2 分别表示除劳动力投入和土地投入之外的其他生产要素投入对产出的影响。按照通常对生产函数的假定，我们有：$\beta_1 > 0$，$\beta_2 > 0$。

令 p_1 和 p_2 分别表示棉花和粮食的价格，p_3 表示从事非农工作的工资。在以上的假设下，该农户的利润函数可以写为

$$\max_{L_1, L_2, A_1} p_1 \beta_1 L_1^{\alpha_1} A_1^{\delta_1} + p_2 \beta_2 L_2^{\alpha_2} (A - A_1)^{\delta_2} + p_3 (L - L_1 - L_2) \quad (6-1)$$

其一阶条件为

$$p_1 \beta_1 \alpha_1 L_1^{\alpha_1 - 1} A_1^{\delta_1} - p_3 = 0$$
$$p_2 \beta_2 \alpha_2 L_2^{\alpha_2 - 1} (A - A_1)^{\delta_2} - p_3 = 0 \quad (6-2)$$
$$p_1 \beta_1 \delta_1 L_1^{\alpha_1} A_1^{\delta_1 - 1} - p_2 \beta_2 \delta_2 L_2^{\alpha_2} (A - A_1)^{\delta_2 - 1} = 0$$

解一阶条件（求解过程从略），我们可以得到一个最优棉花种植面积的隐性函数：

$$k_1 A_1^{\frac{\delta_1 + \alpha_1 - 1}{1 - \alpha_1}} - k_2 (A - A_1)^{\frac{\delta_2 + \alpha_2 - 1}{1 - \alpha_2}} p_3^{\frac{\alpha_1}{1 - \alpha_1} - \frac{\alpha_2}{1 - \alpha_2}} = 0 \quad (6-3)$$

这里，$k_1 = p_1^{\frac{1}{1-\alpha_1}} \beta_1^{\frac{1}{1-\alpha_1}} \alpha_1^{\frac{\alpha_1}{1-\alpha_1}} \delta_1 > 0$，$k_2 = p_2^{\frac{1}{1-\alpha_2}} \beta_2^{\frac{1}{1-\alpha_2}} \alpha_2^{\frac{\alpha_2}{1-\alpha_2}} \delta_2 > 0$。

为了说明非农工资水平的上涨对棉花和粮食作物的影响，我们用方程（6-3）对 p_3 求偏导，可得（求解过程从略）

$$\frac{\partial A_1^*}{\partial p_3} = \frac{k_2 (A - A_1)^{\frac{\delta_2 + \alpha_2 - 1}{1-\alpha_2}} \left(\frac{\alpha_1}{1-\alpha_1} - \frac{\alpha_2}{1-\alpha_2} \right) p_3^{\frac{\alpha_1}{1-\alpha_1} - \frac{\alpha_2}{1-\alpha_2} - 1}}{k_1 \frac{\delta_1 + \alpha_1 - 1}{1-\alpha_1} A_1^{*\frac{\delta_1 + \alpha_1}{1-\alpha_1} - 2} + k_2 \frac{\delta_2 + \alpha_2 - 1}{1-\alpha_2} (A - A_1^*)^{\frac{\delta_1}{1-\alpha_1} - 2} p_3^{\frac{\alpha_1}{1-\alpha_1} - \frac{\alpha_2}{1-\alpha_2}}} < 0 \quad (6\text{-}4)$$

在方程（6-4）中，因为 $k_1>0$，$A_1>0$，$\alpha_1>0$，$\delta_1>0$，$\alpha_1+\delta_1-1<0$，$k_2>0$，$A-A_1>0$，$\alpha_2>0$，$\delta_2>0$，$\alpha_2+\delta_2-1<0$，$p_3>0$，所以方程（6-4）的分母是负的。另外，如上所述，α_1 是棉花生产中的劳动弹性，α_2 是粮食作物生产中的劳动弹性。因为 $0<\alpha_1<\alpha_2<1$，所以，$\frac{\alpha_1}{1-\alpha_1} - \frac{\alpha_2}{1-\alpha_2} = \frac{\alpha_1 - \alpha_2}{(1-\alpha_1)(1-\alpha_2)} > 0$。而且 $k_1>0$，$A-A_1>0$，$p_3>0$，所以方程（6-4）的分子是正的。所以我们有 $\frac{\partial A_1^*}{\partial p_3} < 0$。

方程（6-4）表明最优的棉花种植面积对非农工资水平的偏导为负。也就是说，随着工资水平的上涨，农户会减少棉花种植。因为总面积是固定的，所以棉花种植面积的减少也预示着粮食作物种植面积的增加。换言之，外出务工的工资水平的上涨将对粮食生产有正向的影响。

理解以上的定性分析结论并不困难。随着外出务工的工资水平的上涨，进城务工对农民来说比在家乡务农更有吸引力。因此，农民将会减少用于务农的劳动力投入，而增加外出务工的时间。随着工资水平的上涨，如果农户仍然保持不同农作物之间的劳动力分配比例，那么棉花生产的经济效益将小于粮食作物生产的经济效益。特别是随着农业机械在粮食作物收获过程中的广泛使用，粮食生产的比较优势明显上升。为了最大化农业生产利润，农户将会减少棉花的种植，而增加粮食作物的种植。总而言之，从本节的定性分析可以得到如下的假说：工资上涨对劳动力粗放型农作物（如粮食作物）有正面影响，对劳动力密集型农作物（如棉花）有负面影响。

6.3 计量经济学实证模型和估计结果分析

为了检验方程（6-4）所述是否正确，本章将构建一个计量经济学实证模型，并用具有全国代表性的分省份的面板数据，来估计该实证方程。接下来，本章将分别介绍实证模型的构建和模型分析中用到的数据的来源。最后，本章将对实证分析结果进行详细分析和讨论。

6.3.1 计量经济学实证模型

正如方程（6-3）所示，棉花和粮食作物最优的种植结构受到外出务工的工资水平、农产品价格（粮食和棉花）及其他因素的影响。在本章中，计量经济学实证模型可以写成如下形式：

$$\text{Share}_{i,t} = \beta_0 + \beta_1 \text{Wage}_{i,t} + \beta_2 \text{Mechanization}_{i,t} + \beta_3 \text{Price}_{i,t-1} + \beta_4 \text{Time}_t \\ + \beta_5 \text{Province}_{i,t} + \varepsilon_{i,t} \quad (6\text{-}5)$$

在方程（6-5）中，Share 表示作物播种面积占农作物总播种面积比例。为简单起见，农作物被分为三类：棉花、粮食作物和其他作物。β 是要被估计的一组参数向量。ε 是误差项。下标 i 表示第 i 个省份。下标 t 表示第 t 年。最后，那些与时间相关的变量（即随着时间变化而变化的影响因素），对作物种植结构的影响用变量 Time 来衡量。

Wage 用来衡量外出务工对工资水平的影响。因为我国是世界上人口最多的国家，所以过去有一种观点认为在我国的农村地区，总有成千上万的农民工随时准备迁徙到城市中去。换言之，农民工是用之不竭的。然而从 2000 年初开始，我国面临逐渐加重的劳动力短缺问题。劳动力短缺导致了过去 10 年间我国工资水平的增长。在本章中，我们用城镇单位就业人员中从事农林牧渔业人员的平均工资水平来代表非农工资水平。容易理解的是，由于劳动者可以在不同的非农就业机会（如农林牧渔业、建筑业、服务业等）和农业生产活动中自由选择，所以不同的非农务工的工资水平和农业生产的工资水平是联动的。在实证分析中，我们也尝试了其他的工资变量，其结果是一致的。

考虑到农业生产中已经广泛采用机器，本章加入了变量 Mechanization 衡量机械对农业生产的影响。在本章中，该变量用农业机械总动力来表示。笔者预期机械化水平的提高将对粮食作物生产有正面影响，而对棉花作物生产有负面影响。

Price 是一组价格向量，用来衡量不同作物价格对种植结构的影响。正如之前所讨论的那样，粮食作物是棉花的竞争者，特别是在棉花产区。因此，本章用棉花价格和粮食价格之比，来描述价格对作物种植结构的影响。类似地，我们用棉花和其他作物的价格比，来衡量棉花价格和其他作物产品价格对种植结构的影响。需要说明的是，在考虑农产品价格变量的时候，我国的 31 个省级行政区主要种植的粮食作物各有不同，本章按照各省份稻谷、玉米、小麦作物播种面积的大小进行主要粮食作物的选取，来决定不同省份的粮食作物的价格选择。最后，因为农民都是根据去年的价格来调整当年的农业生产，因此在进行实证模型的估计时，这些价格比都取其滞后一年的数值。

Province 是一组省份（或者自治区、直辖市）虚拟向量。本章选取我国除了台湾地区、香港特别行政区、澳门特别行政区之外的 31 个省级行政区的数据进行回归分析。使用这样具有广泛代表性的面板数据，将使本章的分析结果具有普遍性。基于此，建立在本章实证分析结果上的结论和政策建议将更有现实意义。很显然，加入省份虚拟变量使得我们估计的方程变成固定效应方程。

在时间的选择上，由于我国劳动力的工资水平是在 21 世纪初才开始发生明显变化的，因此本章选取的时间既应该包括 2000 年以前劳动力成本还未开始快速上升的阶段，也应该包括 2000 年以后劳动力成本快速上升的阶段。然而，20 世纪 90 年代中期以前我国大部分农作物的产品价格，特别是粮食价格，都是由国家控制的，并不是市场价格，因此不能准确反映农产品市场的供需关系。考虑到这个原因，本章最终选取 1995~2014 年的面板数据进行回归分析。

此外，如果我们用简单的 OLS 估计方程（6-5），其估计结果可能是有偏差的。这是因为工资水平的上涨可能会影响农业机械化的发展程度。所以，在方程（6-5）中，农业机械化变量是个内生变量，而非外生变量。为了解决这个问题，我们需要排除工资对机械化变量的影响。在排除这一影响后，本章实际估计的方程变为

$$\text{Mechanization}_{i,t} = \gamma_0 + \gamma_1 \text{Wage}_{i,t} + \gamma_2 \text{Subsidy}_{i,t} + \gamma_3 \text{Province}_i + \eta_{i,t}$$
$$\text{Area}_{i,t} = \theta_0 + \theta_1 \text{Wage}_{i,t} + \theta_2 \text{Mechanization}_{i,t,-\text{Wage}} + \theta_3 \text{Price}_{i,t-1} + \theta_4 \text{Province}_i + \theta_5 \text{Time}_t + e_{i,t} \quad (6\text{-}6)$$

在方程（6-6）中，预测值 $\text{Mechanization}_{i,t,-\text{Wage}}$ 表示刨除掉工资影响以后的农业机械化的数值。为了估计 Mechanization 方程，笔者用政府政策变量，即从中央和地方政府获得的农业机械的购置补贴金额，作为工具变量。

最后，考虑到棉花作物、粮食作物和其他作物是相互联系的（即方程的误差项彼此相关），单独对不同作物的比例方程进行估计都可能造成估计误差。为此，笔者在方程估计的时候不是对每个方程单独进行 OLS 的估计，而是采用了似乎不相关的估计方法（seemingly unrelated regressions，SUR）。

6.3.2 数据来源

本章的数据来源主要有三个，分别是《中国统计年鉴》、《全国农产品成本收益资料汇编》和《中国农业机械工业年鉴》。具体来说，全国和各个省份的农作物播种总面积、棉花播种面积和粮食作物播种面积、工资水平、农业机械总动力的数据，以及各种价格指数来自《中国统计年鉴》（国家统计局，1995~2014）。棉花

和粮食作物价格数据来自《全国农产品成本收益资料汇编》[国家发展和改革委员会（原国家计划委员会），1995~2014]。每个省份的农业机械购置补贴，包括从省级政府和中央政府得到的补贴，来自《中国农业机械工业年鉴》（中国农业机械工业协会，1995~2014）。本章中用到的所有变量的基本特征见表 6-1。

表6-1 主要变量基本特征统计

变量名	样本容量	平均值	标准差
平均工资/（千元，1995年价格水平）	620	10.20	6.74
农业机械总动力/（×10⁶千瓦）	620	22.48	24.03
农业机械补贴/（亿元，1995年价格水平）	620	1.60	2.80
粮食作物播种面积/（×10³公顷）	620	2 688.52	2 100.54
棉花播种面积/（×10³公顷）	620	156.91	304.94
粮食作物百分比	620	49.79	11.83
棉花百分比	620	2.67	6.03
其他作物百分比	620	47.54	13.17
粮食价格/（元/千克，1995年价格水平）	620	1.20	0.30
棉花价格/（元/千克，1995年价格水平）	620	11.23	2.81
农产品生产价格指数	620	1.13	0.36

正如图 6-1 所示，从 2000 年开始，我国的工资水平开始快速增加。工资水平在 2000 年之前一直呈现缓慢增长的态势（国家统计局，2014）。如图 6-1（a）所示，1985~2000 年，工资水平的总增长还不到 1 倍。但是自 2000 年开始，工资水平的增加显著加速了。在 2001~2015 年，工资水平增加了 3 倍。如上所述，笔者预计工资水平的增长对农业生产中的劳动力投入有极大的负面影响。

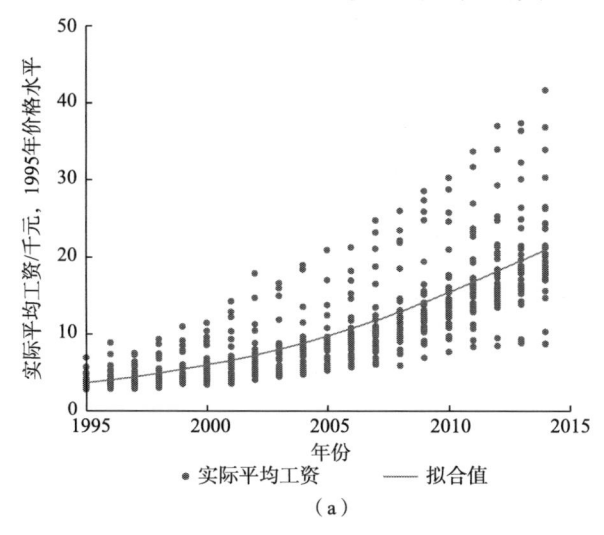

(a)

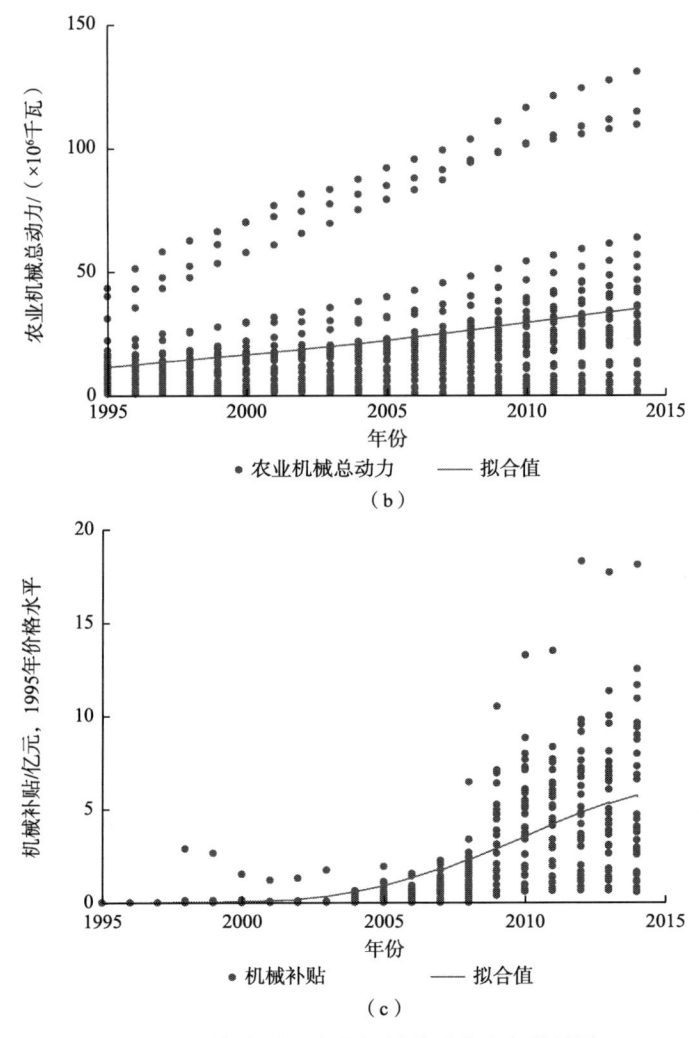

图 6-1 中纵轴单位为 $\times 10^6$ 千瓦，数据显示农业机械总动力从 1995 年到 2015 年的变化趋势。

(b)

(c)

图 6-1 工资水平、农业机械总动力和机械补贴

农业机械化加速发展的另外一个原因，是我国政府从 1998 年开始为农业机械的购置提供了巨大的财政补贴。在 1998~2003 年，中央政府拨了 1.2 亿元用于在一些试点省区市补贴大型农业机械的购置。与此同时，当地政府的补贴幅度更是超过了 5 亿元（肖大伟，2010）。从 2004 年开始，中央政府开始增加补贴力度[图 6-1 的（b）]。统计数据显示，截至 2013 年，来自中央政府和省级政府的补贴达到 245 亿元。

受此影响，农业机械总动力快速增长。特别是近十多年，农业机械被广泛运用在农业生产中。如图 6-1 中（c）所示，农业机械在每个省份都保持了快速增长的趋势。根据农业部 2011 的数据，十年来我国农业机械化水平显著地提高了：在

第 6 章 工资增长对机械化和农业生产的影响

耕地、播种和收获过程中的机械化水平从 2003 年的 33%提高到了 2014 年的 61%。而在粮食作物生产中，几乎每个阶段都用到了农业机械（农业部，2014）。我国政府计划在 2020 年将农业综合机械化水平进一步提高到 65%~70%，而将粮食作物的综合机械化率提高到 100%（新华网，2012）。

工资水平的增长和农业机械化率的提升，对农作物的种植结构有非常重要的影响。作为劳动力密集型作物，棉花生产过程中的机械化水平很低。除新疆维吾尔自治区的部分地区以外，棉花收获阶段都是由农民手工完成。而粮食作物的机械化水平已经将近 100%。随着工资水平增长和机械化水平的发展，粮食作物的比较效益（相对于棉花）增加。结果棉花的播种面积减少了，粮食作物的播种面积增加了。为了将这个趋势表示得更加明显，图 6-2 不仅展示了棉花和粮食作物的实际播种面积，而且还展示了它们在过去 10 年的变动趋势。

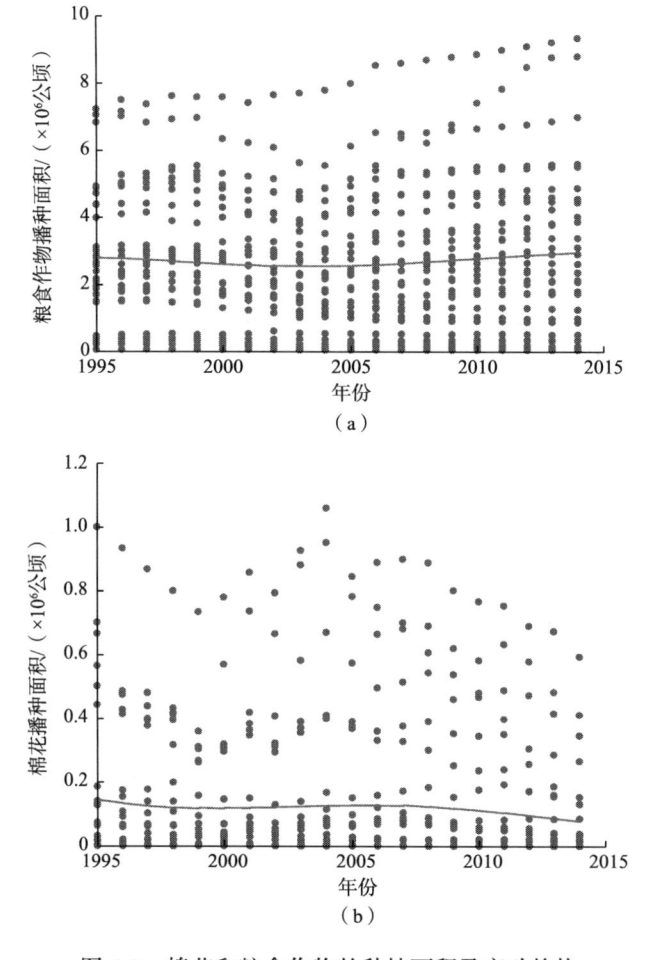

图 6-2 棉花和粮食作物的种植面积及变动趋势

总之，图 6-1 和图 6-2 展示了工资水平的增长和机械化水平的提升对农业生产中作物种植结构的不同影响。然而，棉花和粮食作物种植结构的变化受到多个因素的共同影响。所以，如果我们仅将其归因于工资水平的增长和机械化水平的提升可能是不正确的。在下面的部分，本章将通过建立经济模型并进行多元回归分析，来剥离工资水平增长对机械化率提升的影响。

6.3.3 模型估计结果

方程（6-6）的计量估计结果见表 6-2 和表 6-3。其中，表 6-2 展示了农业机械的总动力方程的估计结果，而表 6-3 展示了不同作物种植结构方程的估计结果。在下面的篇幅中，笔者将先讨论前者，再讨论后者。

表6-2　农业机械总动力的影响因素

变量名称	农业机械总动力的自然对数
平均工资/（千元，1995年价格水平）	0.024 2***
	（9.94）
农机购置补贴/（亿元，1995年价格水平）	0.062 3***
	（11.03）
省份虚拟变量	包含在回归中，但为节省篇幅从略
常数项	2.256 4***
	（98.08）
样本容量	620
R^2	0.52

*** $p<0.01$
注：括号中的数字为 T 统计值

表6-3　全国31个省区市的农作物播种比例影响因素

变量名称	粮食	棉花	其他作物
平均工资/（千元，1995年价格水平）	0.002 6***	−0.000 3	−0.002 3**
	（2.71）	（−1.56）	（−2.44）
农业机械化总动力（×10⁶千瓦）的自然对数	0.037 7***	−0.004 4	−0.033 3***
	（3.50）	（−1.45）	（−3.12）
粮食-其他作物价格比（滞后一年）	0.058 3***	−0.002 5	−0.055 9***
	（3.52）	（−0.53）	（−3.40）
棉花-其他作物价格比（滞后一年）	−0.000 6	0.001 0***	−0.000 5
	（−0.57）	（3.74）	（−0.47）

续表

变量名称	粮食	棉花	其他作物
时间	−0.004 2***	0.000 9**	0.003 4***
	(−3.44)	(2.57)	(2.75)
省份虚拟变量	包含在回归中，但为节省篇幅从略		
常数项	8.835 3***	−1.712 9**	−6.122 3**
	(3.62)	(−2.53)	(−2.53)
样本容量	620	620	620
R^2	0.81	0.94	0.85

*** $p<0.01$，** $p<0.05$

注：括号中的数字为 z 统计值

如表 6-2 所示，工资水平和农业机械购置补贴的估计系数都是正的，并且统计检验显著。也就是说，本章的估计结果表明工资水平越高，农业机械化的程度越高。类似地，来自中央和省级政府的机械购置补贴额越高，农业机械化的程度越高。用不同时间段（即分别用 2000~2014 年和 1995~2014 年）的数据分别回归，本章得到了非常相似的结果。这证明表 6-2 显示的估计结果是稳定的。

表 6-3 显示了作物种植结构的估计结果。总体来说，大部分回归结果与第二部分的描述性分析结果相一致。需要指出的是，由于这三类作物，即粮食，棉花和其他作物的份额比例之和为 100%，所以表 6-3 中列出的 SUR 的回归结果是两次回归结果的汇总（因为每次 SUR 回归仅仅显示两种作物的估计结果）。

表 6-3 的估计结果显示，工资水平的增长一方面使得粮食作物的种植比例出现了显著的上升，另一方面使得非粮食作物（即棉花和其他作物）的种植比例显著下降。从表 6-3 第 1 列可见，在粮食作物种植比例的方程中，工资水平变量的估计参数是正的，并且统计检验很显著。这说明粮食作物的种植比例随着工资水平的增加而上升。根据估计系数，平均工资每上升 1 000 元（1995 年的价格水平），粮食作物的种植面积比例将上升 0.26%。相应地，非粮食作物的种植比例下降 0.26%，其中棉花作物种植比例下降 0.03%，其他作物种植比例下降 0.23%（表 6-3 第 1 行）。

与工资增长的影响相类似，机械化水平的提升也对粮食作物的种植比例有显著的正面影响，而对非粮食作物有显著的负面影响。如表 6-3 第 2 行所示，农业机械化总动力的估计系数在棉花比例的方程中是负的，在粮食作物比例的方程中是正的。也就是说，估计结果显示随着机械化水平的提升，棉花作物的种植比例将下降，粮食作物的种植比例将上升。从具体的数据来看，农业机械总动力每提高 100 万千瓦，粮食作物播种面积比例将会增加 3.77%，棉花播种面积比例将会减少 0.44%，而其他农作物播种面积比例则会减少 3.33%。

值得注意的是，在棉花作物比例的方程中，虽然工资水平和机械化水平变量的估计参数都是负值，但是统计检验的显著性水平却不高，即未达到90%的统计检验显著性水平。事实上，得到这一结果并不奇怪。如表6-1所示，尽管棉花在棉花主产区是主要的农作物，但是其播种面积在农作物播种总面积的比例不足3%。这么小的种植比例可能是造成其估计结果不显著的原因。然而，该结果并不能影响本章的基本研究结论，即工资水平的增长会造成劳动力密集型作物的比例下降，以及劳动力非密集型作物的比例上升。如图6-3所示，单位面积的粮食作物是劳动力需求最少的作物。所以，虽然我们在理论模型中以棉花作为劳动力密集型作物的代表作物，本章中的其他作物，如蔬菜、水果等单位面积的劳动力使用量更高。从这个点上说，其他作物也是劳动力密集型作物的代表。而表6-3的第3列则证实了工资水平的上涨和机械化的发展对其他作物的比例有显著的负面影响。

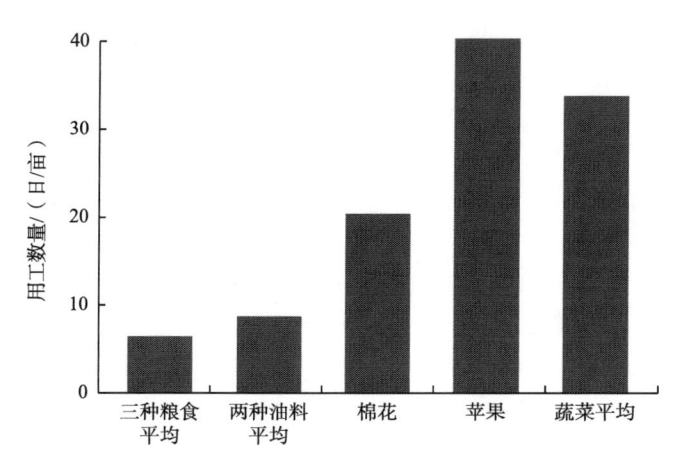

图6-3　2012年我国不同作物的劳动力使用情况
资料来源：《全国农产品成本收益资料汇编2013》

为了进一步证实该假设，本章重新估计了方程（6-6）。在这次估计中，笔者仅仅使用了14个棉花主产地区，即新疆、天津、山东、河北、湖北、河南、江苏、安徽、湖南、山西、江西、陕西、甘肃及浙江的数据进行回归。回归估计结果见表6-4。表6-4的估计结果显示，在棉花作物的种植比例方程中，工资水平和机械化水平变量的估计参数都为负，且统计检验显著。这说明工资水平的上升和机械化的发展对棉花种植有显著的负面影响。这一结果和笔者的预期正好一致，也与笔者上一段对表6-3棉花方程的估计结果的预期一致。

第 6 章 工资增长对机械化和农业生产的影响

表6-4 主要棉花种植地区的农作物播种比例的影响因素

变量名称	粮食	棉花	其他作物
平均工资/(千元,1995年价格水平)	0.004 7***	−0.001 5**	−0.003 2**
	(3.21)	(−2.30)	(−2.26)
农业机械总动力($\times 10^6$千瓦)的自然对数	0.049 1**	−0.025 8***	−0.023 3
	(2.44)	(−2.87)	(−1.20)
粮食-其他作物价格比(滞后一年)	0.066 1***	−0.001 4	−0.064 6***
	(2.86)	(−0.14)	(−2.89)
棉花-其他作物价格比(滞后一年)	−0.001 1	0.002 1***	−0.001 0
	(−0.82)	(3.62)	(−0.82)
时间	−0.004 6**	0.003 4***	0.001 2
	(−2.24)	(3.75)	(0.59)
省份虚拟变量	包含在回归中,但为节省篇幅从略		
常数项	9.512 5**	−6.765 1***	−1.747 5
	(2.35)	(−3.74)	(−0.45)
样本容量	280	280	280
R^2	0.71	0.93	0.76

*** $p<0.01$,** $p<0.05$
注:括号中的数字为 z 统计值

在讨论了工资水平的上涨和机械化的发展对不同作物种植结构的影响之后,我们可以计算出随着工资水平的增长和机械化的发展,不同作物种植结构变化的动态过程。在计算过程中,笔者使用表 6-3 中的估计参数。结果显示,工资水平的增长和机械化水平的提升对我国农业生产有重要的影响。首先是对棉花种植的影响。如表 6-5 所示,由于工资水平的上涨,棉花种植面积仅仅在 3 年之内就会减少 13.95%。另外,机械化水平的提升导致棉花种植面积下降 1.79%。也就是说,我们的计算结果显示,如果工资水平以过去的速度继续上涨,机械化程度也以过去的速度继续提高的话,我国的棉花种植面积在 3 年之内将减少大约 1/6(表 6-5)。如此大的棉花种植面积的减少可能威胁我国的棉花产业和棉花生产安全。

表6-5 2014~2017年工资水平上涨和机械化发展对粮食及棉花生产的影响预测

变量名称	平均每年增加额	参数估计值	2014~2017年影响预测 绝对值[a]/($\times 10^6$公顷)	比例
粮食				
平均工资/千元	0.790 9	0.004 7	0.011 2	2.02%
农业机械总动力($\times 10^6$千瓦)的自然对数	0.005 9	0.049 1	0.000 9	0.16%
总影响			0.012 0	2.17%

续表

变量名称	平均每年增加额	参数估计值	2014~2017 年影响预测	
			绝对值[a]/（×10⁶公顷）	比例
棉花				
平均工资/千元	0.790 9	-0.001 5	-0.003 6	-13.95%
农业机械总动力（×10⁶千瓦）的自然对数	0.005 9	-0.025 8	-0.000 5	-1.79%
总影响			-0.004 0	-15.74%

注：a 为 31 个省区市的平均值

其次，工资水平的增长和农业机械化水平的提升对粮食作物的生产也有重要的影响。正如表 6-5 所示，在 3 年内，粮食作物的种植面积将增加 2.17%。虽然这一数字看起来并不大，但是这一数据却代表着粮食种植面积增长大约 87.51 万亩。也就是说，本章的估计结果显示，工资水平的增长和农业机械化水平的提升对确保我国的粮食安全有积极意义。

6.4 结　　论

本章从定性和定量两个角度，重点分析了工资水平的增长对我国作物种植结构的影响。分析结果表明，工资水平的增长对劳动力密集型作物的种植有负面影响，对劳动力粗放型作物的种植有正面影响。另外，本章的实证分析结果还表明工资水平的增长对农业机械化有显著的促进作用。根据本章的实证分析结果，如果工资水平的增加和农业机械化水平的发展延续以往的速度，那么我国的棉花种植面积将在 3 年内减少大约 1/6。也就是说，我国的棉花产业和棉花生产安全将可能受到威胁。

本章的研究结论具有重要的现实意义。近年来，我国对棉花价格补贴政策进行了改革。根据新的规定，新疆维吾尔自治区 2014 年公布的托底收购价格与 2013 年类似，而黄河流域和长江流域棉区的价格补贴均减少为新疆地区的 1/2。正如预期，这一政策的实施加速了这两个棉花主产区棉花种植面积的减少。本章的研究结果显示，工资水平的增加和农业机械化的发展正在威胁我国的棉花安全。新的棉花价格政策的实施必将进一步恶化这一现状。受此影响，我国棉花很可能步大豆的后尘，成为严重依赖国际市场的农产品。

参 考 文 献

国家发展和改革委员会. 1995~2014. 全国农产品成本收益资料汇编.北京：中国统计出版社.
国家统计局. 1995~2014. 中国统计年鉴. 北京：中国统计出版社.
国家统计局. 2011. 中国农村统计年鉴. 北京：中国统计出版社.
国家统计局. 2013-02-22. 2012 年全国经济和社会发展统计公报.http://www.stats.gov.cn/tjsj/tjgb/ndtjgb/qgndtjgb/201302/t20130221_30027.html.
国家统计局. 2014-04-24. 2013 年全国经济和社会发展统计公报. http://www.stats.gov.cn/tjsj/zxfb/201402/t20140224_514970.html.
国家统计局. 2015-02-26. 2014 年全国经济和社会发展统计公报.http://www.stats.gov.cn/tjsj/zxfb/201502/t20150226_685799.html.
农业部. 2011-12-21. 农机化快速发展耕种收综合机械化水平达 54.5%. http://www.gov.cn/gzdt/2011-12/21/content_2025583.htm.
农业部. 2014. 中国农业年鉴. 北京：中国统计出版社.
农业部. 2015-05-28.农业部办公厅关于切实加强粮食机械化收获作业质量的通知.http://www.moa.gov.cn/nybgb/2015/wu/201712/t20171219_6103843.htm.
肖大伟. 2010. 我国农业直接补贴政策研究.东北农业大学博士学位论文.
新华网. 2012-09-26. 到 2020 年我国主要粮食作物生产将基本实现机械化. http://spzx.foods1.com/show_1835181.htm.
中国农业机械工业协会. 1995~2014. 中国农业机械工业年鉴. 北京：中国机械出版社.
Adams G, Gangnes B, Shachmarove Y. 2006. Why is China so competitive? Measuring and explaining China's competitivness. The World Economy, 29（2）: 95-122.
Akyz Y. 2011. Export dependence and sustainability of growth in China. China & World Economy, 19（1）: 1-23.
Banister J. 2005. Manufacturing earnings and compensation in China. Monthly Labor Review, 128（8）: 22-40.
Brown L R. 1995. Who will Feed China? Wake-up Call for a Small Planet. WW Norton & Company.
Cai F, Du Y. 2011. Wage increases, wage convergence, and the Lewis turning point in China. China Economic Review, 22（4）: 601-610.
Chen G, Hamori S. 2009. Solution to the dilemma of the migrant labor shortage and the rural labor surplus in China. China & World Economy, 17（4）: 53-71.
Fan S, Chan-Kang C. 2003. Is Small Beautiful? Farm size, Productivity and Poverty in Asian Agriculture. Plenary Paper Prepared for the 25th International Conference of Agricultural Economists, Durban, South Africa.

Golley J, Meng X. 2011. Has China run out of surplus labour? China Economic Review, 2(4): 555-572.

Han J, Chui C, Fan A. 2007. Rural surplus labor: findings from village survey//Cai F, Du Y. Green Book of Population and Labor. Beijing: Social Sciences Academic Press.

Li H, Li L, Wu B, et al. 2012. The end of cheap Chinese labor. Journal of Economic Perspectives, 26(4): 57-74.

Peng X. 2011. China's demographic history and future challenges. Science, 333(6042): 581-587.

Qiao F, Yao Y. 2005. Is the economic benefit of Bt cotton dying away in China. China Agricultural Economic Review, 7(2): 322-336.

Wu Y. 2007. Labor shortage continues and spreads//Cai F, Du Y. Green Book of Population and Labor. Beijing: Social Sciences Academic Press.

Yang D. T, Chen V W, Monarch R. 2010. Rising wages: has China lost its global labor advantage? Pacific Economic Review, 15(4): 482-504.

Zhang X, Yang J, Wang S. 2011. China has reached the Lewis turning point. China Economic Review, 22(4): 542-554.

第7章 机械化对农作物播种面积的影响

随着劳动力从农村向城市的不断转移,农业机械在最近20年来得到了迅猛发展。然而尽管机械化已被广泛报道,但它对我国农业生产的影响尚不清楚。本章首先使用理论模型来分析机械化对不同农作物的影响。分析结果表明,机械化对粮食作物有正面影响,而对非粮食作物则有负面影响。然后,使用具有全国代表性的省级面板数据,通过实证分析证实了这些结果。实证分析结果表明,在五年内,棉花、油和糖作物的播种面积将减少20%以上。本章的分析结果表明这些作物与大豆类似,将来将严重依赖国际市场。最后,实证分析结果还表明尽管机械化对粮食作物的总播种面积产生了积极的影响,但也引起我国粮食作物生产多样性的减少,从而对我国粮食生产的稳定性和粮食安全构成了新的威胁。

7.1 引　　言

在一个发展中国家从传统的劳动密集型农业生产向现代化高效、资本密集型生产模式的转变中,机械化发挥着关键作用(Ruttan, 2001; Pingali, 2007; Otsuka, 2013)。作为世界上最大的发展中国家,我国正在经历这种转变。20世纪70年代末,我国开始实施家庭联产承包责任制。从此以后,小农户和地块细碎化就成了我国农业生产的典型特征。受此影响,农业机械化在家庭联产承包责任制实行之后实际上处于停滞状态(Qiao and Yao, 2015)。然而,自从21世纪初开始,劳动力的持续转移终于引致工资率的迅速提高。而且,为了鼓励机械化的发展,我国政府为农机购置提供了大量的补贴(Yang et al., 2013; Qiao, 2017)。在机械化的快速发展下,我国农作物的耕种、播种和收获的综合机械化率从2003年的不到三分之一提高到 2018 年的三分之二以上（农业部，2015；农业农村部，2019）。根据国务院 2018 年底的规定，到 2020 年，所有农作物的综合机械化率将提高到 70%，而主要粮食作物的综合机械化率将提高到 100%。

机械化对我国的农业生产具有重要意义。随着工资水平的不断增加，越来越多的农民离开了村庄，到城市中寻找工作。根据国家统计局的数据，2017 年外出的农民工总数为 2.865 亿，约占农村人口的一半（国家统计局，2018a，2018b）。令人意外的是，大量农民工外出务工似乎并没有对我国的农业生产产生显著的负面影响。国家统计局的数据表明，农作物的播种总面积从 2000 年的 1.563 2 亿公顷增加到 2017 年的 1.663 亿公顷（国家统计局，2018b）。更重要的是，粮食产量从 2000 年的 4.621 8 亿吨持续增长到 2017 年的 6.616 1 亿吨，增长了 43.15%（国家统计局，2018b）。由此可见，随着劳动力的转移和机械化的应用，我国的粮食作物产量增加了。

先前的研究表明，机械化对某些非粮食作物产生了负面影响。例如，Qiao（2017）使用我国主要棉花生产省份的面板数据进行的实证分析结果表明，机械化导致棉花播种面积减少，而粮食作物播种面积增加。然而，由于 Qiao（2017）的实证分析仅仅局限于我国的棉花产区，因此尚不清楚机械化对粮食作物的影响在其他非棉花产区也是积极的。类似地，在非棉花产区，机械化对其他非粮食作物（如油料和糖料作物）的影响尚不清楚。

本章研究试图回答这些问题。具体来说，本章试图量化分析机械化对粮食作物和非粮食作物生产的影响。首先，本章将构建一个理论分析模型，并用该模型定性分析机械化如何影响我国的作物生产结构。然后，使用具有全国代表性的面板数据和经验模型，分别量化机械化对我国粮食作物播种面积和非粮食作物播种面积的贡献。本章的实证分析结果表明，由于机械化的发展，我国粮食播种面积五年内将增加 17.74%，而非粮食作物的播种面积每年减少约 3.53%。

需要指出的是，我国的粮食生产及其结构变化不仅是重要的国内问题，而且是世界性的问题（Brown，1995）。我国是世界上人口最多的国家，因此我国农业的转变对全球进出口都将产生重大影响。例如，在中美之间的贸易战中，大豆似乎已经成为我国重要的"武器"。另外，我国非粮食作物（棉花、糖作物和油料作物）种植面积的减少，可能为世界市场上的主要出口商提供更多机会。

本章的主要经济学思想与学术文献中的一条重要经济学思想息息相关。近年来，工资上涨正在挑战许多亚洲国家，这些国家的大多数农民都是小农户（Otsuka，2013），机械化在世界范围内也得到了迅速发展（Foster and Rosenzweig，2010，2011；Diao et al.，2012；Wang et al.，2015）。与此同时，由 Hicks（1932）及 Hayami

和 Ruttan(1985)等提出的制度变革,如土地和机器租赁市场,也发生了(Yamauchi,2016)。在这种背景下,本章研究了机械化对不同作物的影响。随着工资上涨和机械化的发展,不同作物的相对优势发生了变化,因此生产结构,特别是粮食作物的生产结构可能发生了变化。

本章的其余部分安排如下:在 7.2 节中,建立一个理论模型,并定性分析工资上涨对机械化的影响,以及机械化对粮食作物和非粮食作物的影响。在 7.3 节,构建一个计量经济学模型,并用有全国代表性的省级面板数据进行实证分析。实证分析结果将检验理论模型得到的假说是否正确。最后一节是本章的总结。

7.2 理论模型

本章将所有农作物分为粮食作物(如水稻、小麦和玉米)和非粮食作物(如棉花、油料和糖料作物)。之所以这样做,原因有两个。首先,在我国省区市中,粮食作物的播种面积都是最大的。其次,就土地而言,粮食作物是非粮食作物的主要竞争者。

自 21 世纪初以来,工资水平的迅速上涨吸引了更多的农民外出务工。最近 20 年来,农业劳动力短缺使得农业机械在农业生产中得到了广泛应用。但是,机械化对各种农作物的影响是不同。早在几十年前,农业机器就已经广泛应用于平整土地。无论是在粮食作物还是非粮食作物的生产过程中,土地平整工作基本上都是由机械完成的。但是,粮食作物和非粮食作物在其他生产阶段,如播种和收割阶段中使用的农业机器的程度有所不同。由于生产结构的差异和许多非优势品种的存在,非粮食作物的生理性能差异很大(Huang et al., 2009; Qiao et al., 2010; Huang et al., 2014)。因此,在播种和收获期间,非粮食作物的机械化率大大低于粮食作物(中国农业机械工业协会,2014)。从这个意义上讲,粮食作物是机器密集型或劳动非密集型作物,而非粮食作物是机器非密集型或劳动密集型作物。

在构建理论模型时,本章假设有一个代表性的农户。该农户通过选择以下的三种活动得到最高收益:种植粮食作物、种植非粮食作物、外出务工。为此,本章假定该农户从事种植粮食作物、种植非粮食作物、外出务工的劳动力分别为 L_1、L_2 和 L_3。假定该农户的总劳动力投入为 L,很显然 $L_3 = L - L_1 - L_2$。本章假定粮食作物的播种面积为 A_1,而该农户的总播种面积为 A。这样一来,非粮食作物的播种面积就可以表示为 $A_2 = A - A_1$。如前所述,机械在粮食作物生产的各个阶段都得到了广泛的应用,而仅仅应用于非粮食作物的部分生产阶段。为简便起见,本章假设机械仅应用于粮食作物的生产,而不应用于非粮食作物的生产过程。最后,本章用传统的 Cobb-Douglas 生产函数来分析生产过程。在这些假设下,非粮食作物的和粮食作物的生产函数可以表示为:$Y_1 = L_1^{\alpha_1} A_1^{\delta_1}$ 和 $Y_2 = L_2^{\alpha_2} (A - A_1)^{\delta_2} M^{\beta_2}$。这里,$Y_1$ 和 Y_2 分别表示非粮食作物和粮食作物的产量。α_1 和 δ_1 分别表示非粮食作物的劳动力弹性和土地弹性。按照经济学的标准模型,本章假定 $\alpha_1 > 0$、$\delta_1 > 0$ 和 $\alpha_1 + \delta_1 \leq 1$。类似地 α_2、β_2 和 δ_2 分别表示粮食作物的劳动力弹性、机械弹性和土地弹性。本章假定 $\alpha_2 > 0$,$\beta_2 > 0$,$\delta_2 > 0$ 和 $\alpha_2 + \beta_2 + \delta_2 \leq 1$。最后,如前所述,非粮食作物是劳动力密集型作物,而粮食作物是机械密集型作物,所以我们假定 $\alpha_1 > \alpha_2$。M 代表机械投入。

本章假定 p_1 和 p_2 是非粮食作物和粮食作物的产品价格。同样地,p_3 是外出务工的工资率,而 p_4 是机械的价格。在此假设下,农户的总利润可以用 π 表示如下:

$$\max_{L_1, L_2, A_1, M} \pi = p_1 L_1^{\alpha_1} A_1^{\delta_1} + p_2 L_2^{\alpha_2} (A - A_1)^{\delta_2} M^{\beta_2} + p_3 (L - L_1 - L_2) - p_4 M \quad (7\text{-}1)$$

方程(7-1)的第一项是该农户从种植非粮食作物中得到的利润,而第二项减去第四项则是从种植粮食作物中获得的利润。第三项,即 $p_3 (L - L_1 - L_2)$ 是该农户的外出务工收入。出于简便的目的,方程(7-1)仅仅考虑了机械的成本,其他生产成本(如化肥和劳动力投入等)都未考虑。应该说明的是,这样做虽然影响农户的总收入,但是并不影响本章的分析。

方程(7-1)的一阶条件如下:

$$p_1 \alpha_1 L_1^{\alpha_1 - 1} A_1^{\delta_1} - p_3 = 0 \quad (7\text{-}2)$$

$$p_2 \alpha_2 L_2^{\alpha_2 - 1} (A - A_1)^{\delta_2} M^{\beta_2} - p_3 = 0 \quad (7\text{-}3)$$

$$p_1 \delta_1 L_1^{\alpha_1} A_1^{\delta_1 - 1} - p_2 \delta_2 L_2^{\alpha_2} (A - A_1)^{\delta_2 - 1} M^{\beta_2} = 0 \quad (7\text{-}4)$$

$$p_2 \beta_2 L_2^{\alpha_2} (A - A_1)^{\delta_2} M^{\beta_2 - 1} - p_4 = 0 \quad (7\text{-}5)$$

解由方程(7-2)~方程(7-5)组成的一阶条件集(具体求解过程详见本章附件 A),我们可以得到一个最优机械投入需要满足的方程:

$$\frac{p_3}{M} \frac{dM}{dp_3} = (-) \frac{\dfrac{\alpha_2}{\delta_2} \Theta_1 + \dfrac{\alpha_2 - \alpha_1(\alpha_2 + \delta_2)}{\delta_2 (1 - \alpha_1 - \delta_1)} \Theta_2}{\dfrac{1 - \alpha_2 - \beta_2}{\delta_2} \Theta_1 + \dfrac{(1 - \alpha_2 - \beta_2 - \delta_2)(1 - \alpha_1)}{\delta_2 (1 - \alpha_1 - \delta_1)} \Theta_2} \quad (7\text{-}6)$$

$\Theta_1 = k_1 M^{\frac{1-\alpha_2-\beta_2}{\delta_2}} p_3^{\frac{\alpha_2}{\delta_2}} > 0$,$\Theta_2 = k_3 M^{\frac{(1-\alpha_2-\beta_2-\delta_2)(1-\alpha_1)}{\delta_2(1-\alpha_1-\delta_1)}} p_3^{\frac{\alpha_2-\alpha_1\alpha_2-\alpha_1\delta_2}{\delta_2(1-\alpha_1-\delta_1)}} > 0$。从方程(7-6),我们可以得到 $\dfrac{dM}{dp_3} > 0$ 的必要条件:

$$\alpha_1(\alpha_2+\delta_2)-\alpha_2>0 \qquad (7\text{-}7)$$

如前所述，我们已经假定 $\alpha_1 > \alpha_2$。因此，如果我们可以忽略掉 $\alpha_1(\alpha_2+\delta_2)$ 前面的乘数因子，方程（7-7）的符号就是正的。换言之，外出务工的工资越高，机械投入越多。α_1 的乘数因子的作用就是对 α_1 的大小进行打折。换言之，非粮食作物，α_1，应该比粮食作物的弹性（即 α_2）大足够多，才能保证 $\alpha_1(\alpha_2+\delta_2)-\alpha_2>0$。如前所述，在 21 世纪初之前，用机械进行粮食作物的收获并不常见。因此，初期的机械投入将引致显著的经济效益（即 δ_2 值很高）。也就是说，这种情况下，$\alpha_1(\alpha_2+\delta_2)-\alpha_2>0$ 很可能是成立的。据此，本章得到第一个假设（我们将用实证模型检验该假设）：工资率的提高对机械化有正面影响。

同样地，解由方程（7-2）~方程（7-5）组成的一阶条件集（具体求解过程详见本章附件 B），我们可以得到：

$$\frac{\partial A_1}{\partial M}=-\left(\frac{1-\alpha_2-\beta_2}{\delta_2}\right)\left(\frac{\alpha_2 p_4}{\beta_2 p_3}\right)^{\frac{-\alpha_2}{\delta_2}}\left(\frac{p_4}{\beta_2 p_2}\right)^{\frac{1}{\delta_2}} M^{\frac{(1-\alpha_2-\beta_2-\delta_2)}{\delta_2}}<0 \qquad (7\text{-}8)$$

由方程（7-8）可以得到：

$$\frac{\partial A_2}{\partial M}=\frac{\partial(A-A_1)}{\partial M}>0 \qquad (7\text{-}9)$$

方程（7-8）表明，非粮食作物（A_1）的最优播种面积相对于机械化的偏导数为负。而方程（7-9）表明，粮食作物的最优播种面积相对于机械化的偏导数（A_2）为正。换句话说，随着机械化的普及，非粮食作物的最优播种面积减少，而粮食作物的最优播种面积增加。因此，本章得到第二个假设：机械化导致粮食作物增加而非粮食作物减少。

7.3 实证模型和检验

接下来，本章将构建一个实证计量经济学模型，并用省份面板数据来检验理论分析中的两个假说是否正确。在实证分析中，本章还将定量评估工资率上涨对机械化发展的影响，以及机械化对粮食作物和非粮食作物的具体影响程度。

7.3.1 数据

本章研究中使用的数据主要来自以下三个方面:《中国统计年鉴》《全国农产品成本收益资料汇编》和《中国农业机械工业年鉴》。具体而言,国家和省级的农作物播种总面积、粮食作物、非粮食作物(棉花、油料和糖料作物)的播种面积、CPI 和农业机械总动力的数据来自《中国统计年鉴》(2000~2017 年)。农产品价格、劳动力数量和成本、机器成本、粮食作物和所有非粮食作物的总生产成本的数据来自《全国农产品成本收益资料汇编》。最后,不同省份的来自中央的农机购置补贴数据、农机服务组织的总成员数及耕种、播种和收割的综合机械化率均来自《中国农业机械工业年鉴》(中国农业机械工业协会,2000~2017)。表 7-1 总结了本章研究中使用的变量的基本特征。图 7-1 显示了本章研究中使用的主要变量(即工资率、农机的总动力、粮食作物的播种面积及非粮食作物的播种面积)的基本特征。

表7-1 主要变量的基本特征

变量名	均值	标准差	最小值	最大值
农机总动力/(×10⁶ 千瓦)	2.69	2.71	0.07	13.35
农机购置补贴/(×10⁶ 元)(2000 年价格)	27.66	37.95	0.00	194.93
上一年的工资的自然对数/(元/年)(2000 年价格)	9.79	0.54	8.70	11.13
非粮食作物/粮食作物品种值	0.28	0.29	0.00	2.00
上一年的非粮食作物/粮食作物价格值	3.61	2.02	0.53	13.87
粮食作物播种面积/(×10³ 公顷)	3 484.05	2 658.41	87.33	11 804.74
非粮食作物播种面积/(×10³ 公顷)	711.93	642.22	2.22	2 650.30
棉花作物播种面积/(×10³ 公顷)	155.19	323.63	0.00	1 953.30
油料作物播种面积/(×10³ 公顷)	448.52	433.11	1.31	1 624.76
糖料作物播种面积/(×10³ 公顷)	57.48	169.73	0.00	1 128.02
粮食作物占比	0.83	0.10	0.41	0.99
非粮食作物占比	0.17	0.10	0.01	0.59
棉花作物占比	0.03	0.08	0.00	0.53
油料作物占比	0.11	0.07	0.00	0.40
糖料作物占比	0.02	0.04	0.00	0.26

第 7 章 机械化对农作物播种面积的影响

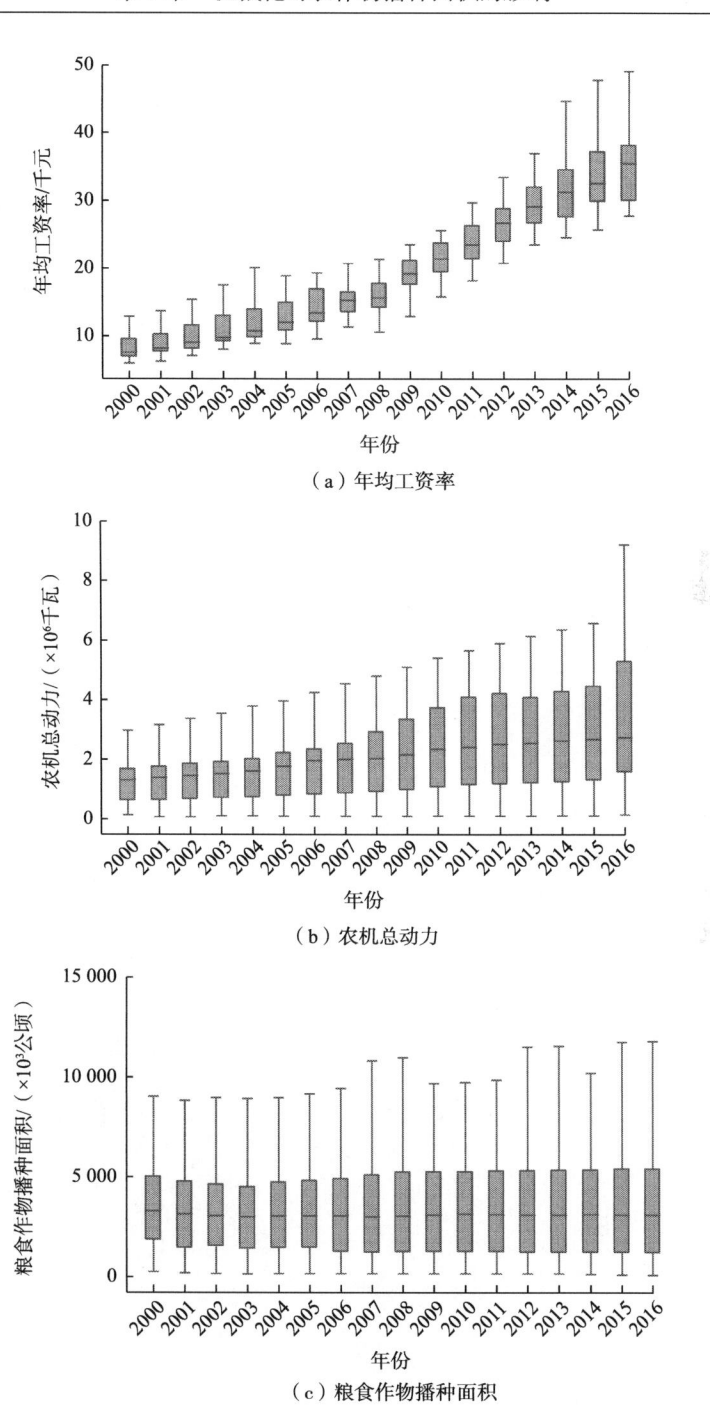

(a) 年均工资率

(b) 农机总动力

(c) 粮食作物播种面积

（d）非粮食作物播种面积

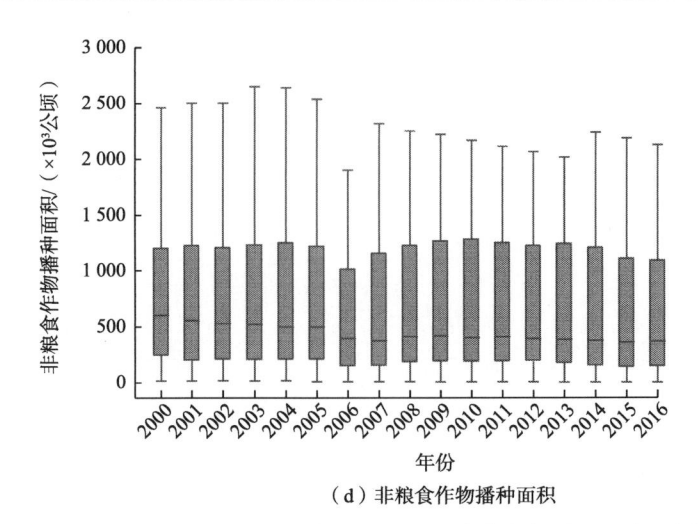

图 7-1 工资率、农机总动力、粮食作物播种面积和非粮食作物播种面积在不同年份间的变化

如上所述，本章将农作物细分为粮食作物（大米、小麦、玉米、豆类和块茎作物）和非粮食作物（棉花、油料作物、韧皮纤维作物、糖料作物、烟草）。如图 7-2 所示，2000~2016 年，单位面积的粮食作物的平均劳动力使用量少于非粮食作物的劳动力使用量[图 7-2（a）]。也就是说，粮食作物是非劳动密集型作物，而非粮食作物是劳动密集型作物。在同一时期，粮食作物的平均机器成本高于非粮食作物，这表明粮食作物是机器密集型作物，而非粮食作物是非机器密集型作物[图 7-2（b）]。因此，本章研究所使用的数据与 7.2 节理论模型中的假设是一致的。

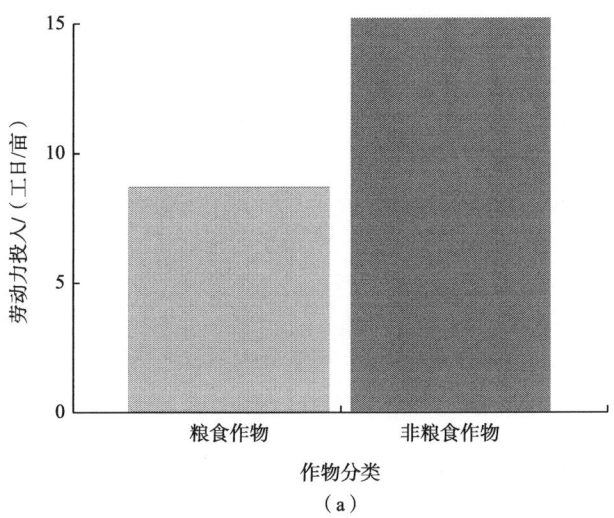

（a）

(b)

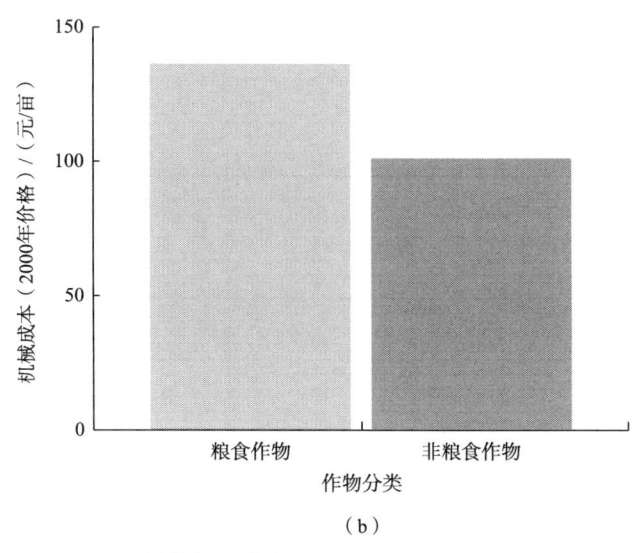

图 7-2 不同作物生产中的劳动力投入和机械成本

图 7-3（a）显示，从 2000 年到 2016 年，外出务工的实际工资率几乎翻了一番。如上所述，工资率的上升导致农业生产中机器使用的增加。图 7-3（b）则显示，随着工资率的上升，农业机械的总动力在同一时期增加了 1 倍以上。换句话说，图 7-3 似乎表明工资率和农业机械有正向的相关关系，这和理论分析部分得到的第一个假说是一致的。

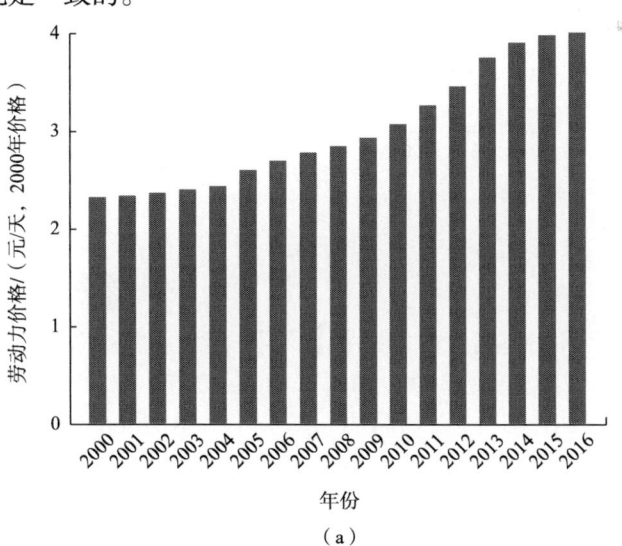

(a)

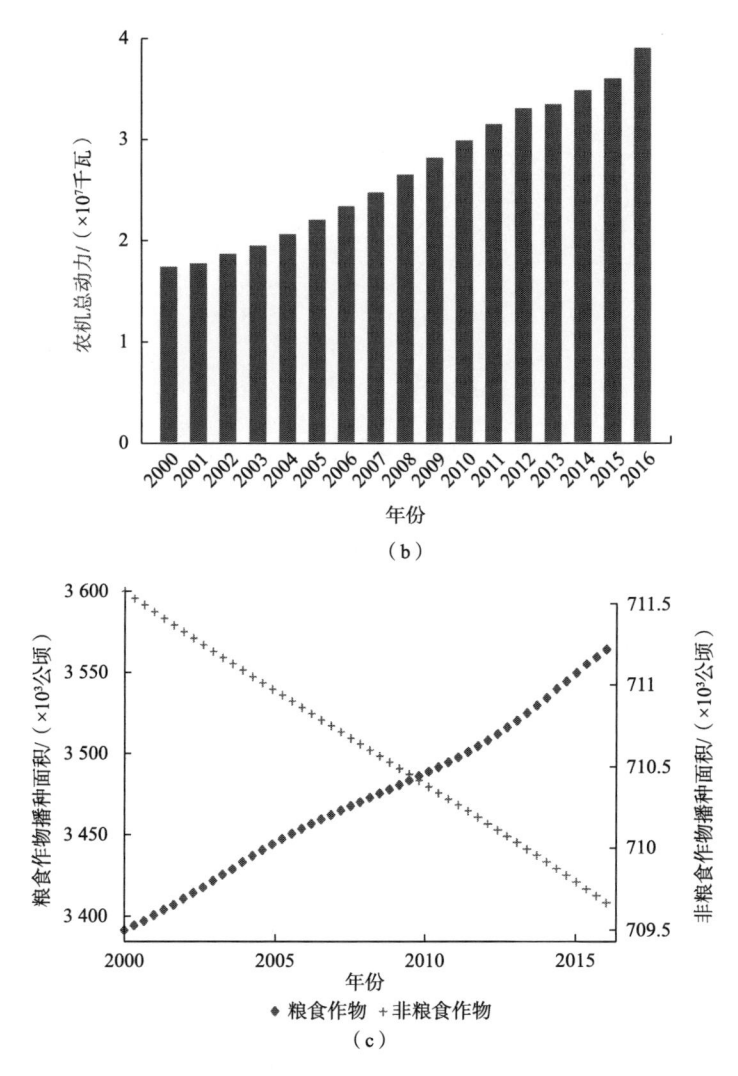

图 7-3　工资率、农机总动力、粮食作物和非粮食作物播种面积

观察图 7-3，我们还可以发现：粮食作物播种面积的动态变动趋势与非粮食作物播种面积的动态变动趋势明显不同。如图 7-3（c）所示，粮食作物播种面积的平滑动态显示出明显的增加趋势。实际上，从 2000 年到 2016 年，粮食作物的播种面积省级平均值从 350 万公顷增加到 365 万公顷，增长了 4.29%。另外，同期非粮食作物的播种面积从 73 万公顷减少到 66 万公顷。如前所述，图 7-3（b）显示同期内机械化的水平在不断增加。粮食作物和非粮食作物播种面积的变化，及它们和机械化发展的变动趋势似乎也和理论分析部分得到的第二个假说相一致。

总而言之，数据的描述性分析显示，粮食作物是非劳动密集型和机器密集型作物，而非粮食作物是劳动密集型和非机器密集型作物（图7-2）。这与7.2节中的理论假设是一致的。图7-3说明，工资率的上升与机械化的发展似乎有正相关的关系，这似乎导致非粮食作物播种面积减少和粮食作物播种面积增加。也就是说，描述性分析的结果与理论分析中得到的两个假说是一致的。但是，图7-2和图7-3仅仅提供了一些有趣的初步结果。由于这部分的分析没有控制其他因素的影响，因此我们不能将其解释为机械化和工资率上升的净影响。在下面的部分中，本章将通过估计多元回归模型，将工资率上涨对机械化的影响及机械化对粮食作物和非粮食作物的影响从其他因素的影响中隔离开来。

7.3.2 实证模型

如方程（7-6）所示，农作物播种面积的最优水平受工资率、农产品价格、机械化率及其他因素的影响。所以，本章估计了如下的实证模型：

$$A_{i,t} = \rho_0 + \beta_0 M_{i,t} + \gamma_0 P_{3,i,t} + \phi_0 P_{i,t} + \varphi_0 \text{Technology}_{i,t} + \sum_{i=1}^{i=N} \lambda_{0,i} \text{Province}_i \\ + \sum_{t=2000}^{t=T} \theta_{0,t} \text{Year}_t + e_{i,t} \quad (7\text{-}10)$$

其中，被解释变量 A 用两种方式来衡量：作物播种面积和该作物播种面积所占的份额；ρ_0、β、γ、ϕ、φ、λ、θ 是待估计变量的参数；e 是误差项，下标表示在 i 省的第 t 年的观察值。

第一个因变量（M）是农业机械的总动力。根据《中国统计年鉴》的数据，2015年农业机械总动力为11.2亿千瓦，2016为9.70亿千瓦（国家统计局，2016，2017）。但是，一名政府官员声称"2016年农业机械总动力为9.7亿千瓦，比上年（同一统计口径）增长了7.77%"（Zhang，2018）。因此，本章认为农业机械总动力的统计口径可能在2016年发生了变化。据此，本章相应地调整了2016年的农业机械总动力。实际上，本章在估算中还尝试了不同的方案，如使用2016年未调整的农业机械总功率或使用中型和大型机械的总功率数值。所有这些方法都产生了非常相似的结果，这表明本章的估计结果是可靠的。如前所述，我们期望 M 的估计系数在粮食方程中为正，而在非粮食作物方程中为负。

P_3 的估计系数代表工资率对农民土地分配决定的影响。请注意，外出务工的劳动力在城市工作的类型是各种各样的，但是遗憾的是我们并没有这些不同工作的具体工资水平[①]。在本章的研究中,笔者使用建筑单位员工的平均工资作为农民工外出务工的工资率代表。这样做至少有两个原因。第一,在建筑部门工作是农民工最普遍的工作之一。第二,工资率,尤其是不同工作的工资率动态高度相关(国家统计局,2018b)。

变量 P 是价格向量。P 的估计系数用来衡量农产品价格对作物播种面积的影响。为了避免其他因素(如 CPI)对农产品价格的影响,本章用非粮食作物价格除以粮食作物价格构建一个价格比率,来衡量作物价格的影响。由于农民都是根据上一年的价格调整种植结构的,因此本章在实际的方程估计中,使用非粮食作物/粮食作物价格值的滞后一年的数值。

在实证分析中,Technology 用来衡量技术进步的影响。为了促进农业生产,农业农村部(原农业部)引进了新的农作物品种,这些品种在一个特殊地区表现可能特别出色。农业农村部推广的品种数量和这些品种的总播种面积数据来自我国种业大数据平台。该平台的数据由农业部种子管理局发布(农业部,2017)。这项研究使用农业农村部推广的品种数量作为技术进步的代用变量。像农产品价格比率变量一样,在实证分析时,本章使用非粮食作物品种数量除以粮食作物品种数量的比率来衡量技术进步的影响。

变量 Province 是省份的向量,而 Year 是年份的向量。这两个变量用于研究省份间异质性和年份间异质性对产量的影响。将这两个变量加入到模型中,也使该模型成为固定效果模型。

最后,这项研究的目的是衡量农业生产机械化对作物产量的影响。但是直到2000 年初,我国的农业综合机械化率才发生显著变化。在此之前的农业机械化发展速度比较慢,甚至一度处于停滞状态。因此,本章研究的主要模型使用了 2000年至 2016 年的数据。

由于工资率的提高也影响了机械化的发展,方程(7-10)的估计可能会产生偏差。为了解决这个问题,笔者把机械补贴作为工具变量。换句话说,方程(7-10)更改成如下的形式:

$$M_{i,t} = \rho_1 + \lambda_1 P_{3,i,t} + \psi_2 \text{Subsidy}_{i,t} + \phi_1 P_{i,t} + \varphi_1 \text{Technology}_{i,t} + \sum_{i=1}^{i=N} \lambda_{1,i} \text{Province}_i + \sum_{t=2000}^{t=T} \theta_{1,t} \text{Year}_t + \eta_{i,t}$$

[①] 工资率的提高和收入正相关,因此工资率上升可能对粮食作物的播种面积有正向影响。工资率的估计参数包括了这种影响。

$$A_{i,t} = \rho_2 + \beta_2 M_{i,t} + \gamma_2 P_{3,i,t} + \phi_2 P_{i,t} + \varphi_2 \text{Technology}_{i,t} + \sum_{i=1}^{i=N} \lambda_{2,i} \text{Province}_i \quad (7\text{-}11)$$
$$+ \sum_{t=2000}^{t=T} \theta_{2,t} \text{Year}_t + \varepsilon_{i,t}$$

在方程（7-11）中，Subsidy 是工具变量。该变量是政府的农机购置补贴。具体来说，该补贴包括来自中央政府和地方政府的农机购置补贴。尽管 1998~2003 年，来自地方政府的农机购置补贴较高（高于中央政府的补贴），但自 2004 年以来，中央政府的补贴增长速度和补贴总金额远远超过了地方政府。根据统计，近年来地方政府提供的补贴份额不到中央政府提供补贴的 20%。也许出于这个原因，自 2013 年以来，地方政府的补贴金额不再公布。在本章研究中，本章假设 2014~2016 年地方政府的补贴与 2013 年相同。

在方程（7-11）中，如果笔者使用两阶段最小二乘法分别估计方程式，则估计值可能无效。为了提高估计效率，方程（7-11）使用了三阶段最小二乘回归估计法，即估计方程包括机械化方程、粮食作物方程和非粮食作物方程。

7.3.3 假说 1 和 2 的验证

方程（7-11）的估计结果见表 7-2。表 7-2 的第 1 列显示了农业机械总动力方程的估计结果。第 2 列和第 3 列显示了粮食作物和非粮食作物播种面积方程的估计结果。最后一列显示了对粮食作物份额方程的估计结果。笔者还尝试在不同的情况下估计方程（7-11），如使用不同的时间段或不同的估算策略（即，使用较长的数据版本，并添加一个机械总功率和非粮食作物虚拟变量的交互项等）。所有这些尝试都产生了相似的结果。这表明，表 7-2 中的估计结果是可靠的。下面，本章将首先讨论农机总动力的估计结果，然后再讨论机械化对粮食和非粮食作物播种面积影响的估计结果。通过这样的讨论，本章将说明理论分析中得到的两个假说是否得到了验证。

表7-2 工资率对机械化的影响和机械化对播种面积的影响

变量名	农机总动力/（×10⁶ 千瓦）	播种面积/（×10³ 公顷）粮食作物	播种面积/（×10³ 公顷）非粮食作物	粮食作物占比
农机总动力		528.184 4*** （13.38）	−115.322 2*** （−7.73）	0.010 7*** （3.62）
农机购置补贴	0.019 8*** （19.85）			
工资率	0.664 5*** （3.26）	−230.349 4 （−1.39）	0.254 7 （0.00）	−0.008 7 （−0.70）

续表

变量名	农机总动力/ （×10⁶千瓦）	播种面积/（×10³公顷）		粮食作物占比
		粮食作物	非粮食作物	
上一期的非粮食/粮食作物价格比	0.035 4 （1.30）	8.075 4 （0.38）	6.620 8 （0.82）	−0.004 1*** （−2.59）
非粮食/粮食作物推广品种数量比	−0.583 1 （−1.45）	136.105 5 （0.43）	850.308 8*** （7.16）	−0.091 8*** （−3.88）
省份虚拟变量	有	有	有	有
年份虚拟变量	有	有	有	有
常数项	−4.697 8** （−2.23）	10 400.811 5*** （6.20）	882.502 9 （1.39）	1.024 9*** （8.11）
观察值	526	526	526	526
R^2	0.973	0.983	0.957	0.926

*** $p<0.01$，** $p<0.05$

注：括号内为 z 值；机械总动力方程和粮食方程同时估计

不出所料，机械化方程的估计结果表明，工资水平的提高和政府补贴对机械化的发展均具有积极影响。如第3行所示，工资率变量的估计系数为正，且统计检验显著。换句话说，该估计结果证实了理论分析得到的第一个假说，即机械化随着工资率的提高而加速。同样地，政府的农机购置补贴变量的估计参数为正，且统计检验显著。该结果表明财政补贴也促进了机械在农业生产中的快速采用。政府农机购置补贴和外出务工的工资率上升对农业机械化的影响与先前的研究结论一致（如 Qiao，2017）。

表7-2 的第2列和第3列显示的是粮食作物和非粮食作物播种面积方程的估计结果。正如预期的那样，农业机械总动力的估计值变量在粮食作物播种面积的方程中为正，而在非粮食作物播种面积的方程中为负（第1行）。用粮食作物的份额代替粮食作物的播种面积，重新估计方程得到了相似的结果（最后一列）。需要说明的是，因为粮食作物播种面积占农作物播种面积的份额和非粮食作物播种面积占农作物播种面积的份额相加为 1，所以非粮食作物播种面积份额方程的估计结果跟粮食作物播种面积份额方程的估计结果一致（即所有变量的估计系数符号相反，大小一样）。为简便起见，表7-2 没有列出非粮食作物播种面积所占份额方程的估计结果。

总而言之，表7-2 显示，工资率的上升对机械化的发展产生了积极的影响。这一结果验证了理论分析中得到的第一个假说。表7-2 的实证结果还表明，机械化的发展对粮食作物有积极影响，但对非粮食作物却有消极影响。这一结果验证了理论分析中得到的第二个假说。所以，理论分析中得到的两个假说在表7-2 显示的实证分析中都得到了验证。

7.3.4 机械化在不同地区的影响

如上所述，表 7-2 显示，随着机械化程度的提高，粮食作物的播种面积（和份额）增加，而非粮食作物的播种面积（和份额）减少。但是，由于非粮食作物包括许多不同作物，因此其估计值可能会产生误导。因此，在这一小节，本章将非粮食作物细分为三类：棉花、油料作物和糖料作物来重新估计方程（7-11）。传统上，这三类作物是我国主要的非粮食作物。这样做，可以定量地估计机械化对不同非粮食作物的影响程度。在此基础上，我们可以进一步分析这些作物是否会跟大豆一样，成为严重依赖国际市场的农产品。

很显然，粮食作物是每个省的主要作物，而并非每个省都种植棉花、油料作物和糖料作物。例如，全国大约 14 个省区市棉花种植量比较大，其余省份几乎没有棉花生产。因此，本章首先用我国主要棉花产区的数据估算了方程（7-11）。按照同样的方法，本章分别在主要的油料作物产区和主要的糖料作物产区估计了该方程。需要说明的是，本章使用花生和油菜籽播种面积作为权重，并用此权重计算了油料作物的价格和生产成本。同样地，本章使用甘蔗和甜菜的播种面积作为计算糖料作物价格和生产成本的权重。

表 7-3 显示了不同地区机械化影响的估计结果。前 3 列显示了主要棉花生产区的估计结果。第 4 到第 6 列显示主要油料作物生产区的估计结果，而最后 3 列显示主要糖料作物生产区的估计结果。表 7-3 中显示的估计结果与表 7-2 中的估计结果非常相似。例如，估计结果显示机械化对粮食作物的播种面积产生了积极影响，对棉花、油料作物和糖料作物的播种面积则产生了负面影响（第 1 行）。此外，农机购置补贴的估计系数和工资率的估计系数均为正，表明它们对机械化的发展做出了积极贡献（第 2 行和第 3 行）。用粮食作物和棉花（或油料、糖料作物）的份额代替播种面积重新估计方程，我们也得到了非常相似的结果。为简单起见，表 7-3 未显示作物份额的估计结果。

如前所述，表 7-3 前 3 列的估计结果使用了我国 14 个主要棉花生产地区的数据，即黄河流域的 5 个省（河北、山东、山西、陕西、河南）和天津市，长江流域的 6 个省（江苏、浙江、安徽、江西、湖南和湖北）及西北的甘肃省和新疆维吾尔自治区。从 2000 年到 2016 年，这 14 个地区的棉花播种总面积占我国棉花总播种面积的 98.33%。根据表 7-3 的估计结果，每增加 100 万千瓦的机械总动力，就会导致 23 万公顷的粮食作物面积增加和约 7 万公顷棉花播种面积的减少（第 2 列和第 3 列）。在本章研究的时间段（2000~2016 年），机械总动力年均增长为 18 万千瓦。据此计算，由于机械化的发展，五年内全国粮食作物的播种面积将增加

表7-3 在棉花、油料作物和糖料的主产区，机械化的不同影响

变量名	棉花主产区 机械总动力	棉花主产区 粮食	棉花主产区 棉花	油料作物主产区 机械总动力	油料作物主产区 粮食	油料作物主产区 油料作物	糖料作物主产区 机械总动力	糖料作物主产区 粮食	糖料作物主产区 糖料作物
农机总动力		232.1810***	−66.3974***		709.9630***	−78.0803***		1 366.4131***	−58.1822***
		(6.99)	(−4.14)		(10.40)	(−4.67)		(8.66)	(−3.14)
农机购置补贴	0.0246***			0.0167***			0.0124***		
	(11.69)			(13.63)			(11.16)		
工资率	1.5652***	32.6846	3.6929	1.2028***	−531.3889*	−68.3811	0.3557	455.7463	61.8649
	(3.95)	(0.19)	(0.04)	(4.06)	(−1.81)	(−0.95)	(1.11)	(0.81)	(0.94)
上一期的非粮食/粮食作物价格比	−0.0442	6.9108	−15.0425	0.1466	−83.3528	13.7863	−1.4303	719.2032	70.1208
	(−0.90)	(0.36)	(−1.62)	(1.49)	(−0.91)	(0.61)	(−1.13)	(0.32)	(0.27)
非粮/粮食作物推广品种数量比	−1.7268***	322.6552	1 052.3256***	−0.0929	−10.2077	130.1348*	−1.7385**	1 066.7952	−77.2205
	(−3.47)	(1.60)	(10.84)	(−0.30)	(−0.04)	(1.87)	(−2.44)	(0.84)	(−0.52)
省份虚变量	有	有	有	有	有	有	有	有	有
年份虚变量	有	有	有	有	有	有	有	有	有
常数项	−14.4963***	2 268.7566	230.5636	−9.9594***	12 713.9307***	1 315.2728*	0.3837	−1 450.1078	−274.1618
	(−3.59)	(1.31)	(0.28)	(−3.24)	(4.30)	(1.82)	(0.11)	(−0.24)	(−0.39)
观察值	238	238	238	408	408	408	170	170	170
R^2	0.976	0.993	0.946	0.971	0.967	0.937	0.946	0.956	0.939

*** $p<0.01$, ** $p<0.05$, * $p<0.1$

注：括号内为z值；机械总动力方程和粮食方程同时估计

174万公顷（或4.89%）（表7-4，第1行）。另外，五年内全国棉花播种面积将减少约50万公顷（或17.38%）（第2行）。机械化对我国粮食作物和棉花作物播种面积的影响与之前的研究相似（如Qiao，2017）。

表7-4 机械化对粮食和非粮食作物的全国性影响

变量名		估计参数	五年内对全国的影响	
			×10³公顷	%
棉花主产区	粮食	232.18	1 744.68	4.89
	棉花	−66.40	−498.93	−17.38
油料作物主产区	粮食	709.96	8 873.70	14.17
	油料作物	−78.08	−975.91	−11.99
糖料作物主产区	粮食	1 366.41	7 454.42	29.52
	糖料作物	−58.18	−317.41	−31.61

表7-3第4~6列显示机械化对油料作物主产省的估计结果。在这一部分的估计中，本章使用我国24个省区市的数据，其中包括东北的3个省（黑龙江、吉林、辽宁），西南的3个省（云南、四川、贵州）和重庆市，北部的5个省（山西、陕西、山东、河北、河南）和内蒙古自治区，南部7个省（安徽、江西、江苏、浙江、湖北、湖南、广东和广西）和广西壮族自治区，西部两个省（甘肃、青海）和新疆维吾尔自治区。根据国家统计局的数据，从2000年到2016年，这24个省区市油料作物的播种总面积占我国油料作物总播种面积的97.77%。根据估计结果，我们可以得到农业机械的总功率每增加100万千瓦，将导致71万公顷粮食作物播种面积增加，而油料作物的种植面积将减少8万公顷。据此计算，在五年之内，机械化将使粮食作物的播种面积增加887万公顷（或14.17%），而油料作物的播种面积减少约98万公顷（或11.99%）（表7-4，第3和4行）。

表7-3的最后3列显示我国10个主要糖料作物生产地区的估计结果。这10个糖料主产地区为西南的云南省、贵州省和四川省，北部的内蒙古自治区、黑龙江省和新疆维吾尔自治区，南部的湖南省、广东省、海南省和广西壮族自治区。根据国家统计局的数据，从2000年到2016年，这10个地区的糖料作物的播种面积合计占我国糖料作物总播种面积的94.10%。根据糖料作物主产区的估计结果，农业机械的功率每增加100万千瓦，将导致粮食作物的播种面积增加137万公顷，而糖料作物的播种面积减少6万公顷。如果保持机械化的增长速度，五年内粮食作物的播种面积将增加745万公顷（或29.52%），而糖料作物的播种面积将减少32万公顷（或31.61%）（表7-4，第5和第6行）。

7.4 结论和政策建议

对于一个发展中国家而言，机械化在农业及整个国民经济发展中都起着非常重要的作用。更重要的是，机械化，尤其是在机械化的早期阶段，会对不同农作物产生不同的影响。本章从理论和实证上的分析表明，机械化对粮食作物产生了积极的影响，而对非粮食作物产生了负面影响。根据本章的实证分析结果，如果机械化的增长率持续以前的发展趋势，那么在未来五年内我国粮食作物的播种面积将增加 16.20%，非粮食作物的播种面积将减少 20.33%。

本章得到的这些研究结论具有重要的政策意义。首先，本章的研究结论有助于了解机械化对我国粮食生产和粮食安全的影响。如本章表 7-4 所示，无论是在棉花、油料作物还是糖料作物的主产区，机械化对粮食作物播种面积等都有积极的影响（年均影响为 3.24%）。也就是说，在过去的几十年中，机械化的发展促进了我国粮食作物播种面积的持续增长。从这个意义上说，机械化似乎促进了我国粮食作物产量的增长和粮食安全。

然而值得注意的是，尽管在过去十多年来我国粮食作物的总播种面积（和产量）持续增加，但粮食作物的多样性却显著减少。根据国家统计局的数据，三种主要粮食作物（水稻、小麦和玉米）的播种面积占粮食作物总播种面积的比例从 1978 年的 69% 增加到 2016 年的 83%（国家统计局，1979，2017）。虽然份额的绝对变量值并不大（83%-69%=14%），但是这种变动对其他粮食作物有着非常重要的影响。例如，从 1978 年到 2016 年，谷子的播种面积从 4 271 万公顷减少到 857 万公顷。也就是说，在改革开放以后谷子的播种面积减少了约 80%。类似的情况也发生在高粱作物上。又如，对于大麦来说，播种面积从 2002 年的 914 万公顷减少到 2016 年的 429 万公顷。由于数据的问题，我们尚无法使用计量经济学模型来定量估算机械化对这些粮食作物的具体影响程度。但是，像非粮食作物一样，这些粮食作物大部分是劳动密集型或非机器密集型作物。因此，从本章的研究结论来看，我们有理由相信机械化可能与这些粮食作物的播种面积有负相关的关系。从这个意义上说，尽管机械化对粮食作物的总播种面积产生了积极影响，但对粮食作物的多样性却产生了负面影响。

应该指出的是，粮食生产多样性的减少可能会威胁到我国粮食生产的稳定和粮食安全。例如，洪水、干旱或病虫害等自然灾害对三大粮食作物的影响可能比对其他粮食作物的影响更大。因此，当自然灾害发生的时候，我国的粮食总产量可能会受到严重影响。从这个意义上讲，机械化对我国粮食作物生产稳定性和粮食安全的负面影响也值得进一步关注。

此外，本章的研究结论表明机械化的发展可能威胁一些非粮食作物的生产安全。本章的实证分析结果表明，在所有三种非粮食作物（棉花、油料和糖料作物）的产区，机械化对非粮食作物播种面积的平均影响为 4.07%。也就是说，非粮食作物在十年内将减少三分之一以上。本章的预测结果与国家统计局的数据吻合度很高。根据国家统计局的数据，2016 年我国麻类作物的总产量为 262 吨，仅占 1985 年 4 448 吨的 5.89%（国家统计局，1986，2017）。因此，机械化的持续发展可能会影响这些作物的生产安全。如果政府不采取措施的话，那么它们有可能步大豆的"后尘"，成为严重依赖国际市场的农产品。

本章附件 A　外出务工工资率对机械化的影响

从方程（7-3）和方程（7-5），我们可得

$$L_2 = \frac{\alpha_2 M p_4}{\beta_2 p_3} \tag{1}$$

从方程（7-5），我们可得

$$A - A_1 = L_2^{\frac{-\alpha_2}{\delta_2}} \left(\frac{p_4}{\beta_2 p_2 M^{\beta_2 - 1}} \right)^{\frac{1}{\delta_2}} \tag{2}$$

$$A_1 = A - L_2^{\frac{-\alpha_2}{\delta_2}} \left(\frac{p_4}{\beta_2 p_2 M^{\beta_2 - 1}} \right)^{\frac{1}{\delta_2}} \tag{3}$$

把方程（1）代入方程（2）和方程（3），我们可以得到：

$$A - A_1 = \left(\frac{\alpha_2 M p_4}{\beta_2 p_3} \right)^{\frac{-\alpha_2}{\delta_2}} \left(\frac{p_4}{\beta_2 p_2 M^{\beta_2 - 1}} \right)^{\frac{1}{\delta_2}} = k_1 M^{\frac{1 - \alpha_2 - \beta_2}{\delta_2}} p_3^{\frac{\alpha_2}{\delta_2}} \tag{4}$$

$$A_1 = A - k_1 M^{\frac{1 - \alpha_2 - \beta_2}{\delta_2}} p_3^{\frac{\alpha_2}{\delta_2}} \tag{5}$$

这里 $k_1 = \left(\frac{p_4}{\beta_2 p_2} \right)^{\frac{1}{\delta_2}} \left(\frac{\alpha_2 p_4}{\beta_2} \right)^{\frac{-\alpha_2}{\delta_2}} > 0$。

从方程（7-2），我们可得

$$L_1 = \left(\frac{p_3}{\alpha_1 p_1}\right)^{\frac{1}{\alpha_1-1}} A_1^{\frac{-\delta_1}{\alpha_1-1}} \tag{6}$$

把方程（5）代入方程（6），我们可得

$$L_1 = \left(\frac{p_3}{\alpha_1 p_1}\right)^{\frac{1}{\alpha_1-1}} \left(A - k_1 M^{\frac{1-\alpha_2-\beta_2}{\delta_2}} p_3^{\frac{\alpha_2}{\delta_2}}\right)^{\frac{\delta_1}{1-\alpha_1}} \tag{7}$$

接下来，我们把方程（1）、方程（4）、方程（5）和方程（7）代入方程（7-4），可以得到：

$$\delta_1 p_1 \left(\frac{p_3}{\alpha_1 p_1}\right)^{\frac{\alpha_1}{\alpha_1-1}} \left(A - k_1 M^{\frac{1-\alpha_2-\beta_2}{\delta_2}} p_3^{\frac{\alpha_2}{\delta_2}}\right)^{\frac{\alpha_1 \delta_1}{1-\alpha_1}} \left(A - k_1 M^{\frac{1-\alpha_2-\beta_2}{\delta_2}} p_3^{\frac{\alpha_2}{\delta_2}}\right)^{\delta_1-1}$$

$$= \delta_2 p_2 \left(\frac{\alpha_2 M p_4}{\beta_2 p_3}\right)^{\alpha_2} \left(k_1 M^{\frac{1-\alpha_2-\beta_2}{\delta_2}} p_3^{\frac{\alpha_2}{\delta_2}}\right)^{\delta_2-1} M^{\beta_2}$$

该方程可以进一步表示为

$$\left(A - k_1 M^{\frac{1-\alpha_2-\beta_2}{\delta_2}} p_3^{\frac{\alpha_2}{\delta_2}}\right)^{\frac{\alpha_1+\delta_1-1}{1-\alpha_1}}$$

$$= \frac{\delta_2 p_2}{\delta_1 p_1} \left(\frac{1}{\alpha_1 p_1}\right)^{\frac{\alpha_1}{1-\alpha_1}} \left(\frac{\alpha_2 p_4}{\beta_2}\right)^{\alpha_2} (k_1)^{\delta_2-1} M^{\frac{\alpha_2+\beta_2+\delta_2-1}{\delta_2}} p_3^{\frac{\alpha_2-\alpha_1\alpha_2-\alpha_1\delta_2}{\delta_2(\alpha_1-1)}} \tag{8}$$

$$= k_2 M^{\frac{\alpha_2+\beta_2+\delta_2-1}{\delta_2}} p_3^{\frac{\alpha_2-\alpha_1\alpha_2-\alpha_1\delta_2}{\delta_2(\alpha_1-1)}}$$

这里，$k_2 = \frac{\delta_2 p_2}{\delta_1 p_1} \left(\frac{1}{\alpha_1 p_1}\right)^{\frac{\alpha_1}{1-\alpha_1}} \left(\frac{\alpha_2 p_4}{\beta_2}\right)^{\alpha_2} (k_1)^{\delta_2-1} > 0$。

方程（8）可以写成：

$$A - k_1 M^{\frac{1-\alpha_2-\beta_2}{\delta_2}} p_3^{\frac{\alpha_2}{\delta_2}} = k_2^{\frac{1-\alpha_1}{\alpha_1+\delta_1-1}} M^{\frac{(1-\alpha_2-\beta_2-\delta_2)(1-\alpha_1)}{\delta_2(1-\alpha_1-\delta_1)}} p_3^{\frac{\alpha_2-\alpha_1\alpha_2-\alpha_1\delta_2}{\delta_2(1-\alpha_1-\delta_1)}} \tag{9}$$

$$= k_3 M^{\frac{(1-\alpha_2-\beta_2-\delta_2)(1-\alpha_1)}{\delta_2(1-\alpha_1-\delta_1)}} p_3^{\frac{\alpha_2-\alpha_1\alpha_2-\alpha_1\delta_2}{\delta_2(1-\alpha_1-\delta_1)}}$$

这里 $k_3 = k_2^{\frac{1-\alpha_1}{\alpha_1+\delta_1-1}} > 0$。

分别对 M 和 p_3 求偏导，我们可以得到：

$$0 = \frac{1-\alpha_2-\beta_2}{\delta_2} k_1 M^{\frac{1-\alpha_2-\beta_2-\delta_2}{\delta_2}} p_3^{\frac{\alpha_2}{\delta_2}} dM + \frac{\alpha_2}{\delta_2} k_1 M^{\frac{1-\alpha_2-\beta_2-\delta_2}{\delta_2}} p_3^{\frac{\alpha_2-\delta_2}{\delta_2}} dp_3$$

$$+ \frac{(1-\alpha_2-\beta_2-\delta_2)(1-\alpha_1)}{\delta_2(1-\alpha_1-\delta_1)} k_3 M^{\frac{(1-\alpha_2-\beta_2-\delta_2)(1-\alpha_1)}{\delta_2(1-\alpha_1-\delta_1)}-1} p_3^{\frac{\alpha_2-\alpha_1\alpha_2-\alpha_1\delta_2}{\delta_2(1-\alpha_1-\delta_1)}} dM \quad (10)$$

$$+ \frac{\alpha_2-\alpha_1\alpha_2-\alpha_1\delta_2}{\delta_2(1-\alpha_1-\delta_1)} k_3 M^{\frac{(1-\alpha_2-\beta_2-\delta_2)(1-\alpha_1)}{\delta_2(1-\alpha_1-\delta_1)}} p_3^{\frac{\alpha_2-\alpha_1\alpha_2-\alpha_1\delta_2}{\delta_2(1-\alpha_1-\delta_1)}-1} dp_3$$

该方程可以进一步写成如下形式：

$$\frac{p_3}{M}\frac{dM}{dp_3} = (-)\frac{\dfrac{\alpha_2}{\delta_2}\Theta_1 + \dfrac{\alpha_2-\alpha_1(\alpha_2+\delta_2)}{\delta_2(1-\alpha_1-\delta_1)}\Theta_2}{\dfrac{1-\alpha_2-\beta_2}{\delta_2}\Theta_1 + \dfrac{(1-\alpha_2-\beta_2-\delta_2)(1-\alpha_1)}{\delta_2(1-\alpha_1-\delta_1)}\Theta_2} \quad (11)$$

这里 $\Theta_1 = k_1 M^{\frac{1-\alpha_2-\beta_2}{\delta_2}} p_3^{\frac{\alpha_2}{\delta_2}} > 0$，$\Theta_2 = k_3 M^{\frac{(1-\alpha_2-\beta_2-\delta_2)(1-\alpha_1)}{\delta_2(1-\alpha_1-\delta_1)}} p_3^{\frac{\alpha_2-\alpha_1\alpha_2-\alpha_1\delta_2}{\delta_2(1-\alpha_1-\delta_1)}} > 0$。

本章附件B　机械化对不同作物播种面积的影响

从方程（7-2）和方程（7-4），我们可得：$\dfrac{\alpha_2 M}{\beta_2 L_2} = \dfrac{p_3}{p_4}$。该方程可以写成：

$$L_2 = \frac{\alpha_2 p_4 M}{\beta_2 p_3} \quad (1)$$

从方程（7-4），我们可得：$A - A_1 = \left(\dfrac{p_4}{\beta_2 p_2 L_2^{\alpha_2} M^{\beta_2-1}}\right)^{\frac{1}{\delta_2}} = L_2^{\frac{-\alpha_2}{\delta_2}}\left(\dfrac{p_4}{\beta_2 p_2 M^{\beta_2-1}}\right)^{\frac{1}{\delta_2}}$。

该方程可以写成：

$$A_1 = A - L_2^{\frac{-\alpha_2}{\delta_2}}\left(\frac{p_4}{\beta_2 p_2 M^{\beta_2-1}}\right)^{\frac{1}{\delta_2}} \quad (2)$$

把方程（1）代入方程（2），我们可得：$A_1 = A - \left(\dfrac{\alpha_2 p_4 M}{\beta_2 p_3}\right)^{\frac{-\alpha_2}{\delta_2}}\left(\dfrac{p_4}{\beta_2 p_2 M^{\beta_2-1}}\right)^{\frac{1}{\delta_2}}$。

该方程可以写成：

$$A_1 = A - \left(\frac{\alpha_2 p_4}{\beta_2 p_3}\right)^{-\frac{\alpha_2}{\delta_2}} \left(\frac{p_4}{\beta_2 p_2}\right)^{\frac{1}{\delta_2}} M^{\frac{1-\alpha_2-\beta_2}{\delta_2}} \quad (3)$$

接下来我们求 A_1 对 M 的偏导，可以得到：

$$\frac{\partial A_1}{\partial M} = -\left(\frac{1-\alpha_2-\beta_2}{\delta_2}\right)\left(\frac{\alpha_2 p_4}{\beta_2 p_3}\right)^{-\frac{\alpha_2}{\delta_2}} \left(\frac{p_4}{\beta_2 p_2}\right)^{\frac{1}{\delta_2}} M^{\frac{1-\alpha_2-\beta_2-\delta_2}{\delta_2}} < 0 。 \quad (4)$$

参 考 文 献

农业部. 2015. 农业部办公厅关于切实加强粮食机械化收获作业质量的通知. http://www.moa.gov.cn/nybgb/2015/wu/201712/t20171219_6103843.htm.

农业部. 2017. 中国种子产业大数据平台. http://202.127.42.47:6006/home/totalindex.

农业农村部. 2019-01-02. 农作物耕种收综合机械化率超过 67%. http://www.moa.gov.cn/ztzl/2018zyncgzhy/pd/201901/t20190102_6165892.htm.

国家统计局. 2018a. 2017 年农民工监测调查报告. http://www.stats.gov.cn/tjsj/zxfb/201804/t20180427_1596389.html.

国家统计局. 1979, 1985~1986, 2000~2017, 2018b. 中国统计年鉴. 北京：中国统计出版社.

国家发展和改革委员会. 2000~2017. 全国农产品成本收益资料汇编. 北京：中国统计出版社.

国务院. 2018-12-29. 国务院关于加快农业机械化和农机装备产业转型升级的指导意见. http://www.gov.cn/zhengce/content/2018-12/29/content_5353308.htm.

中国农业机械工业协会. 2000~2017. 中国农业机械工业年鉴. 北京：中国机械出版社.

Brown L R. 1995. Who Will Feed China？ Wake-up Call for a Small Planet. New York：WW Norton & Company.

Diao X, Cossar F, Houssou N, et al. 2012. Mechanization in Ghana：searching for sustainable service. IFPRI Discussion Paper No.01237.

Diao X, Cossar F, Houssou N, et al. 2014. Mechanization in Ghana：emerging demand, and the search for alternative supply models. Food Policy, 48, 168-181.

Foster A D, Rosenzweig M R. 2010. Is There Surplus Labor in Rural India？ New Haven：Yale University Press.

Foster A D, Rosenzweig M R. 2011. Are Indian Farms too Small？ Mechanization, Agency Costs and Farm Efficiency. Providence：Brown University Press.

Hayami Y, Ruttan V W. 1985. Agricultural Development：An International Perspective. Baltimore：Johns Hopkins University Press.

Hicks J R. 1932. The Theory of Wages. London：Macmillan.

Huang J, Chen R, Mi J, et al. 2009. Farmers' seed and pest control management for Bt cotton in

China//Tripp R. Biotechnology and Agricultural Development: Transgenic Cotton, Rural Institutions and Resource-poor Farmers. London: Routledge.

Huang J, Mi J, Chen R, et al. 2014. Effect of farm management practices in the Bt toxin production by Bt cotton: evidence from farm fields in China. Transgenic Research, 23: 397-406.

Jiangsu Agricultural Machinery Administration. 2011. Jiangsu agricultural machinery professional cooperative enters the fast development lane. Jiangsu Agricultural Mechanization, 6: 18-19.

Otsuka K. 2013. Food insecurity, income inequality, and the changing comparative advantage in world agriculture. Agricultural Economics, 44: 7-18.

Pingali P. 2007. Agricultural mechanization: adoption patterns and economic impact//Evenson R, Pingali P. Handbook of Agricultural Economics. Netherlands: Elsevier.

Qiao F. 2017. Increasing wage, mechanization, and agriculture production in China. China Economic Review, 46: 249-260.

Qiao F, Huang J, Rozelle S, et al. 2010. Natural refuge crops, buildup of resistance, and zero-refuge strategy for Bt cotton in China. Science China Life Sciences, 53: 1-12.

Qiao F, Yao Y. 2015. Is the economic benefit of Bt cotton dying away in China. China Agricultural Economic Review, 7: 322-336.

Ruttan V W. 2001. Technology, Growth and Development: An Induced Innovation Perspective. New York: Oxford University Press.

Wang X, Yamauchi F, Huang J. 2015. Mechanization in Chinese agriculture: evidence from province-level data. Center for Chinese Agricultural Policy and World Bank.

Yang J, Huang Z, Zhang X, et al. 2013. The rapid rise of cross-regional agricultural mechanization services in China. American Journal Agricultural Economics, 95: 1245-1251.

Yamauchi F. 2016. Rising real wages, mechanization and growing advantage of large farms: evidence from Indonesia. Food Policy, 58: 62-69.

Zhang H. 2018. Overview of China's agricultural mechanization development//Li W. China Agricultural Machinery Industry Yearbook. Beijing: China Machine Press.

第8章 机械化和中国粮食生产奇迹

我国每年有接近3亿农民外出务工,而粮食产量却持续增长。这是一个奇迹。已有的研究表明,机械化促进了粮食作物总播种面积的增加。使用全国代表性的省级面板数据,这项研究表明机械化也是增加粮食单产的推动力。我国机械化的发展表明,对于拥有数百万个小农户的发展中国家来说,实现大规模机械化不仅是可能的,而且还可以抵消劳动力投入减少给粮食生产带来的负面影响。总而言之,机械化有助于我国的粮食生产和粮食安全。

8.1 引 言

我国粮食作物生产持续十多年的增长是一个世界奇迹。根据国家统计局的数据,全国粮食总产量从2003年的4.3亿吨增加到2017年的6.6亿吨,增长53.6%(国家统计局,2018a)。更重要的是,粮食产量持续增长。与此同时,我国农村劳动力持续大幅度向城市转移。因此,粮食作物产量连续十多年的增长被认为是一大奇迹。统计数据显示,2017年农民工外出务工总数接近3亿人,大约是农村人口的一半(国家统计局,2018a,2018b)。

奇迹的一半已经被揭秘。2000年初出现刘易斯转折点之后,劳动力的持续转移已经引致工资率大幅提高(Han et al.,2007;Chen and Hamori,2009;Cai and Du,2011)。工资率的上升又导致了机械化的广泛应用(Qiao,2017)。机械化和工资率上升对我国农作物的种植结构产生了显著影响,引起粮食作物播种面积的增加(李昭琰和乔方彬,2019)。与这些研究一致,国家统计数据也显示,粮食作物的总播种面积从2003年的9940万公顷增加到2017年的1.180亿公顷,增长了近

20%（国家统计局，2004，2018b）。

奇迹的另一半仍然不清楚。根据国家统计局的数据，2003~2017 年，我国粮食作物平均单产从 4.3 吨/公顷增加到 5.6 吨/公顷，增长近 30%（国家统计局，2004，2018b）。毫无疑问，粮食作物单产的增加是过去十年粮食作物总产量增加的重要组成部分。令人惊讶的是，很少有研究定量地测量粮食作物单产增加的决定因素。截至目前，还有一些问题尚未解决。例如，技术进步是粮食作物产量增加的唯一主要推动力吗？还有哪些因素对粮食作物单产的增加有重大贡献？

更具体地，机械化对我国粮食作物单产的影响仍然未知。在 1978~2017 年，农民收入增加了 15 倍以上（经过消费者价格指数 CPI 调整）（国家统计局，1978~2017）。而且有研究表明，投入品（特别是化肥和农药）存在过度使用的情况（如 Huang et al.，2002；Zhang et al.，2006）。因此，2003~2017 年粮食作物单产的增加，不太可能是由于投入品的增加引起的。但是，在此期间，农作物投入的成本结构发生了很大变化。具体而言，农业生产中的劳动力投入大量减少，而机械投入则显著增加。如此投入结构的变化是否影响粮食作物单产的变化？这是尚需进一步研究的问题。

本章的研究目的是定量分析粮食单产的决定因素和不同投入品对粮食产量的贡献程度。具体来说，本章有两个研究目标。首先，这项研究将衡量机械化对粮食作物单产的影响。其次，本章研究还将衡量技术进步对粮食作物单产的影响。换言之，本章的定量分析将测量机械化和技术进步对粮食产量的贡献。该研究试图为过去十年来我国粮食作物增产奇迹提供科学证据。

本章的其余部分安排如下。在 8.2 节，笔者将描述我国农村地区农业专业化服务的发展。在 8.3 节，笔者将讨论数据来源和样本选择。然后，讨论具有变化弹性系数的生产模型。在 8.4 节，笔者将讨论具体的经验模型，并报告模型的估计结果。最后一部分是本章的总结。

8.2 机械化和农业专业化服务

自 20 世纪 70 年代末我国进行农业改革以来，机械化一度停滞不前。在农业改革期间，将近 1 亿公顷的集体耕地（主要根据家庭规模）分配给了 2 亿多个小农户家庭（Wen，1989；Hu，1997；Tan et al.，2010）。家庭联产承包责任制实施后，我国的农业具有农场规模小和土地分割的典型特点。该特点对我国的农业生产方式具有重要意义。由于家庭农场规模小和土地碎片化，我国的机械化发展，特别是中型和大型农业机械的发展严重受挫（Yang et al., 2013；Qiao, 2017）。例如，根据1986-2001年统计年鉴的数据，2000年我国中型和大型农业机械的总数为97.45万台，仅比1985年高14%。也就是说，1985~2000年，中大型农业机械的年增长率不到1%。

但是自2000年初以来，劳动力工资率的迅速上涨极大地改变了机械化的发展进程。尽管人们一直认为我国农村地区有大量的剩余劳动力，但从2000年初开始，劳动力短缺的报告日益增加。随着刘易斯拐点的到来，工资水平迅速上升（Han et al., 2007；Chen and Hamori, 2009；Cai and Du, 2011）。随着劳动力投入的减少和农业劳动用工工资的增加，农业机械在农业生产中得到了广泛应用（Qiao, 2017）。除了市场需求的增加促进了机械化的发展外，我国政府还为购买农业机械的农户提供了大量补贴（中国农业机械工业协会，2001~2018）。由于工资率上升和农机购置补贴的影响，我国机械化的发展加快了。到2017年，全国大中型农业机械的数量增加到670万台。换句话说，该数字在2000~2017年增长了六倍以上（国家统计局，2001~2018）。

我国机械化的另一推动力是农业服务组织的发展。由于农场规模小，每个农户拥有高效的中型或大型农业机械是不经济的（Ruttan, 2001；Otsuka, 2013）。为了分担高昂的购置成本和维护成本，中型和大型农业机械所有者通过为当地农民提供服务获得部分收益。后来这些业主还组织起来，为数百或数千千米之外的农民提供服务（Yang et al., 2013）。实际上，一些农户变成了提供农业机械服务的专业化服务提供者。他们之所以购置大中型农业机械，就是为了为其他农户提供农机服务，从而赚取利润。

类似的农业专业化服务在其他农业活动中也逐渐开展。例如，有些农户购置无人驾驶的植保飞机，为其他农户提供喷洒化学农药的服务。有统计表明，2016年全国范围内实际实地操作的植物保护无人机超过4 000架，50万公顷土地由无人机实施了农药喷洒服务（Lan and Chen, 2018）。

实际上，几乎所有农业生产操作都可以由其他人提供服务。如上所述，许多农民到距离家乡数百千米甚至数千千米的城市打工。因此，如果让他们仅仅因为一两项农业活动（如浇水、施肥等）返回家乡是不经济的。因此，雇用他人，比如邻居或者提供专业化农业服务的人，变得越来越普遍。尤其是近年来，随着外出务工人数的不断增加，雇用别人从事农业活动的现象日益增多。

专业的农业服务可以抵消劳动力投入减少对农业生产造成的负面影响。农业服务，特别是由专业团队提供的服务，不仅可以抵消劳动力减少带来的负面影响，而且还可以促进粮食增产。例如，在我国主要的小麦产区，小麦收获时节暴雨经常造成产量损失，而一台大型收割机可以在几天内收割数百公顷的小麦，这有助于减轻由于大雨造成的产量损失。因此，农业服务不仅可以替代自身劳动力投入的减少，还有可能促进农作物单产的增加。

8.3 数据来源和样本选择

在本节中，笔者将首先说明应用于本章研究的数据来源。然后，讨论这些数据的基本特征，并尝试将机械化与粮食作物单产联系起来。也就是说，笔者将描述性地展示机器使用与粮食作物产量之间的关系。

8.3.1 数据来源

本章研究中使用的数据主要来自两个方面：《中国统计年鉴》和《全国农产品成本收益资料汇编》。具体而言，各种投入品（劳动力、肥料、机器等）和产成品（即产量）数据来自《全国农产品成本收益资料汇编》（国家发展与改革计划委员会，2003~2017）。CPI 数据来自《中国统计年鉴》（国家统计局，2003~2017）。为了消除通货膨胀的影响，所有成本数据均由 CPI 进行了调整。表 8-1 总结了本章研究中使用的主要变量的基本特征。

表8-1 主要变量的基本特征

变量名	均值	标准差
单产/（千克/亩）	432.960 1	98.246 5
总成本/（元/亩）	234.785 5	89.118 8
劳动力成本/（元/亩）	113.652 0	67.076 5
劳动力投入量/（工日/亩）	8.745 8	4.140 7
机械成本/（元/亩）	29.943 4	19.154 2
服务成本/（元/亩）	42.977 9	21.794 5
化肥成本/（元/亩）	40.943 6	12.454 8
使用机械成本时的其他成本/（元/亩）	50.246 5	16.453 4
使用服务成本时的其他成本/（元/亩）	37.211 9	12.403 2
机械成本占比	0.127 9	0.068 3
服务成本占比	0.185 0	0.072 5

续表

变量名	均值	标准差
化肥成本占比	0.187 5	0.058 6
劳动力成本占比	0.459 7	0.124 8
使用机械成本时其他成本占比	0.224 9	0.060 9
使用服务成本时其他成本占比	0.167 8	0.051 8

注：1 公顷=15 亩；所有的成本数据都经过了消费者价格指数的调整（1990=100）

在详细讨论数据之前，笔者将说明两个问题。第一个问题是本章研究中包括的农作物。在我国，最重要的三种粮食作物是水稻、小麦和玉米。水稻包括早稻、中稻、晚稻和粳稻。根据国家统计局的数据，2017 年这三种主要粮食作物的播种总面积为 7 555 万公顷，占粮食作物播种总面积的 64.03%（国家统计局，2018b）。在本章的研究中，粮食作物包括水稻、小麦和玉米。

第二个问题是时间段的选择。我国是世界上最大的发展中国家，在 20 世纪 70 年代末进行农业改革之前，我国 80% 以上的人口居住在农村地区。因此，人们认为有大量的剩余劳动力可以外出务工。然而，从 2003 年春季开始，劳动力短缺的现象不断被媒体报道。从那以后，工资水平开始迅速上升（Han et al., 2007；Chen and Hamori, 2009；Cai and Du, 2011）。如图 8-1（a）所示，工资率在 2003 年开始迅速增加。与工资率随时间变化的动态一致，自 2003 年以来，机器成本和服务成本均显著增加[图 8-1（b）（c）]。由于本章研究的目的是了解机械化对粮食作物产量的影响，因此本章选择 2003~2016 年作为经验估计的基准时间段。为了检查时间段选择对估计结果敏感性的影响，本章研究中还将不同时间段（如 2004~2016 年、2005~2016 年、2006~2016 年、2007~2016 年和 2010~2016 年）用于模型估计。

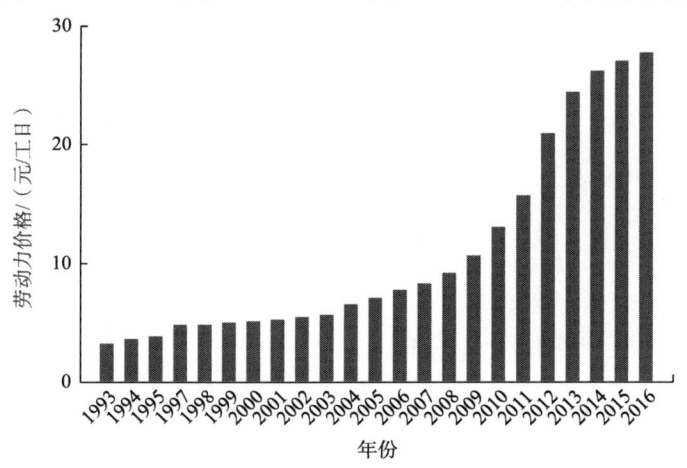

(a)

(b) 机械成本/(元/亩) 年份

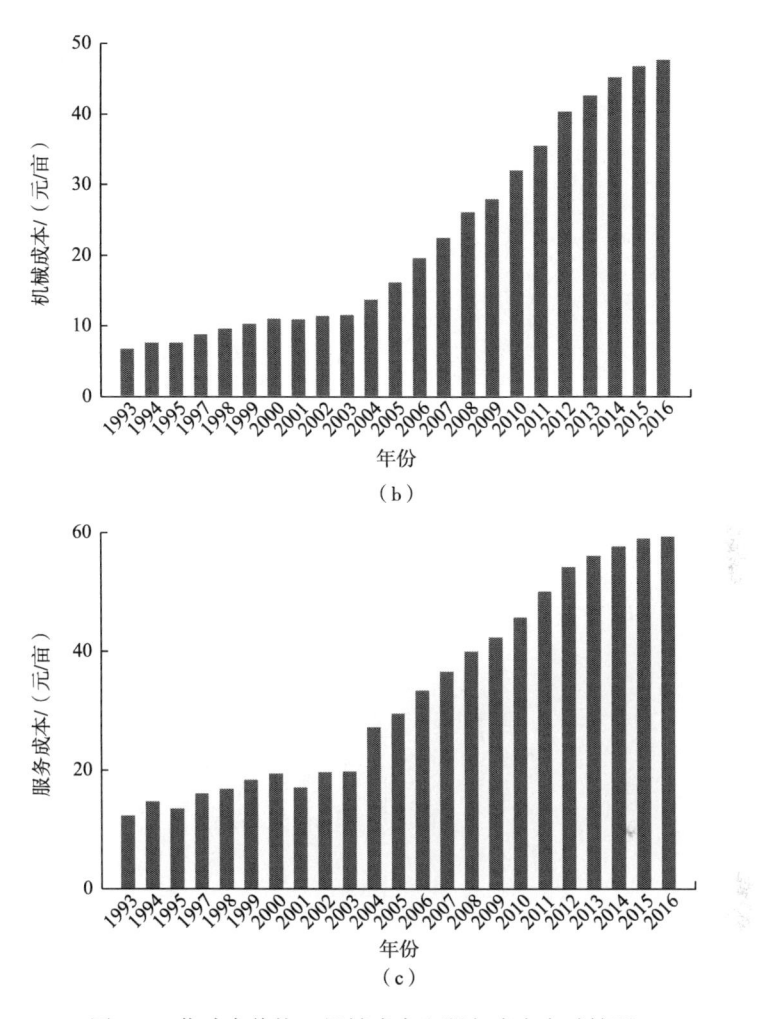

(c) 服务成本/(元/亩) 年份

图 8-1 劳动力价格，机械成本和服务成本变动情况

8.3.2 机械化和粮食产量

在实证分析中，投入品被分为四类：劳动力、化肥、机器（或农业专业化服务）和其他投入。劳动力和化肥是农业生产中最重要的投入品。鉴于其重要性，已有的类似研究都将劳动力和化肥从其他投入品中分隔开来。本章的实证分析将遵循这一传统。除此之外，本章的实证分析还将机器成本（或服务成本）与其他成本分开。之所以这样做是出于以下两个原因。首先，机械化（或农业专业化服务）是本章研究的核心。其次，机器成本在物质费用中的占比迅速增加，近年来已占材料成本的

三分之一以上。机械成本已经超越化肥成本,成为占比最大的物质成本。

图 8-2 显示了 2003~2016 年投入和产出的动态变化。从图 8-2 中,我们不难得出四个结论。

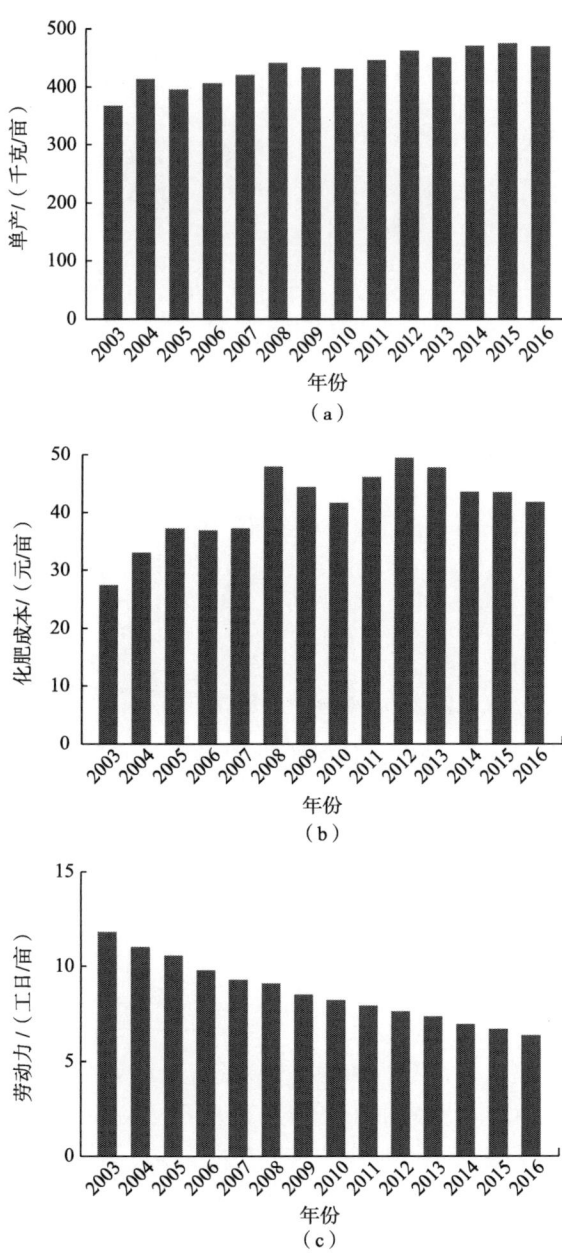

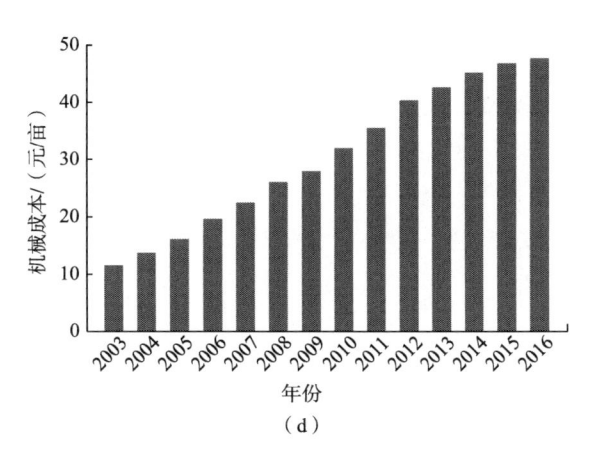

图 8-2 不同投入品的动态变动情况

第一，粮食单产水平不断增加。如图 8-2（a）所示，尽管某些年份有些波动，但粮食作物的平均产量在这段时间内有所增加。进一步的研究表明，平均粮食作物产量从 2003 年的 367.98 千克/亩增加到 2016 年的 469.10 千克/亩。换言之，在此期间，粮食单产增加了 27.48%。这一发现与国家统计局公布的数据基本一致。国家统计局的统计数据表明，同期的粮食作物平均单产提高了 23.21%（国家统计局，2003~2017）。

第二，化肥成本在研究时间段相对稳定[图 8-2（b）]，此结果也在我们的预期之中。在农业改革之初（20 世纪 80 年代），农民的收入水平较低时，由于受到资金的限制，农民在生产中的化肥投入量可能会低于经济上最优的水平。但是，经过四十年的经济发展，我国农民的收入水平已经大大提高。再加上我国农户的农场规模通常小于 0.5 公顷，大多数农民已经不再受到投入品成本的限制。实际上，以前的研究表明，过度使用化肥和农药的现象在我国的农业生产中非常普遍（如 Huang et al.，2002；Zhang et al.，2006）。意识到这一问题，我国政府启动了化肥和农药零增长计划。如图 8-1 所示，本章使用的数据与这些研究的结论是一致的。出于类似的原因，农业生产中其他投入品成本也没有明显的变动趋势。

第三，劳动力投入持续减少。在 2003~2016 年，劳动力投入减少了大约一半[图 8-2（c）]。这一结果自然也不足为奇，因为农民外出务工已经持续了很多年。如上所述，近年来，我国每年外出务工的农民工总量已接近 3 亿人。很容易想到，劳动力投入的减少会对粮食作物产量产生负面影响。

第四，机器成本随时间推移而显著增加[图 8-2（d）]。进一步的研究表明，平均机器成本从 2003 年的 11.56 元/亩增加到 2016 年的 47.6 元/亩。换句话说，这段时间内机器成本增长了四倍以上。本章的数据还显示，在 2016 年，机器成本已经高于肥料成本，这使其成为物质成本中占比最高的投入品。用服务成本替代机器成本的结果非常相似（图 8-3）。如图 8-3（a）所示，随着时间的流逝，机器成本和服务成本的动态变化趋势非常相似。同样，在这两个条件下（即考虑机器成本与考虑总服务成本时）其他成本的动态变化也非常相似[图 8-3（b）]。

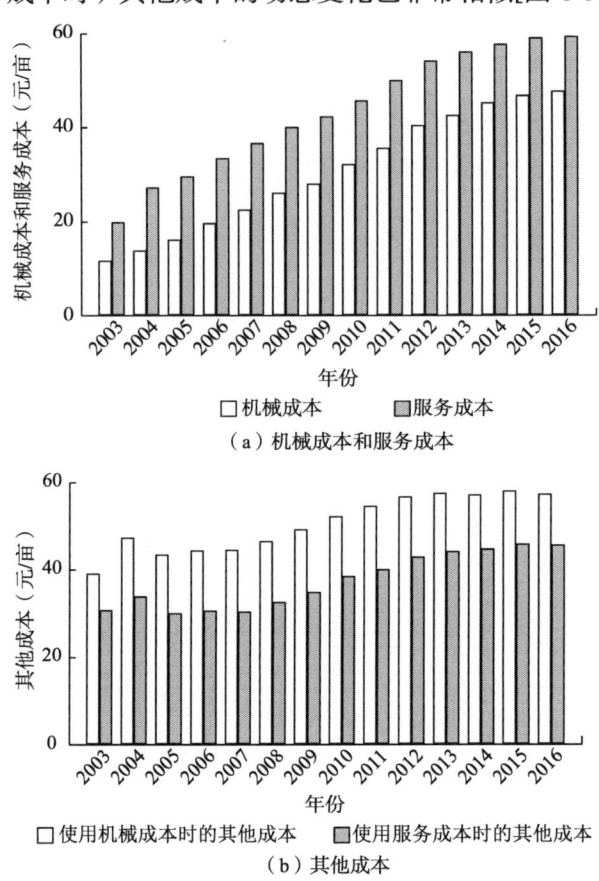

图 8-3 机械成本、服务成本和其他成本的变动情况

总而言之，图 8-2 和图 8-3 似乎表明农业生产中机器使用（或农业服务），抵消了劳动力投入减少对粮食作物产量的负面影响。如图 8-2 所示，尽管劳动力投入日益减少，粮食作物产量随着时间的推移持续增加。在同一时间段内，化肥投入和其他投入品都没有明显的变化，而唯一增加的因素是机器成本（或服务成本）。因此图 8-2 和图 8-3 似乎表明，机器使用（或农业服务）不仅抵消了劳动力减少的不利影响，而且促进了粮食作物单产的增加。

8.4 实证模型和估计结果分析

应该说明的是图 8-2 和图 8-3 仅仅是描述性分析。也就是说，仅仅从这些数字的变动得到的结果可能会产生误导。在本节中，笔者将构建一个经验模型，用以分析机械化对粮食作物产量的具体影响。但是，在笔者详细讨论该模型之前，想解释一下为什么在此研究中考虑了一个具有不同弹性的生产模型。

对于具有恒定弹性（constant elasticity of substitution，CES）的生产函数来说（如 $y=l^{\alpha}*m^{\beta}$），增加工资率会导致劳动力投入（即 l）的减少。另外，机器输入的最佳水平（即 m）是工资率的不递增函数。然而，在我国过去的十多年中，农业生产中劳动力投入不断减少，而机器投入则大幅增加。换句话说，恒定弹性的生产函数不能很好地拟合我国农业生产的实际数据。

8.4.1 实证模型

仿照已有的类似研究（如 Fan et al., 1996；Gong, 2018），本章研究构建的具有不同弹性的生产函数如下：

$$\ln\text{Yield}_{ijt} = \beta_0 + \sum_j \left(\beta_{1j} + \beta_{2j}\text{Time}_{ij} + \beta_{3j}\text{Share\_input}_{ijt}\right)\ln\text{Input}_{ijt} \\ + \sum_i \beta_{4i}\text{Province}_i + \sum_k \beta_{5k}\text{Crop}_k + \sum_t \beta_{6t}\text{Year}_t + \varepsilon_{ijt} \quad (8\text{-}1)$$

其中，Yield 是粮食作物的产量；β 是回归变量的参数估计量；ε 是误差项；i，j，t 是下标，表示在时间 t 对 i 省的 j 作物的观测值。在方程（8-1）中，添加 Time 以考虑时间趋势。

如上所述，投入品分为四类：劳动力、肥料、机器和其他投入。与其他类似研究一样，其他投入成本定义如下：其他成本=总生产成本−人工成本−化肥成本−机器成本。

由于农民工大量外出务工，农业生产中的劳动力投入随时间推移而不断减少。另外，如图 8-1 所示，粮食作物的产量增加了。也就是说，劳动力投入与粮食作物产量动态之间的关系为负。但是，由于自 21 世纪初以来工资率已大大提高，虽然经过了 CPI 的调整，劳动力成本随时间增加还是大幅增加。很显然，如果我们用劳动力成本来代表劳动力投入，它和粮食作物产量的关系就是正向的。所以，为了正确反映一段时间内劳动力投入变化对粮食作物产量增加的影响，本章研究用劳动力总量（即每单位土地的劳动天数）作解释变量。

如上所述，在本章的研究中，笔者估计了一个具有不同弹性的生产模型。因此，每个投入品的弹性不是一个恒定的标量，而是不断变化的。具体来说，每个投入品的参数包括三项：常数、时间趋势及该投入成本在总生产成本中所占的成本份额（Share_input）。

最后，方程（8-1）还分别加入了三组虚拟变量。第一组是省份虚拟变量（Province）。在方程中加入省份虚拟变量是为了考虑省份之间的异质性对粮食产量的影响。由于粮食作物是主要农作物，因此本章研究包括了我国 31 个省区市。第二组是作物虚拟变量（Crop）。添加此组变量可以考虑不同作物之间的产量差异。最后，第三组是年份虚拟变量（Year）。添加年份虚拟变量是为了考虑时间（如天气和灾害）对粮食作物产量的异质性。在方程中加入这三组虚拟变量，也使该模型成为一个三维固定效应模型。

8.4.2 模型估计结果

方程（8-1）的估计结果示于表 8-2 中。如表 8-2 所示，大多数估计系数具有与先前预期一致的符号，并且统计检验显著。在讨论估计系数之前，笔者首先检查了变弹性模型是否很好地拟合了投入和产出的实际数据。在实证研究中，笔者用广义似然比（LR）检验来确认 CES 模型形式的适当性。换句话说，笔者用该检验值来确定是 CES 模型合适，还是变弹性的模型更适合本章研究中使用的数据集。如表 8-3 所示，检验结果显示，变弹性的参数统计检验显著（LR 测试值为 67.42，统计检验在 1%的水平下显著不为零），因此 CES 模型被拒绝了。进一步的检验表明时间趋势和投入占比都是不可或缺的变量（第 2 和第 3 行）。换句话说，表 8-3 显示了变弹性模型是必要的。

表8-2 变弹性方程的最大似然估计结果

变量名	参数	T值
机械投入：常数项	2.099 7	0.64
时间趋势	−0.001 0	−0.63
占总成本比重	0.203 7	4.17***
劳动力投入：常数项	12.637 2	2.53**
时间趋势	−0.006 3	−2.55**
占总成本比重	0.263 9	4.84***

续表

变量名	参数	T值
化肥投入：常数项	−28.051 1	−3.64***
时间趋势	0.014 1	3.68***
占总成本比重	0.151 0	1.68*
其他投入：常数项	11.126 3	1.55
时间趋势	−0.005 5	−1.54
占总成本比重	0.020 4	0.24
作物虚拟变量	有	
年份虚拟变量	有	
省份虚拟变量	有	
常数项	6.012 5	40.35***
观察值	1 126	
调整 R^2	0.819 5	

*** $p<0.01$，** $p<0.05$，* $p<0.1$

表8-3 变弹性模型的稳定性检验

变量名	检验值	P值
不包括时间趋势和投入份额	67.42	0.000 0
不包括时间趋势	21.13	0.000 3
不包括投入份额	40.60	0.000 0

如表 8-2 所示，机械投入成本份额的估计系数为正，并且统计检验显著（第 3 行）。换句话说，估计结果表明，机械成本的弹性随着机械成本在总生产成本中所占份额的增加而增加。也就是说，机器成本的份额越高，机械投入对粮食作物产量的边际贡献就越大。

该发现可能会为我国的农业生产实践提供启示。如前所述，在过去的近二十年中，尽管劳动力投入不断减少，但是粮食作物产量却一直增加。表 8-3 中所示的估计结果与表 8-2 中的估计结果一致，这表明机器的使用可以成功抵消劳动力投入减少的负面影响。因此，粮食作物产量增加了。

8.4.3 弹性和边际影响

但是，表 8-2 中显示的估计参数并未明确显示弹性的动态变化，以及不同投入品的边际效应大小。因此在下文中，笔者首先使用表 8-2 中所示的估计系数来计算不同投入品的弹性大小。然后，使用以下的公式进一步计算每个投入品的边际效应：边际效应=弹性×产量/投入。在下文中，笔者将重点讨论弹性和边际效应。

图 8-4 明确显示了每个投入品的弹性的动态变动情况。从图 8-4 中，我们可以看到随着时间的推移，不同投入品的弹性动态变动趋势各不相同[图 8-4（a）]。一方面，化肥和其他投入品的弹性增加，而劳动投入的弹性随时间几乎保持恒定。另一方面，机械使用的弹性随着时间推移而不断下降。总而言之，图 8-4 显示这些投入品的弹性不是恒定不变的。这一发现与前面部分的讨论是一致的。也就是说，用 CES 模型来分析本数据可能会导致估计偏差，而用变弹性模型是合适的。

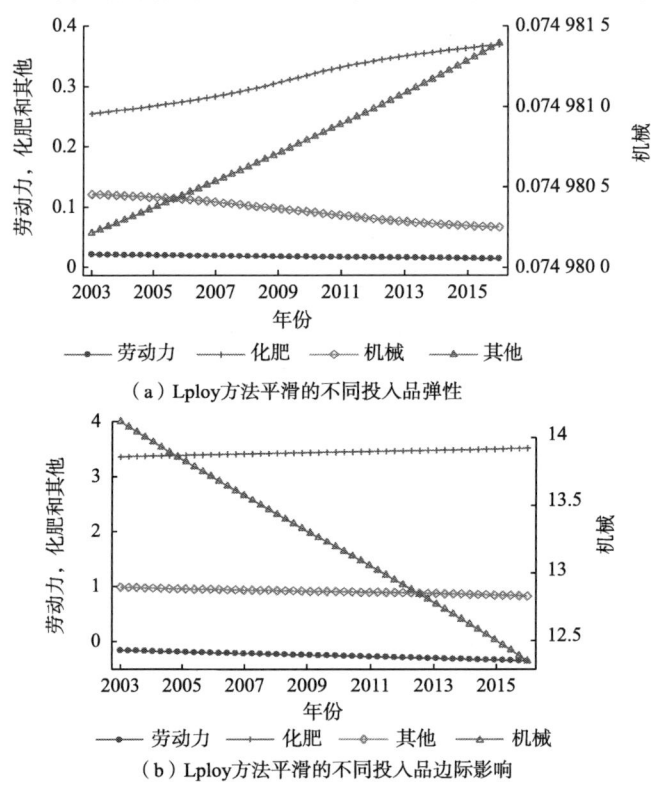

(a) Lploy方法平滑的不同投入品弹性

(b) Lploy方法平滑的不同投入品边际影响

图 8-4 不同投入的弹性和边际影响的动态变化

与分析投入品的弹性相比[图 8-4（a）]，分析这些投入品的边际效应可能更加有趣。图 8-4（b）显示，劳动力、肥料和其他投入的边际效应在一段时间内几乎保持恒定。这一发现也是可以预期的。如上所述，改革开放以后，农民收入持续增加。随着收入的增加，农民一般不会因为资金的限制而出现投入不足（即达不到最优经济水平）。换言之，投入品的边际效应已经趋于稳定。另外，图 8-4（b）也表明机械使用的边际效应随着时间的推移显示出明显的下降趋势。该结果反映出这样一个事实，即随着在生产中使用更多的机器，机器使用的边际效应会随着时间而降低。

8.4.4 粮食产量的最大推动力

笔者按照下面的步骤分别计算出不同投入品和技术进步对粮食作物产量变化的贡献。首先，笔者计算了不同作物，在不同省份和不同年度的单产变化。然后，将每个投入品的边际效应乘以其年度变化，当成其对粮食作物产量变化的贡献大小。最后，粮食作物产量变化中，那些不能被投入品（即肥料、劳动力、机器和其他投入）变化解释的部分，当成技术进步的贡献。计算结果如表 8-4 所示。

根据计算结果，在 2003~2016 年，机器使用对粮食作物年产量变化的贡献为 3.1901%（第 1 列，表 8-4）。也就是说，由于使用机器，粮食作物产量每年增加 3.1901%。另外，同一时期（第 6 行）的粮食年均平均变化为 7.3711%。因此，机械的发展贡献了粮食作物产量总变化的 43.24%（3.190 1/7.371 1×100% = 43.24%）。与其他投入（即化肥、劳动力和其他投入）和技术的贡献进行比较，不难发现机械是 2003~2016 年粮食作物产量变动最大驱动力（第 1 列，表 8-4）。

表8-4　平均单产变动百分比和不同投入品的贡献

变量名	2003 年	2004 年	2005 年	2006 年	2007 年	2010 年
机械	3.190 1	3.249 7	3.229 6	3.249 8	3.996 7	5.032 7
全要素生产率	1.631 5	0.080 7	2.039 6	2.046 2	1.603 8	3.444 9
化肥	1.830 7	0.711 3	−0.273 6	−0.089 3	−0.442 1	−0.773 5
劳动力	−0.197 5	−0.306 6	0.327 6	−0.181 3	−0.998 3	−2.481 8
其他投入	0.916 2	0.335 5	0.799 8	0.494 0	0.746 2	1.107 3
产出	7.371 1	4.070 5	6.123 0	5.519 4	4.906 3	6.329 6
观察值	1 035	948	862	776	691	462

如表 8-4 第 2 行所示，技术进步对粮食作物产量变化的贡献为 1.6315%。换句话说，2003~2016 年粮食作物总产量变化的 22.14%（1.6315/7.3711×100%= 22.14%）是由于技术进步造成的。与所有其他投入（即化肥、劳动力、机器及其他投入）的贡献进行比较，我们发现技术进步是粮食作物产量变化的第二大推动力。

不出所料，化肥和其他投入品对粮食作物产量变化的贡献相对较小，而劳动力的贡献为负。表 8-4 显示了每个投入品对粮食作物产量变化（注意不是粮食作物产量的绝对值）的贡献大小。尤其是对于化肥来说，尽管它曾经在 20 世纪 80 年代和 90 年代大大促进了农作物产量的变化，但近年来其对粮食作物增产的影响变得几乎可以忽略不计（第 3 行）。这里需要再次强调，这并不是说化肥对粮食作物的产量没有贡献,而是对近年来粮食作物产量的变化没有贡献。最后,劳动力投入对粮食作物产量变化的贡献为负(第 4 行)。这一发现也是可以预期的,因为从农村到城市的劳动力转移已经持续了数十年。如上所述,劳动力投入的减少对粮食作物产量的变化产生了负面影响。

8.4.5 敏感性分析

为了检查估计结果的稳定性,笔者在以下的三种方案下重新运行了该模型。首先,笔者用其他时间段替换了 2003~2016 年的基准时间段,重新估价方程并重新计算了不同投入品的贡献。例如,表 8-4 的第 2 列是使用 2004~2016 年期间的数据重新估价方程得到的结果。该估计结果表明,机器投入占粮食作物产量变化的贡献为 79.84%(3.2497 / 4.0705 × 100%= 79.84%)。同样,使用其他时间段(即 2005~2016 年、2006~2016 年、2010~2016 年)重新估价方程和计算,得到的结果也与基准方案的估计结果非常相似(第 1 行)。换句话说,表 8-4 表明结论(即机械是粮食产量变化的最大驱动力)是可靠的。

其次,笔者将机器成本替换为总服务成本,并重新运行模型。如上所述,农业服务成本还包括喷洒农药和其他农业操作的服务。但是图 8-3 也显示,总服务成本的变动趋势与机械成本的变动趋势非常相似。也就是说,机械成本可能是总服务成本的良好指代指标。因此,如果用总服务成本替代机械成本的话,我们应该得到类似的结果。应该指出的是,当使用总服务成本替代机械成本时,其他成本项目也相应地发生了变化。表 8-5 显示了以总服务成本作为解释变量时的估计结果。如预期的那样,表 8-5 也显示,农业服务是粮食增产的最大驱动力[①]。

表8-5 平均单产变动百分比和不同投入品的贡献

变量名	2003 年	2004 年	2005 年	2006 年	2007 年	2010 年
农业服务	3.886 9	4.600 8	4.265 5	3.936 7	4.085 6	4.178 2
全要素生产率	1.797 3	−0.418 4	1.628 4	1.787 1	2.063 1	5.353 0
化肥	2.204 0	0.604 0	−0.148 4	−0.084 1	−0.612 2	−0.665 2
劳动力	−0.577 7	−0.977 9	−0.129 9	−0.540 3	−1.515 3	−3.737 1
其他投入	0.060 6	0.262 0	0.507 5	0.420 0	0.885 0	1.200 7

① 当用 2010~2016 年的数据进行方程估计时,农业服务是粮食作物产量变动的第二大推动力,其贡献程度略小于技术进步。

续表

变量名	2003 年	2004 年	2005 年	2006 年	2007 年	2010 年
产出	7.371 1	4.070 5	6.123 0	5.519 4	4.906 3	6.329 6
观察值	1 035	948	862	776	691	462

最后，笔者运行了一个随机前沿生产模型，而不是 Cobb-Douglas 生产函数。估计结果如表 8-6 所示。总结来说，表 8-6 的估计结果与表 8-4 相似。例如，两者均显示劳动力投入对粮食作物产量变化的贡献为负，而化肥和其他投入的贡献不是很大。更重要的是，两个估计结果均显示机器投入和技术进步是粮食作物产量变化的两个最主要驱动力。表 8-4 显示无论使用哪个时间段，机器投入始终是粮食增产的最大驱动力。表 8-6 的估计结果与此略有不同：当使用 2003~2016 年和 2004~2016 年数据时，机器投入是粮食增产的最大驱动力；而当使用其他时间段时，它是第二大驱动力（技术进步是第一大驱动力）。鉴于随机前沿生产模型中使用了一个技术无效率的项，出现这样的结果不足为奇。相对于 Cobb-Douglas 生产函数来说，随机前沿生产函数下的生产可能性的等产量曲线更高（因此，技术的作用可能更大）。总而言之，表 8-4 和表 8-6 均表明在过去十多年来，农业服务对粮食作物增产做出了重大贡献。

表8-6　当用随机前沿生产函数估计时，单产的平均变动百分比及不同投入品的贡献

变量名	2003 年	2004 年	2005 年	2006 年	2007 年	2010 年
机械	3.372 5	3.697 6	3.746 7	3.754 8	4.457 2	5.385 1
全要素生产率	3.232 9	2.603 2	5.885 9	6.123 7	5.866 8	8.402 2
化肥	1.891 4	0.853 6	−0.163 0	0.025 3	−0.335 2	−0.698 1
劳动力	−1.693 3	−3.175 2	−3.042 9	−3.695 1	−4.493 5	−6.743 5
其他投入	0.567 6	0.091 3	−0.303 6	−0.689 3	−0.589 0	−0.016 1
产出	7.371 1	4.070 5	6.123 0	5.519 4	4.906 3	6.329 6
观察值	1 035	948	862	776	691	462

8.5　结　论

作为人口最多的国家，我国正在经历着从一个发展中国家向现代化的发达国家的转变。在这个转变过程中，农村人口向城市的转移是一个必然的趋势。在过去几年中，我国每年外出务工的农民工人口接近 3 亿人。而且，随着我国经济的进一步发展和城市化进程，未来劳动力的转移还将持续。也就是说，农业上的劳动力投入将继续减少。与此同时，自 2003 年以来我国的粮食作物总产量奇迹般地年年增加。以前的研究表明，工资水平的提高对粮食作物的总播种面积产生了积极的影响。这项研究表明，机械化对粮食作物单产的增加有显著影响。也就是说，这项研究从另一个角度为粮食作物总产量的增长提供了经验证据。

这项研究的结果对我国和其他国家都具有重要的现实意义。首先，这一结果对我国的决策者有参考价值。对于一个拥有两亿多个小农户的国家来说，要实现向现代化经济的转型，必不可少的步骤就是减少农业的劳动力投入。但是，减少劳动力投入可能导致农产品减少，这对于我们国家来说是不可接受的。其中一个原因是随着人们收入的增加，我们对农产品的需求是持续增加的。另外一个原因是我国是一个追求农产品高自给率的国家。这项研究表明，机械化可以抵消劳动力投入减少对粮食生产的负面影响。粮食产量和粮食政策是我国农业政策的重中之重。也就是说，这项研究为鼓励机械化发展的政策提供了经验证据。

其次，这项研究也对粮食作物的自给率有重要影响。与其他国家不同，几十年来，粮食作物一直被认为是我国重要的战略物资和关键商品。由于粮食生产和粮食安全对我国决策者至关重要，粮食自给自足或者基本自给自足一直是我国粮食安全的基石。因此，粮食作物生产不仅影响我国两亿多个农村小农户，而且在国家安全和经济中发挥着关键作用。

最后，这项研究对其他国家也具有重要现实意义。我国是世界上人口最多的国家，人口超过 14 亿。我国粮食生产和粮食价格的动态变化不但影响我国的消费者，也将对国际市场产生重要影响（Kimura et al., 2019）。因此，我国的粮食生产和粮食安全也不仅仅是一个重要的国内问题，还是一个重要的世界性问题（Brown, 1995）。就是说，这项研究也使粮食作物发挥重要作用的其他国家（即主要的粮食出口国和进口国）从中受益。

参 考 文 献

国家发展和改革委员会. 2003~2017. 全国农产品成本收益资料汇编. 北京：中国统计出版社.
国家统计局. 1978~2017, 2018b. 中国统计年鉴. 北京：中国统计出版社.
国家统计局. 2018a. 2017 年农民工监测调查报告. http://www.stats.gov.cn/tjsj/zxfb/201804/t20180427_1596389.html.

李昭琰, 乔方彬. 2019. 工资上涨对机械化和农业生产的影响. 农业技术经济, 2: 23-32.
中国农业机械工业协会. 2001~2018. 中国农业机械工业年鉴. 北京: 中国机械出版社.
Brown L R. 1995. Who Will Feed China? Wake-up Call for a Small Planet. WW Norton & Company.
Cai F, Du Y. 2011. Wage increases, wage convergence, and the Lewis turning point in China. China Economic Review, 22 (4): 601-610.
Chen G, Hamori S. 2009. Solution to the dilemma of the migrant labor shortage and the rural labor surplus in China. China & World Economy, 17 (4): 53-71.
Fan Y, Li Q, Weersink A. 1996. Semiparametric estimation of stochastic production frontier models. Journal of Business and Economics Statistics, 14: 460-468.
Gong B. 2018. Agricultural reforms and production in China: changes in provincial production function and productivity in 1978–2015. Journal of Development Economics, 132: 18-31.
Han J, Cui C, Fan A. 2007. Rural surplus labor: findings from village survey//Cai F, Du Y. Green Book of Population and Labor. Beijing: Social Sciences Academic Press.
Hu W. 1997. Household land tenure reform in China: its impact on farming land use and agro-environment. Land Use Policy, 14 (3): 175-186.
Huang J, Hu R, Rozelle S, et al. 2002. Small holders, transgenic varieties, and production efficiency: the case of cotton farmers in China. Australian Journal of Agricultural and Resourource Economics, 46: 367-387.
Kimura S, Gay S, Yu W. 2019. China's grains policy: impacts of alternative reform options. OECD Food, Agriculture and Fisheries Papers, No. 129, OECD Publishing, Paris. http://dx.doi.org/10.1787/aed5174b-en.
Lan Y, Chen S. 2018. Current status and trends of plant protection UAV and its spraying technology in China. International Journal of Precision Agricultural Aviation, 1 (1): 1-9.
Otsuka K. 2013. Food insecurity, income inequality, and the changing comparative advantage in world agriculture. Agricultural Economics, 44: 7-18.
Qiao F. 2017. Increasing wage, mechanization, and agriculture production in China. China Economic Review, 46, 249-260.
Ruttan V W. 2001. Technology, Growth and Development: An Induced Innovation Perspective. New York: Oxford University Press.
Tan S, Heerink N, Kuyvenhoven A, et al. 2010. Impact of land fragmentation on rice producers' technical efficiency in South-East China. NJAS - Wageningen Journal of Life Sciences, 57 (2): 117-123.
Wen J G. 1989. The current land tenure system and its impact on long term performance of farming sector: the case of modern China. Chicago: University of Chicago PhD Dissertation.
Yang J, Huang Z, Zhang X, et al. 2013. The rapid rise of cross-regional agricultural mechanization services in China. Amercian Journal of Agricultural Economics, 95 (5): 1245-1251.
Zhang L, Huang J, Qiao F, et al. 2006. Economic evaluation and analysis of fertilizer overuse by China's farmers//Zhu Z L, Norse D, Sun B. Policy for Reducing Non-point Pollution from Crop Production in China. Beijing: China Environmental Science Press.

第9章 农业专业化服务与技术效率

已有的研究表明，农业专业化服务的发展不仅有助于粮食作物播种面积的增加，而且对我国的粮食单产有正面影响。利用全国代表性的省级面板数据，该研究表明农业专业化服务对技术效率具有正面影响。因此，这项研究为农业专业化服务对生产力的积极影响提供了坚实的解释。这项研究发现，由于农业专业化服务的影响，我国东部地区和主要粮食生产地区的技术效率高于其他地区。本章研究证实了我国粮食生产技术的趋同性。

9.1 引　　言

直到2000年初，我国的农业专业化服务似乎都可以忽略不计。我国在20世纪70年代末实行了农业改革之后，农村地区就一直有大量剩余劳动力（Taylor，1993；Carter et al.，1996；Solinger，1999；Liu，2002；Mai and Peng，2012）。在改革开放以后的四十年中，这些剩余的农村劳动力不断向城市迁移，极大地改变了我国经济的发展状况（Yang，1997，1999；Rozelle et al.，1999）。由于有大量剩余劳动力的存在，农民对农业专业化服务的需求很低。根据《全国农产品成本收益资料汇编》的统计数据，在经过CPI调整后，1999年的农业生产中的服务成本比1978年服务成本高了大约1.5倍[国家发展和改革委员会（原国家计划委员会），1979，2000]。

但是2000年以后，农业专业化服务发展迅猛。虽然人们相信农村地区仍然有数百万的剩余劳动力正在等待转移到城市中去，但从2000年初开始，"用工荒"逐渐蔓延到全国各地。全国的"用工荒"最终导致工资率大幅提高（Golley and

Meng, 2011; Zhang et al., 2011; Li et al., 2012; Qiao, 2017）。工资水平的上升则宣布了刘易斯转折点的出现，劳动力红利在我国消失了（Chen and Hamori, 2009; Cai and Du, 2011）。为了抵消劳动力投入的减少，近二十年来农业专业化服务的发展加速了。根据《全国农产品成本收益资料汇编》的统计数据，农业专业化服务成本在 2000~2017 年增长了三倍多，这使其成为农业生产中最大的物质成本（国家发展和改革委员会，2000~2018）。

令人惊讶的是，尽管农业专业化服务的重要性日益突出，截至目前竟然没有学者集中研究农业专业化服务对农业生产的影响。事实上，有一系列问题需要分析和回答。例如，农业专业化服务是否会完全抵消劳动力减少对农业生产的负面影响？换句话说，使用农业专业化服务会导致生产率的任何变化吗？如果是，引起生产力变化的机制是什么？这些问题都在等待令人满意的答案。

这项研究的目的正是回答以上这些问题。具体来说，该研究有三个目标。首先，本章将厘清我国农业专业化服务的发展脉络。其次，本章将定量分析农业专业化服务对作物生产力（即产量）和技术效率的具体影响方向和影响程度。最后，本章将讨论农业专业化服务对技术变化和技术效率动态变化的影响。

但是，由于数据可用性的限制，本章研究将分析对象限制在三种主要粮食作物，即水稻、小麦和玉米上。根据全国的统计数据，这三种粮食作物的播种总面积为 9 659 万公顷，占 2018 年全国粮食作物播种总面积的 82.52%，占全国农作物播种总面积的 58.22%（国家统计局，2019a）。因此，这三种粮食作物的数据具有全国农业生产的代表性。

本章其余部分安排如下。9.2 节将描述我国农业生产中，农业专业化服务的发展概况。在 9.3 节，将讨论实证分析中用到的数据的来源和样本选择。然后，将先后估计传统的固定效应生产模型和随机前沿生产模型。最后，将报告并讨论模型的估计结果。最后一部分是本章的总结。

9.2 农业专业化服务在我国的发展概况

在 20 世纪的 80 和 90 年代，农业专业化服务在我国是可忽略不计的。从 1978 年开始，我国开始实行以农村联产承包责任制为主体的农业改革。在改革过程中，将近 1 亿公顷的集体所有耕地被平均（主要根据家庭规模）分配给了 2 亿多个小户家庭（Wen, 1989; Hu, 1997; Tan et al., 2010）。在实行了农业改革后，我国的农业的特点集中表现在家庭农场规模极小（通常少于 1 公顷）和土地分割（即一个家庭通常拥有几块土地）。该特征对我国的农业生产方式具有重要意义（Qiao，2017）。更重要的是，作为人口最多的国家，我国有近 8 亿人居住在农村地区（国家统计局，2000~2018）。因此，农业生产中的劳动力投入供应过剩，对农业专业化服务的需求很低。

但是进入 21 世纪以来，工资率的迅速提高极大地改变了农业专业化服务的发展。尽管人们普遍认为农村地区有数百万的剩余劳动力，但从 2003 年开始，各地劳动力短缺的报道却日渐增多。随之，工资水平迅速上涨（Han et al.，2007；Chen and Hamori，2009；Cai and Du，2011）。工资上涨吸引了更多的农村劳动力到城市中寻找工作机会。根据国家统计局的调查数据，2018 年的外出务工人员为 2.484 亿人，占农村人口的一半以上（国家统计局，2019a 和 2019b）。

随着大量农村劳动力向城市的迁移，农业专业化服务业的发展进入了快车道。对这些外出务工的农民工来说，工作地点经常离家乡几百千米甚至上千千米。因此，如果单纯为了一两次农业活动（如灌溉或喷洒农药）返乡是不经济的。在这种情况下，雇用其他人（通常是邻居）或提供农业经营服务的人，便成了普遍现象。这种现象随着近年来外出务工的人员增加，而越来越普遍。此外，为鼓励农民工进城务工，自 2004 年以来我国政府提供了大量财政补贴，用于农民购买大中型农业机械（中国农业机械工业协会，2000~2018）。近年来农业专业化服务组织的发展进一步促进了实践中农业专业化服务的推广使用（Yang et al.，2013；Lan and Chen，2018）。

农业专业化服务的发展极大地改变了我国的农业生产方式，对我国的农业发展和现代化都具有重要意义。首先，专业化服务改变了农业生产的成本结构。如图 9-1 所示，随着农业专业化服务总支出持续增长，2010 年农业专业化服务支出已经超过了化肥成本。多年来，化肥成本一直是农业生产中最大的物质成本。农业专业化服务成本超过化肥成本，标志着农业专业化服务成为我国农业生产中最大的物质成本。

其次，农业专业化服务的发展可能有助于农业生产力的提高。已有的研究表明，机械化（农业专业化服务的重要指标）可能与高生产率呈现正相关关系（Yang and Bai，2004）。农业专业化服务，特别是那些由专业技术人员提供的农业专业化服务，在时间和方法上具有更大的效率，因此可能有助于提高作物产量（Zhang，2008）。例如，在我国的小麦主产区，由于收获的窗口期比较短，夏季暴雨通常造成一定的产量损失。一台大型收割机可以在几天之内收割完成数百公顷的小麦，这有助于避免因大雨而造成的产量损失，增加小麦产量。

9.3 实证模型和估计结果

在本节中,笔者将首先讨论本章研究中使用的数据来源。然后,估计一个传统的固定效应模型。在该模型中,农业专业化服务与其他农业投入(如化肥)一样,作为一个普通的投入品。另外,通过在该模型中增加一个由农业专业化服务与时间组成的相互作用项,该固定效应模型的估计结果将验证,农业专业化服务对粮食产量的影响是否随着时间的推移而增加。如果模型证实,随着时间的推移农业专业化服务对农业产量的影响增加了,那么笔者接下来将估计一个随机前沿生产函数。估计该函数的目的,是解释农业专业化服务对产量的影响为什么随着时间的推移而增加。最后,笔者将分别计算并讨论技术进步和机械效率的变动趋势。

9.3.1 数据来源

本章研究中使用的数据主要有两个来源:即《中国统计年鉴》和《全国农产品成本收益资料汇编》。具体而言,投入品(劳动力、化肥、农业服务、农业机械等)和产出(即产量)数据来自《全国农产品成本收益资料汇编》(国家发展和改革委员会,1979,2000~2018)。CPI 数据来自《中国统计年鉴》(国家统计局,2000~2018)。为了避免通货膨胀对估计结果产生影响,本章研究中所有的成本数据均已按 CPI 进行了调整(2000 年 CPI = 100)。表 9-1 总结了本章研究中使用的主要变量的基本特征。

表9-1 本章研究主要变量的基本特征

变量名	均值	标准差
产量/(千克/亩)	424.60	100.91
劳动力成本/(元/亩)	225.29	140.13
劳动用工/(工日/亩)	9.25	4.50
化肥成本/(元/亩)	80.37	24.67
服务成本/(元/亩)	82.62	47.35
机械成本/(元/亩)	57.58	40.68
其他成本/(元/亩)	102.28	34.15
服务成本占比	0.18	0.08
机械成本占比	0.12	0.07

续表

变量名	均值	标准差
小麦虚拟变量（小麦=1）	0.22	0.41
玉米虚拟变量（玉米=1）	0.26	0.44
水稻虚拟变量（水稻=1）	0.53	0.50
总观察值	1 457	

注：所有成本变量均经过 CPI 调整（2000 年的 CPI 为 100）

在详细讨论数据之前，笔者想先讨论两件事。第一，研究中所用时间段的选择。一方面，直到 20 世纪 90 年代中期，我国对农产品的统购统销一直没有完全消除（Qiao, 2017）。另一方面，直到 21 世纪初才出现劳动力短缺和劳动力工资持续上升的现象（Han et al., 2007; Chen and Hamori, 2009; Cai and Du, 2011）。相应的，自 21 世纪初以来，服务成本（和机器成本）开始显著增加（图 9-1）。由于本章研究的目的是了解农业专业化服务的影响，因此本章选择 2000~2017 年作为实证分析的时间。

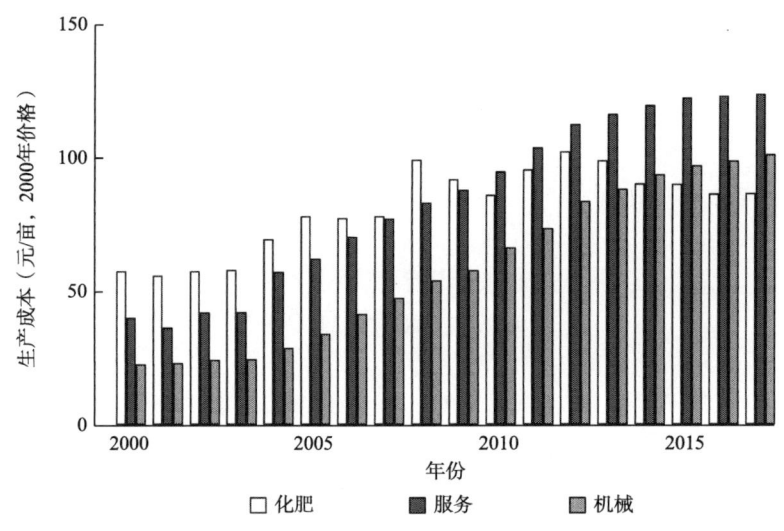

图 9-1　我国粮食生产中的化肥成本、服务成本和机械成本

第二，小样本的取舍。为了避免由于样本量太小而可能产生的估计偏差，作者删除了 10 个观察值。这 10 个观察值都是在一个省区市内，对一种作物来说，观察值小于 5 个的情况。具体来说，这 10 个观测值分别是 2000 年的北京市粳稻（1 个观察值），2004 年的江西和浙江的中稻（2 个观察值），2000~2002 年的浙江小麦（3 个观察值），2001 年的湖南玉米（1 个观察值），2000 年的辽宁小麦和 2002~2003 年的西藏自治区小麦（共 3 个观察值）。在删除这 10 个观察值后，本章所用于实证分析的观察值为 1 470 个。

9.3.2 农业专业化服务影响的时间趋势

作为经验分析的第一步,笔者建立并估计了一个传统的固定效应生产函数。该函数的具体形式可以表示如下:

$$\text{Yield}_{ijt} = \alpha_0 + \alpha_1 \text{Service}_{ijt} + \alpha_2 \text{Fertilizer}_{ijt} + \alpha_3 \text{Labor}_{ijt} + \alpha_4 \text{Other}_{ijt} \\ + \sum_{i=1}^{i=30} \alpha_{5i} \text{Province}_i + \sum_{j=1}^{j=5} \alpha_{6j} \text{Crop}_j + \sum_{t=2000}^{t=2016} \alpha_{7t} \text{Year}_t + \varepsilon_{ijt} \quad (9\text{-}1)$$

其中,Yield 是产量,以每单位(亩)土地产出的千克数计量;Service 是服务,用农业生产中农业专业化服务的总支出表示;Fertilizer 是化学肥料的总支出。在本章的研究中,之所以把化肥成本与其他投入分开,是因为化肥成本一直以来都是最大的物质成本。虽然最近几年,随着农业专业化服务的增加,化肥成本不再是最大的物质成本,但是它在农业生产中的重要性是不言而喻的。而且,大多数同类的研究也都是将化肥成本从其他成本中分隔出来(如 Gong,2018)。遵循这一传统,本章研究也将化肥成本单独作为一个投入品。而除了劳动力成本、化肥成本、农业专业化服务成本以外的其他生产成本,则被归为一类,定义为其他成本(Other)。

Labor 是劳动力投入。该变量用来衡量劳动力投入对粮食产量的影响。由于过去二十年来,工资率快速增长。所以,虽然经过 CPI 的调整,劳动力成本的动态变化也显示出明显的随时间增长的趋势(图 9-1)。但是,在这 20 年间,外出务工的劳动力逐年增加。换言之,农业生产中劳动力投入是持续减少的(图 9-1)。因此,如果我们用劳动力成本来代表劳动力投入,则可能造成估计的偏差。鉴于此,本章研究使用农业生产期间的工作日投入数量,作为劳动力投入的代表变量。

最后,本章研究使用了三组虚拟变量,即 Province、Crop 和 Year,以分别考虑地理、作物和时间的异质性对作物产量造成的影响。换句话说,本章研究考虑了不同作物的单产差异,地理差异的影响(即省份虚拟变量)和气候变化的影响(即年份虚拟变量)。另外,将这三组虚拟变量加入到方程式(9-1)也使得该方程成为一个三维固定效应模型。

方程(9-1)的估计结果示于表 9-2。如表 9-2 的第 1 列所示,模型所估计的参数的系数的符号,正如预期的那样。例如,化肥成本、农业专业化服务成本和其他成本的估计系数都是正的,并且统计检验显著。这表明它们对粮食产量具有显著的正向影响。另外,劳动力变量的估计参数则没有通过统计显著性检验,这一结果在以前的类似研究中也很常见(如 Gong,2018)。

表9-2 三方向固定效应模型（被解释变量为粮食单产的自然对数）

变量名	以服务成本为解释变量 方案1	方案2	方案3	以机械成本为解释变量 方案1	方案2	方案3
劳动力	−0.010 7 (−0.70)	−0.009 3 (−0.60)	−0.012 0 (−0.75)	−0.006 9 (−0.45)	0.000 3 (0.02)	−0.003 2 (−0.20)
化肥	0.331 0*** (17.63)	0.325 5*** (17.18)	0.314 2*** (11.71)	0.331 4*** (18.04)	0.321 7*** (17.20)	0.307 3*** (11.41)
化肥×时间			0.001 6 (0.60)			0.001 9 (0.74)
农业服务	0.036 2*** (6.63)	0.031 8*** (5.43)	0.032 8*** (5.37)			
农业服务×时间		0.002 3** (2.07)	0.002 1* (1.78)			
机械投入				0.032 4*** (6.62)	0.025 3*** (4.52)	0.026 5*** (4.54)
机械投入×时间					0.002 1*** (2.64)	0.001 9** (2.32)
其他投入	0.051 8*** (2.97)	0.052 3*** (3.00)	0.051 6*** (2.95)	0.054 7*** (3.07)	0.063 4*** (3.51)	0.063 4*** (3.51)
常数项	4.392 3*** (50.26)	4.361 0*** (49.58)	4.405 7*** (38.13)	4.381 5*** (48.72)	4.329 2*** (47.91)	4.382 9*** (37.89)
省份虚拟变量	有	有	有	有	有	有
作物虚拟变量	有	有	有	有	有	有
年份虚拟变量	有	有	有	有	有	有
观察值	1 457	1 457	1 457	1 457	1 457	1 457
R^2	0.830	0.830	0.830	0.830	0.830	0.831

*** $p<0.01$, ** $p<0.05$, * $p<0.1$

注：括号内为 T 值；所有成本变量都经过 CPI 调整 （2000=100）。所有解释变量，除了年份以外，都是用其自然对数形式。成本的单位是元/亩，劳动力投入的单位为工日/亩。当用机械投入成本代替服务成本时，其他成本也随之改变

但是，第1列的估计结果并未显示农业专业化服务对粮食产量的影响是否随时间变化。在第1列的估计结果中，农业专业化服务的影响被认为是不随时间变化的。为了回答农业专业化服务对粮食产量的影响，是会增加还是减少，我们在估计方程中增加了一个相互项，即专业化服务成本和时间的交互作用项。如表9-2第2列所示，估算结果与第1列中的估算结果非常相似，这表明我们的估算结果是可靠的。更重要的是，增加的交互项，即农业专业化服务和年份的交互作用项的估计系数为正，并且统计检验显著（第5行）。换句话说，第2列的估计结果表明，农业专业化服务对粮食作物产量的积极影响，随着时间的推移而不断增加。

为了检查以上估计结果的稳定性，作者在以下两种方案下重新运行该模型。第一种方案，在方程式（9-1）中添加了另一个交互项，即化肥成本和年份。如表9-2第3列中所示，估计结果与预期的一样。新增加的相互作用项的估计系数，统计

检验不显著。这表明化肥投入对产量的影响并没有随时间变化而变化，而是保持恒定。更重要的是，添加新的交互作用项并没有引起服务成本和时间交互作用项的估计系数产生显著变化。如第 5 行所示，服务成本和时间趋势的交互作用的估计系数仍然是正的，并且统计检验显著。

第二种方案，作者用机械成本代替总的农业专业化服务成本，并重新运行模型。如上所述，机械成本是农业专业化服务成本中最重要的组成部分。也就是说，机械成本应该能够很好地代表农业专业化服务成本。为了检查估计结果的稳定性，作者在重新估计方程（9-1）时，将农业专业化服务成本替换为机械成本。需要说明的是，当我们用机械成本替换服务成本时，其他成本也随着发生变化。估计结果显示在表 9-2 的第 4~6 列中。最后 3 列显示的估计结果与前 3 列非常相似。换句话说，农业专业化服务的积极影响及其随着时间的增长趋势是稳定可靠的。

9.3.3 农业专业化服务对技术效率的影响

如表 9-2 所示，方程（9-1）的估算结果证实，农业专业化服务对粮食产量的影响随时间推移而不断增加。但是，传统生产函数[即方程（9-1）]无法为该影响的增加提供合理的解释。也就是说，表 9-2 表明农业专业化服务对粮食产量的影响在不断增加。但是，仅仅从表 9-2 的估计结果来看，我们尚不清楚引起该影响增加的具体原因是什么。进一步地，表 9-2 的估计结果未显示该影响的增加是通过提高技术的影响，还是通过提高技术效率来实现的。

尽管农业专业化服务可能不会对农业技术变化产生影响，但其可能会对技术效率产生积极影响。如第二部分所述，专业的农业服务提供者在农业实践方面，如时间安排和具体的操作方法上，可能更有效率（Zhang，2008）。因此，农业专业化服务可能会对技术效率产生积极影响。换句话说，如表 9-2 所示，粮食单产的增加可能来自农业专业化服务带来的技术效率的提高。

为了检验农业专业化服务是否对技术效率产生积极影响，作者接下来估计了以下的随机前沿生产模型：

$$\text{Yield}_{ijt} = \beta_0 + \beta_1 \text{Service}_{ijt} + \beta_2 \text{Fertilizer}_{ijt} + \beta_3 \text{Labor}_{ijt} + \beta_4 \text{Other}_{ijt} \\ + \sum_{i=1}^{i=30} \beta_{5i} \text{Province}_i + \sum_{j=1}^{j=5} \beta_{6j} \text{Crop}_j + \sum_{t=2000}^{t=2016} \beta_{7t} \text{Year}_t + u_{ijt} + \varphi_{ijt} \quad (9\text{-}2)$$

在前面的讨论中，我们已经解释了方程（9-2）除 u 以外的所有其他变量。u 是代表技术非效率的非负随机变量。按照传统，笔者假定其遵循指数分布。非效率方程式假定如下：

$$u_{ijt} = \gamma_0 + \gamma_1 \text{Share\_service}_{ijt} + \gamma_2 \text{Time}_t + \sum_{i=1}^{i=30} \gamma_{3i} \text{Province}_i + \sum_{j=1}^{j=5} \gamma_{4j} \text{Crop}_j + \tau_{ijt} \quad (9\text{-}3)$$

在方程（9-3）中，Share_service 是服务成本在总生产成本中所占的份额。如果该变量的估计系数为负，且统计检验显著，则表明技术非效率会随着服务份额的增加而降低。换句话说，技术效率将提高。在方程（9-3）中，作者添加 Time 变量以考虑时间趋势对技术效率的影响。

方程（9-2）和（9-3）的估计结果示于表 9-3 中。如所预期的一样，所有投入品（即劳动力、化肥成本、服务成本或机器成本、其他投入）对粮食产量的技术边界具有正的影响，并且其估计参数的统计检验显著。例如，化肥的估计系数是正的，并且统计检验显著，表明肥料投入对谷物单产潜力具有积极影响。同样，农业专业化服务的估计系数是正的，表明随着使用更多的农业专业化服务，粮食产量的生产可能性前沿将上升。

更重要的是，表 9-3 的估计结果表明农业专业化服务对技术效率具有正的影响。如表 9-3 第 5 行所示，农业专业化服务份额的估计参数为负，而且统计检验显著。如上所述，该估计系数为负，表明服务成本份额的增加将导致技术非效率减少。换句话说，随着农业专业化服务份额的增加，技术效率将提高。用机械投入成本代替农业专业化服务成本产生了相似的结果（表 9-3 的第 6 行）。需要说明的是，当我们用机械成本替代社会化服务成本进行方程估计时，笔者相应地重新计算了其他成本，而且农业专业化服务所占份额用机械成本所占份额替代。

表9-3　随机前沿生产函数的估计结果

变量名	方案1 生产前沿方程	方案1 非效率方程	方案2 生产前沿方程	方案2 非效率方程
劳动力	0.033 3**		0.037 8**	
	（2.33）		（2.47）	
化肥	0.194 8***		0.194 7***	
	（12.88）		（13.01）	
农业服务	0.030 0***			
	（4.50）			

续表

变量名	方案 1 生产前沿方程	方案 1 非效率方程	方案 2 生产前沿方程	方案 2 非效率方程
机械投入			0.006 8	
			(1.63)	
农业服务占比		-2.570 7*		
		(-1.88)		
机械投入占比				-5.847 8***
				(-3.59)
其他投入	0.011 0		0.025 1*	
	(0.92)		(1.82)	
常数项	5.020 1***	-1.927 7***	5.073 8***	-0.836 7
	(61.60)	(-3.57)	(61.39)	(-1.36)
省份虚拟变量	有	有	有	有
作物虚拟变量	有	有	有	有
观察值	1 457	1 457	1 457	1 457

*** $p<0.01$, ** $p<0.05$, * $p<0.1$

注：括号内为 T 值；所有成本变量都经过 CPI 调整 （2000=100）。所有解释变量，除了年份以外，都是用其自然对数形式式。成本的单位是元/亩，劳动力投入的单位为工日/亩。当用机械投入成本代替服务成本时，其他成本也随之改变

9.3.4 技术效率在时间和空间上的分布特征

在本小节中，笔者将首先根据方程（9-2）和方程（9-3）估算出技术效率。然后，笔者将展示技术效率的基本特征。通过这样做，笔者想总结一下技术效率随时间、作物和/或省份变化的一些特征。这些发现总结如下。

第一，技术效率随着时间的推移而增加（图9-2）。为了使技术效率的变动动态更清晰，图9-2 显示的是技术效率随时间变化的平滑趋势。如图9-2（a）所示，随着时间的推移，技术效率显示出非常明显的增长趋势。为了检查此发现的稳健性（如技术效率的平均增加趋势是否是由一些异常值引起的等），笔者又分别展示了小麦、玉米和水稻的技术效率的动态变化。图9-2 的（b）~（d）部分显示在所有作物中，技术效率随时间的推移而增加趋势都是非常清楚的。也就是说，随着时间的推移，

技术效率的提高在整个农作物中都是普遍的。这一发现跟我们的预期是一致的。

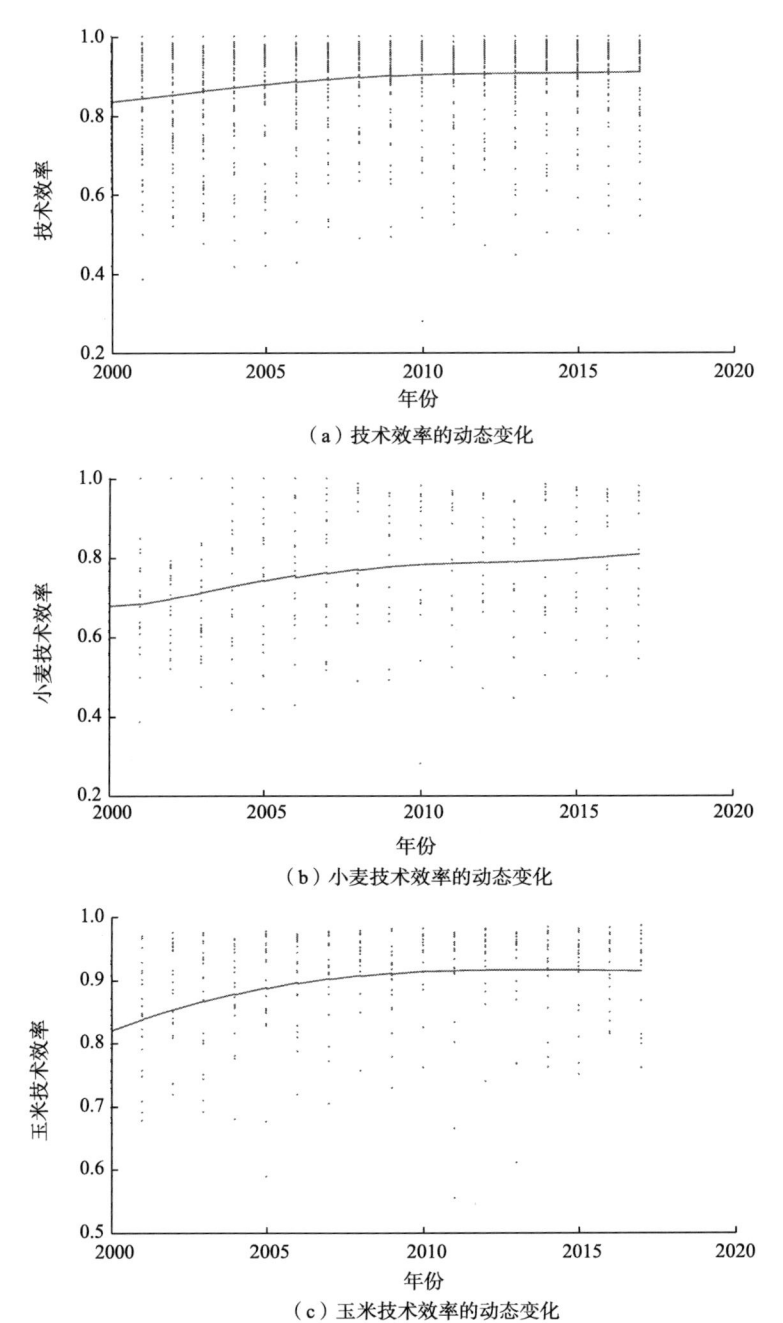

（a）技术效率的动态变化

（b）小麦技术效率的动态变化

（c）玉米技术效率的动态变化

(d) 水稻技术效率的动态变化

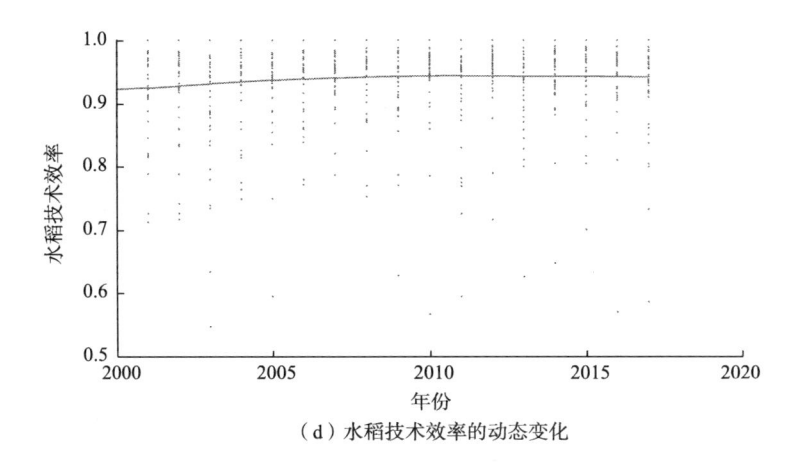

图 9-2　技术效率随时间变动的动态变化趋势

第二，东部地区的技术效率值高于西部地区。一方面，如图 9-3 所示，技术效率排名前十的省份是：浙江，青海，江西，湖南，安徽，山东，福建，广东，吉林，辽宁[图 9-3（a）]。这 10 个省份中，有 5 个位于东部地区。而且位于中部地区的其他四个省（江西，湖南，安徽和吉林），也是我国的主要粮食生产省。这 10 个省份中，只有青海省位于西部地区。虽然我们还不十分清楚为什么青海省具有比较高的技术效率，但是如后面将要分析的那样（详见对图 9-6 的分析），青海的高技术效率似乎与其技术水平低有关。另一方面，技术效率最低的 10 个省区市中，有 6 个来自我国西部地区（云南，甘肃，贵州，新疆，宁夏和四川），而其他两个技术效率值较低的地区则是北京和上海。北京和上海是我国两个最大的直辖市，其农业 GDP 所占百分比不到 0.5%，这与其他省份具有明显的不同。

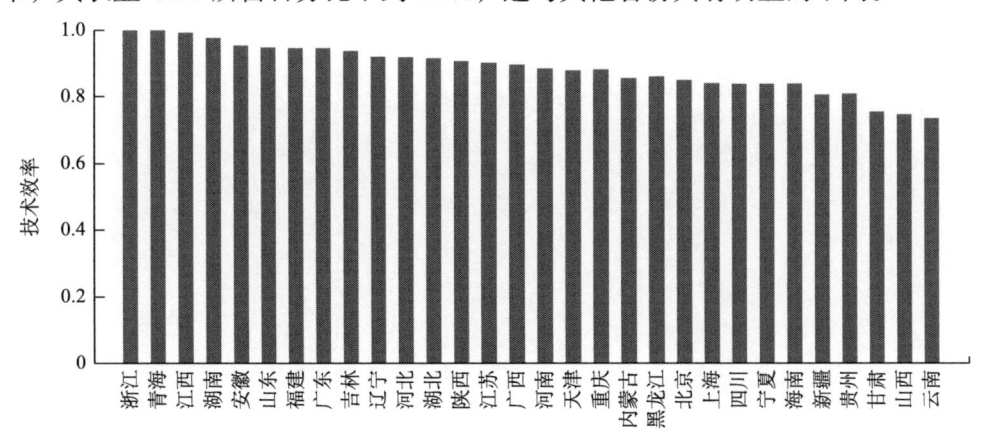

(a)

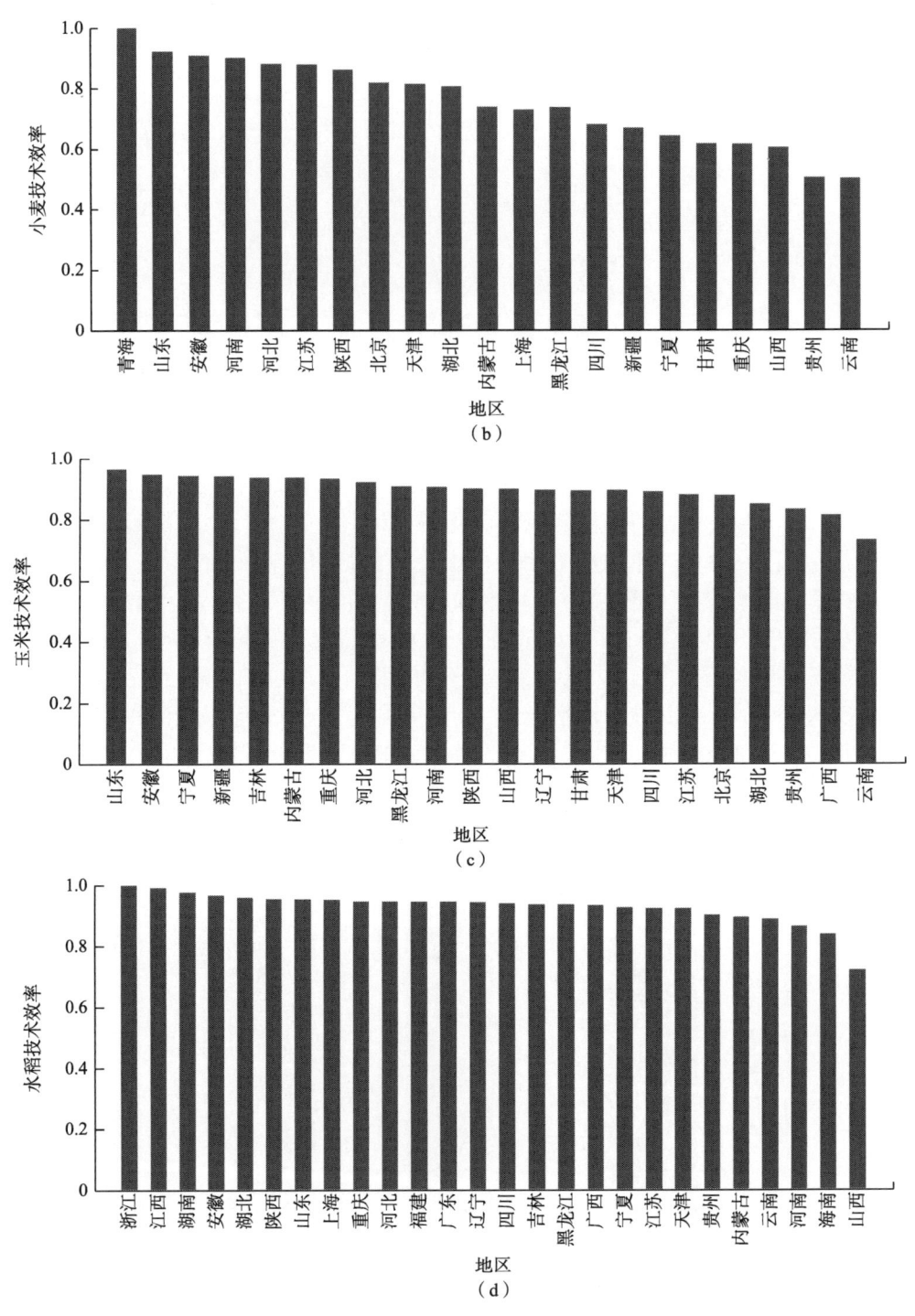

图 9-3 技术效率在不同省区市间的分布

如果我们分作物来重新检查技术效率值，我们发现这一结论依然成立。例如，对于小麦来说，技术效率值最低的五个省份中，有四个来自西部地区（另一个省份位于中部地区）。相应地，技术效率值最高的前五个省中，有四个是我国的主要粮食生产省[图 9-3（b）]。在玉米生产中，技术效率最低的三个省都来自西部地区，而其他所有省的技术效率值都相似[图 9-3（c）]。

这一有趣的发现，与农业专业化服务对技术效率的正面影响是一致的。由于我国经济增长的区域差异较大，西部地区和中部地区的平均工资率低于东部地区。高工资率导致东部地区对农业专业化服务的需求增加。图 9-4 显示，东部地区的平均农业专业化服务成本（和机械成本），均高于中部地区和西部地区。如表 9-3 所示，农业专业化服务业的增长促进了东部地区技术效率的增长。换言之，东部地区的高技术效率至少可以部分地由其高农业专业化服务解释。

但是较高的农业专业化服务，并不足以保证东部地区的技术效率高于西部地区。很显然，技术效率还受到其他因素的影响。例如，另一个影响技术效率的重要因素是新技术的引入（Klenow and Rodriguez-Clare，1997；Comin and Hobijn，2010）。由于技术采用者需要时间来理解新技术，并在实践中学习实际操作，因此新技术对技术效率产生了负面影响（Tian and Qiao，2018；Qiao and Huang，2020）。从这个意义上说，东部地区的高技术效率似乎暗示着东部地区的新技术的采用速度可能比西部地区慢。为了测试这一假说是否正确，接下来，笔者将检查不同地区的技术变化。

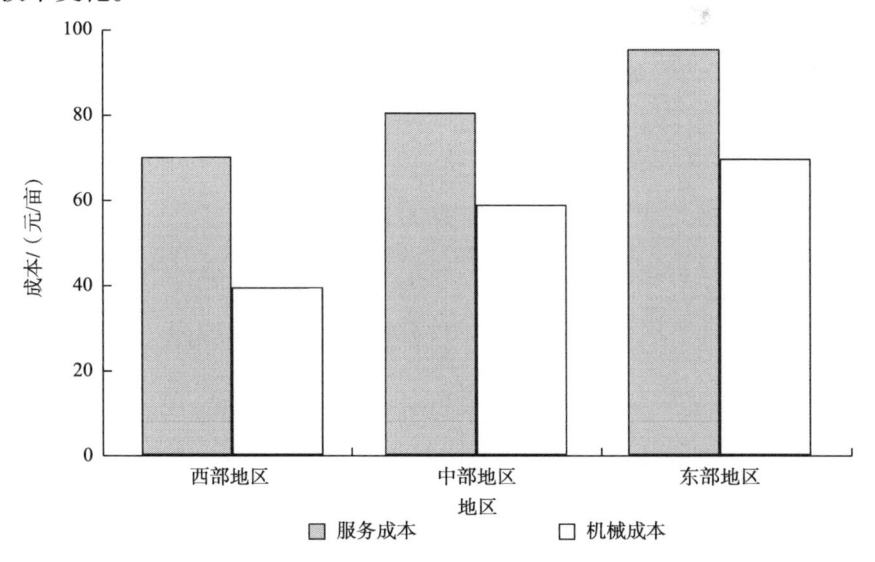

图 9-4 不同地区的服务成本和机械成本

9.3.5 技术趋同

根据方程（9-2），全要素生产率计算如下：

$$\text{TFP}_{ijt} = \text{Yield}_{ijt} - \hat{\beta}_1 \text{Service}_{ijt} - \hat{\beta}_2 \text{Labor}_{ijt} - \hat{\beta}_3 \text{Fertilizer}_{ijt} - \hat{\beta}_4 \text{Other}_{ijt} \quad (9\text{-}4)$$

如上所述，方程（9-2）中的所有值都是其自然对数形式。得到全要素生产率的自然对数后，笔者还计算了全要素生产率的绝对值和全要素生产率的年变化率。全要素生产率的结果显示在图 9-5。

图 9-5 显示，随着时间的推移，全要素生产率具有明显的增长趋势。为了使全要素生产率随时间变化的动态更加清晰，笔者在图 9-5 中对全要素生产率的变化进行了平滑处理。进一步的观察发现，这一结论不仅适用于所有谷物，而且还适用于小麦、玉米和水稻。换言之，图 9-5 显示非投入品因素（即技术变化和/或技术效率）对粮食产量的贡献随时间的推移而不断增加。全要素生产率的动态变化（图 9-5）与粮食产量的增加趋势一致，这还表明本章所用的前沿随机生产模型的估计结果是可靠的（即表 9-3 中所示的估计结果）。

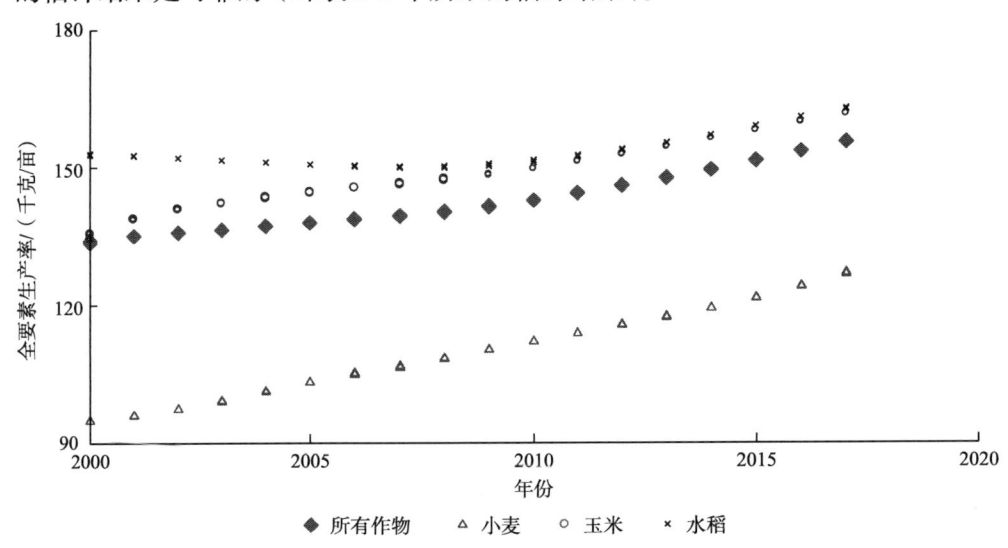

图 9-5　全要素生产率随时间的变动趋势

接下来，笔者又进一步检验了全要素生产率趋同的假设。如图 9-6（a）所示，全要素生产率的增长率（百分比形式）与上一时段（即上一年）的全要素生产率水平呈现明显的负相关。换言之，全要素生产率的值越大，全要素生产率下期的增长率越小。也就是说，当排除其他变量的影响后，表 9-4（前两列）中的估计结果确认了全要素生产率呈现 β 收敛。进一步的研究还表明，所有省份的总体并不呈现 σ 趋同性。该研究的收敛性测试结果与之前的研究一致（Li et al.，2008；Wang et al.，2019）。

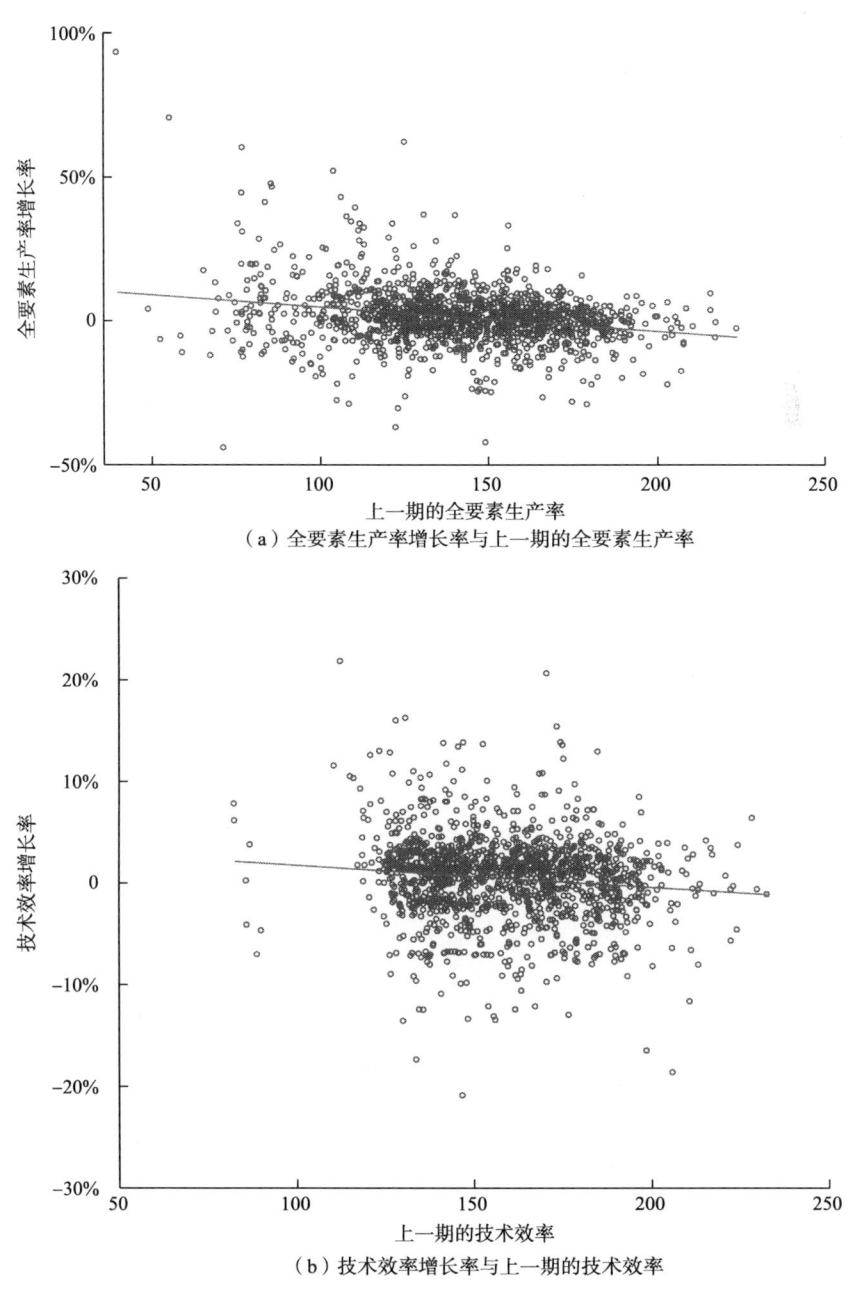

（a）全要素生产率增长率与上一期的全要素生产率

（b）技术效率增长率与上一期的技术效率

图 9-6 全要素生产率和技术进步的收敛性

在计算和讨论了全要素生产率之后，笔者使用以下公式计算了粮食产量的技术变化：

$$TC_{ijt} = \frac{TFP_{ijt}}{TE_{ijt}} \quad (9-5)$$

技术变化对粮食产量的平均影响如图 9-7 所示。正如预期的那样，图 9-7（a）显示，西部地区的技术进步似乎高于东部地区的技术进步。例如，技术进步排名前五位的省区市中有四个来自西部地区（即新疆维吾尔自治区、甘肃省、云南省和宁夏回族自治区），其余一个省份（即山西）位于中部地区。另外，技术进步排名最低的 10 个省区市中有 5 个来自东部地区，即广东，海南，福建，浙江省和北京市。为了使比较更加清楚，图 9-7（b）将不同区域的技术进步进行了平均。从图 9-7（b）很容易看出来，西部地区的技术进步值高于中部地区，而东部地区的技术进步值最低。进一步的研究表明（结果未显示），这一结论适用于所研究的所有年份。

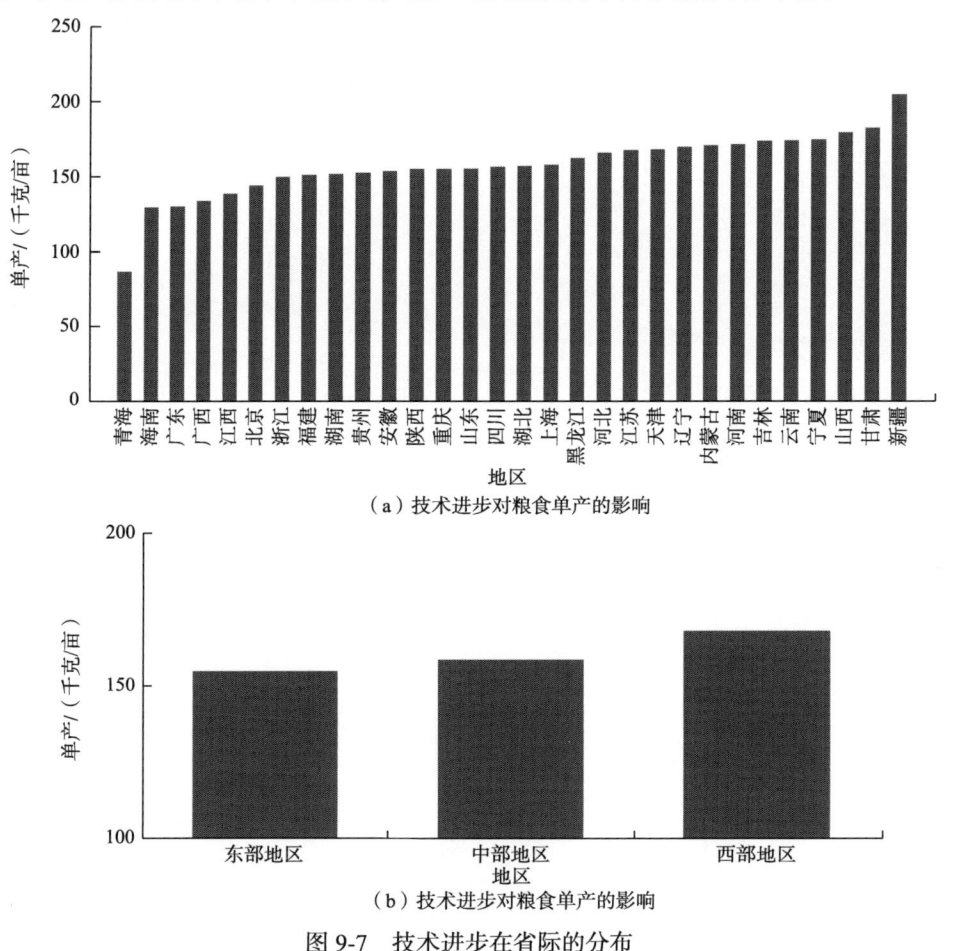

（a）技术进步对粮食单产的影响

（b）技术进步对粮食单产的影响

图 9-7 技术进步在省际的分布

事实上,这一发现与图 9-3 中的发现是一致的,即东部地区的技术效率值高于西部地区。如上所述,如果其他条件都保持不变,那么东部地区实现高的技术效率,要求东部地区的技术变革比西部地区的技术变革慢。图 9-3 和图 9-7 显示,西部地区技术进步的增长率较高,而东部地区则具有较高的机械效率优势。

实际上,至少出于以下的两个原因,该结果不足为奇。首先,由于充分认识到农业和农业技术的重要性,早在几十年前,我国政府就在所有省份对农业技术进行了大量投资(Huang et al.,2002;Huang et al.,2005;Chai et al.,2019)。其次,由于传播手段(如智能手机、互联网、电视等)的迅猛发展,技术在不同区域之间的传播加速了。因此,各地区之间的技术溢出成了非常普遍的现象。在这种情况下,原来技术水平相对低的中部地区和西部地区将从中获益更大,技术进步的速度更快。

省份间技术进步数值的相似性使笔者想起了技术收敛性问题。如前所述,随着技术传播手段的快速发展,技术在不同地区的传播加速了。因此,我们期望随着时间的流逝,技术在不同区域之间会趋同。最后,对技术进步收敛的分析也有助于对全要素生产率收敛的解释,如图 9-6 和表 9-4 所示的那样。

为了分析技术变化是否随着时间推移而出现收敛,笔者首先计算了技术进步的增长率(百分比形式)。然后,笔者尝试将技术进步的增长率与前期(即上一年)的技术进步水平联系起来。如图 9-6(b)所示,技术进步的增长率与上一年的技术进步水平值之间的确存在明显的负相关关系。换句话说,图 9-6(b)显示(去年)的技术进步水平越高,技术进步的增长率越小。也就是说,技术进步的收敛似乎出现在图 9-6(b)中。

表9-4　全要素生产率和技术效率收敛性检验

变量名	全要素生产率增长率(%) OLS	全要素生产率增长率(%) 固定效应	技术效率增长率(%) OLS	技术效率增长率(%) 固定效应
上一期全要素生产率	−0.084 4*** (−9.23)	−0.306 6*** (−18.16)		
上一期技术效率			−0.021 9*** (−4.44)	−0.300 1*** (−19.47)
时间趋势		0.283 5*** (5.24)		0.200 4*** (9.31)
省份虚拟变量	无	有	无	有
作物虚拟变量	无	有	无	有
常数项	13.302 6*** (10.06)	−528.775 6*** (−4.91)	3.950 1*** (4.98)	−371.773 6*** (−8.67)
观察值	1 369	1 369	1 369	1 369
R^2	0.059	0.206	0.014	0.237

*** $p < 0.01$

为了排除其他变量的影响，接下来，笔者建立了一个计量经济学模型来验证技术进步的收敛性。如表 9-4 的最后两列所示，上一年的技术进步的系数估计值为负，且统计检验显著（第 2 行）。换言之，该估计结果表明高水平的技术进步值与较低的技术进步增加率（即收敛）相关。该结果与图 9-6（b）一致。进一步的研究表明，在考虑了时间趋势、地理差异（省份虚拟变量）和作物差异（不同作物虚拟变量）以后，这一结论仍然成立。如最后一列所示，技术进步水平与技术进步增长率之间存在负相关关系。换句话说，表 9-4 的估计结果为技术收敛性提供了经验证据。

9.4 结　　论

随着越来越多的农民转移到城市中，我国的农业专业化服务在过去的二十年中发展迅速。已有的研究表明，农业专业化服务的发展不仅影响农作物的生产结构，而且对生产力产生积极影响。这项研究揭示了农业专业化服务对生产率产生积极影响的背后机制。利用全国代表性的面板数据，这项研究表明，农业专业化服务提高了农业生产的技术效率，从而提高了农业生产率。这项研究进一步证明了我国粮食生产技术变革的趋同性。

这项研究的结果具有重要的学术价值和现实意义。首先，本章研究丰富了现有的相关文献，具有学术价值。尽管先前的研究和田间作业均表明农业专业化服务与粮食的增长有关，但却没有学者专门关注其背后机理。这项研究表明农业专业化服务促进了技术效率的提高，从而促进了农业生产率的提高。也就是说，该研究为现有的研究的现象提供了影响机制的实证依据。

其次，这项研究对我国的粮食安全具有重要意义。随着越来越多的农村劳动力向城市迁移，我国政府不仅为购买农机提供了巨额补贴，而且还鼓励发展农业专业化服务组织。根据这项研究，发展农业专业化服务不仅可以抵消劳动力投入减少对农业生产带来的负面影响，而且可以提高生产率。因此，农业专业化服务的发展对我国的粮食安全，对其他在粮食生产中扮演重要角色的国家（即主要的粮食进口国和出口国）具有重要意义。

最后，这项研究的结果对其他发展中国家，特别是拥有数百万个小农户的发展中国家也有借鉴意义。已有的研究表明，对于拥有数百万个小农户的发展中国家来说，实现机械化，特别是大中型机械为主的机械化，是不可能的或不经济的（Ruttan，2001；Pingali，2007；Otsuka，2013）。作为发展中国家的榜样，近 20

年来，我国在农业机械化方面取得了巨大成功。进一步的研究表明，农业专业化服务业的发展，促进了我国以大中型机器为主的机械化的发展历程（Qiao，2019）。根据这项研究，为鼓励机械化的发展，那些拥有数以百万计的小农户的发展中国家，如印度和一些非洲国家，一方面要为农机购置提供补贴，另外一方面还应该鼓励发展农业专业化服务组织。

参 考 文 献

国家发展和改革委员会. 1979，2000~2018. 全国农产品成本收益资料汇编. 北京：中国统计出版社.

国家统计局. 2000~2018，2019a. 中国统计年鉴. 北京：中国统计出版社.

国家统计局. 2019b. 2018 年农民工监测调查报告. http://www.stats.gov.cn/tjsj/zxfb/201904/t20190429_1662268.html.

中国农业机械工业协会. 2000~2018. 中国农业机械工业年鉴. 北京：中国机械出版社.

Cai F, Du Y. 2011. Wage increases, wage convergence, and the Lewis turning point in China. China Economic Review, 22（4）：601-610.

Carter C, Zhong F, Cai F. 1996. China's Ongoing Reform of Agriculture. San Francisco：1990 Institute.

Chai Y, Pardey G, Chan-Kang C, et al. 2019. Passing the food and agricultural R&D buck? The United States and China. Food Policy, 86, 101729.

Chen G, Hamori S. 2009. Solution to the dilemma of the migrant labor shortage and the rural labor surplus in China. China & World Economy, 17（4）：53-71.

Comin D, Hobijn B. 2010. An exploration of technology diffusion. American Economic Review, 100（5）：2031-2059.

Golley J, Meng X. 2011. Has China run out of surplus labour? China Economic Review, 22（4）：555-572.

Gong B. 2018. Agricultural reforms and production in China：changes in provincial production function and productivity in 1978–2015. Journal of Development Economics, 132：18-31.

Han J, Cui C, Fan A. 2007. Rural surplus labor：findings from village survey//Cai F, Du Y. Green Book of Population and Labor. Beijing：Social Sciences Academic Press.

Huang J, Hu R, Rozelle S D, et al. 2005. Insect-resistant GM rice in farmers' fields：assessing productivity and health effects in China. Science, 308：688-690.

Huang J, Rozelle S D, Pray C E. 2002. Enhancing the crops to feed the poor. Nature, 418：678-684.

Hu W. 1997. Household land tenure reform in China：its impact on farming land use and agro-environment. Land Use Policy, 14（3）：175-186.

Klenow P J, Rodriguez-Clare A. 1997. Economic growth: a review essay. Journal of Monetary Economics, 40 (3): 597-617.

Lan Y, Chen S. 2018. Current status and trends of plant protection UAV and its spraying technology in China. International Journal of Precision Agricultural Aviation, 1 (1): 1-9.

Li G, Zeng X, Zhang L. 2008. Study of agricultural productivity and its convergence across China's regions. The Review of Regional Studies, 38 (3): 361-379.

Li H, Li L, Wu B, et al. 2012. The end of cheap Chinese labor, Journal of Economic Perspective, 26 (4): 57-74.

Li Z, Qiao F. 2019. Impact of rising wage on mechanization and agricultural production. Journal of Agotechnical Economics, 2: 23-32.

Liu J. 2002. Employment situation of rural China//Cai F. Green Book of Population and Labor · Employment in Rural and Urban China: Issues and Options. Beijing: Social Sciences Academic Press: 48-76 (In Chinese).

Mai Y, Peng X. 2012. Estimating China's rural labor surplus: a dynamic general equilibrium analysis. The Chinese Economy, 45 (6): 38-59.

Otsuka K. 2013. Food insecurity, income inequality, and the changing comparative advantage in world agriculture. Agricultural Economics, 44: 7-18.

Pingali P. 2007. Agricultural mechanization: adoption patterns and economic impact//Evenson R, Pingali P. Handbook of Agricultural Economics. Amsterdam: Elsevier: 2780-2800.

Qiao F. 2017. Increasing wage, mechanization, and agriculture production in China. China Economic Review, 46: 249-260.

Qiao F. 2019. The impact of mechanization oncrop production in China. Working paper, Central University of Finance and Economics, China Academy of Economics and Management, Beijing, China.

Qiao F, Huang J. 2020. Technical efficiency of Bt cotton in China: results from household surveys. Economic Development and Culture Change, 86 (3): 947-963.

Qiao F, Yao Y. 2015. Is the economic benefit of Bt cotton dying away in China. China Agricultural Economic Review, 7 (2): 322-336.

Rozelle S, Taylor J E, de Brauw A. 1999. Migration, remittances, and agricultural productivity in China. American Economic Review, 89 (2): 287-291.

Ruttan V W. 2001. Technology, Growth and Development: An Induced Innovation Perspective. New York: Oxford University Press.

Solinger D J. 1999. Contesting Citizenship in Urban China: Peasant Migrants, the State, and the Logic of the Market. City of Berkeley: University of California Press, Berkeley.

Tan S, Heerink N, Kuyvenhoven A, et al. 2010. Impact of land fragmentation on rice producers' technical efficiency in South-East China. NJAS - Wageningen Journal of Life Sciences, 57 (2): 117-123.

Taylor J R. 1993. Rural employment trends and the legacy of surplus labor, 1978-1989//Kueh Y, Ash R F. Economic Trends in Chinese Agriculture: The Impact of Post-Mao Reforms. New York:

Oxford University Press: 273-310.

Tian G, Qiao F. 2018. The gene revolution: empirical evidence from technical efficiency. Working Paper, Central University of Finance and Economics, China Academy of Economics and Management.

Wang S L, Huang J, Wang X, et al. 2019. Are China's regional agricultural productivities converging: how and why? Food Policy, 86: 101727.

Wen J G. 1989. The current land tenure system and its impact on long term performance of farming sector: the case of modern China. Chicago: University of Chicago PhD Dissertation.

Yang D T. 1997. China's land arrangements and rural labor mobility, China Economic Review, 35: 101-115.

Yang D T. 1999. Urban-based policies and rising income inequality in China. American Economic Review, 89 (2): 306-310.

Yang J, Huang Z, Zhang X, et al. 2013. The rapid rise of cross-regional agricultural mechanization service in China. American Journal of Agricultural Economics, 95 (5): 1245-1251.

Yang L, Bai R. 2004. Total power of agricultural machinery and its determinants. Journal of Agricultural Mechanization Research, 6: 45-47.

Zhang J. 2008. Study on the contribution of agricultural mechanization to grain output efficiency——the case study of Hubei province. Huazhong Agricultural University PhD Dissertation.

Zhang X, Yang J, Wang S. 2011. China has reached the Lewis turning point. China Economic Review, 22 (4): 542-554.

Zhao Y. 1999. Migration and earnings difference: the case of rural China. Economic Development and Cultural Change, 47 (4): 767-782.

第 10 章 技术进步与中国的粮食生产安全

我国的粮食生产在国内和国际上都是一个重要问题。尽管技术进步对实际的粮食作物单产的影响广为人知，但它对生产可能性边界的影响尚无研究。与此同时，技术效率的决定因素尚不清楚。使用全国代表性的省级面板数据，这项研究表明，如果技术进步速度提高，我国的粮食作物生产可能性边界将向外扩展。该研究还发现，农业技术推广和机械化都有助于提高粮食作物生产的技术效率。鉴于此，我国政府应继续增加对粮食作物的投资，以促进长期生产和生产力增长。

10.1 引　　言

粮食安全一直是我国政府和研究人员关注的重要议题。而且，因为我国是世界上最大的发展中国家和最大的粮食进口国，所以我国的粮食安全不仅对于我国是重要的议题，而且也是整个世界的重要问题（Brown，1995；Wu and Meng，1996）。更重要的是，经过改革开放以后40多年的经济增长，我国已成为世界第二大经济体，消费者收入大幅增加，对粮食的需求也大幅增加。在世界一体化发展的时代，我国能否满足国内不断增长的对粮食的需求不仅是我国关注的焦点问题，也是许多国家（特别是世界上主要的粮食进口国和出口国）一直关注的焦点问题（Zhou et al.，2012）。

鉴于粮食安全的重要性，粮食生产一直是我国政府农业和农村工作的头等大事。在很长一段时间，粮食都被定义为战略商品和关键商品。粮食贸易被严格控制，统购统销制度实行了很多年，直到20世纪90年代初才允许粮食市场自由化（Sicular，1995；Rozelle et al.，2000）。此外，我国政府在1982~1986年发布的第一号中央文件集中于"三农"问题：即农业、农村和农民问题。自 2004 年以来，我国政府又恢复了这种做法。在这些中央一号文件中，粮食生产始终是我国农业和农村工作的头等大事。

我国政府早就意识到技术进步对粮食生产的重要性，因此对农业研究体系进行了大量投资。经过半个世纪的建设，我国已经建立了发展中国家最成功的农业研究体系，雇用了 7 万多名农业科学家从事农业的研究工作（Huang et al.，2002）。根据国家统计局的数据，随着我国经济的大幅增长，对农业技术的投资急剧增加，尤其是在最近的几十年中（国家统计局，2017a）。技术进步对农业生产的促进作用也已经在文献中有记载（Lin，1992；Huang and Rozelle，1996；Rozelle et al.，1996；Fan，1997；Fan and Pardey，1997）。

据笔者的了解，这些研究都是通过分析响应生产函数来分析技术进步对粮食生产的影响的。换句话说，这些研究分析了技术进步对实际农业粮食生产的影响（产出量或产出值）。从理论上说，技术进步不仅会影响实际的粮食生产，而且可能会影响粮食生产的可能性前沿（即潜在的粮食生产能力）。但是，很少有研究试图了解技术进步对粮食生产可能性前沿的影响。事实上，技术进步之所以能够影响实际的粮食产量，就是通过对粮食生产可能性前沿的影响实现的。

进一步说，很少有研究关注粮食生产中技术效率的决定因素。实际粮食的生产不仅取决于粮食生产可能性边界的变化，而且还取决于技术效率的大小。但是，几乎以前的所有研究都仅仅计算了技术效率值的大小，或者是进一步根据技术效率值的大小将研究对象分为不同的组。很少有研究人员试图分析技术效率动态背后的原因，更不用说对政策制定者和生产者的影响了。

本章试图填补这一空白。具体来说，这项研究有两个目标。首先，本章将定量评估技术进步对粮食生产可能性边界的影响。与以前的研究不同，本章研究使用农业农村部（原农业部）推广的作物品种数量来衡量技术进步。笔者认为，这种方法优于那些使用时间（即年份）用作技术进步的指代变量的研究。因此，使用实际推广的作物品种，使本章研究的估计结果更加可靠。其次，本章研究将估算粮食生产中技术效率的决定因素。特别是，作者将考虑政府的农业技术推广及我国粮食生产中投入品结构的变化对技术效率的影响。因此，这项研究的结果有助于相关政策的制定，具有现实意义。

但是，由于数据的可得性（如小样本数据可能会造成估计结果的偏差），本章研究缩小了具体研究对象的范围。具体来说，本章研究将限制在四种主要粮食作物上：即水稻、小麦、玉米和大豆。需要说明的是，这四种作物也是我国最主要的粮食作物，因此关注这四种粮食作物仍然具有显著的代表性。根据国家统计局的数据，这四种粮食作物的总播种面积为 9 996 万公顷，占 2017 年我国粮食作物总播种面积的 89.08%（国家统计局，2017b）。

本章的其余部分安排如下。10.2 节将讨论本章研究中使用的数据。在这一节，作者首先对本书采用的具有全国代表性的省级面板数据来源进行了说明。其次，对农业生产、投入品和技术进步变量做描述性分析。为了科学地衡量技术进步对农业生产的影响和技术效率的决定因素，作者在 10.3 节建立了计量经济学模型，并对模型进行了实证估计。估计结果的讨论在 10.4 节。最后一部分总结了本章的政策意义。

10.2 数　　据

本章中使用的数据主要来自《全国农产品成本收益资料汇编》《中国统计年鉴》和农业农村部。具体而言，四种粮食作物的产量、投入量和生产成本（如人工投入、机械成本、种子成本等）等数据是从《全国农产品成本收益资料汇编》获得的（国家发展和改革委员会，1978~2017）。为了避免价格上涨可能带来的影响，所有生产成本数据均使用从《中国统计年鉴》获得的消费者价格指数（CPI）进行了调整（国家统计局，1978~2017）。农业生产中，不同省份不同作物上推广的新品种数量等数据来自农业部（农业部，2017）。表 10-1 汇总了本章研究中使用的主要变量的基本统计信息。

表10-1　主要变量的基本特征

变量名	均值	标准差
产量的自然对数	5.585 1	0.545 2
生产成本的自然对数	4.187 3	0.414 6
农业部推广的优质农产品数量的自然对数	5.655 8	0.657 1
品种数量自然对数 × 2000 年后虚拟变量	3.032 2	3.059 8
水稻虚拟变量	0.250 0	0.434 6
小麦虚拟变量	0.250 0	0.434 6
玉米虚拟变量	0.250 0	0.434 6
大豆虚拟变量	0.250 0	0.434 6
推广品种播种总面积/（×10^6 亩）	2.683 3	1.243 7
推广品种平均播种面积/（×10^4 亩）	88.365 0	41.354 3
机械成本占总生产成本比率	0.085 0	0.061 3
种子成本占总生产成本比率	0.081 6	0.030 4
家庭投工占劳动力总投入比率	0.971 8	0.031 7

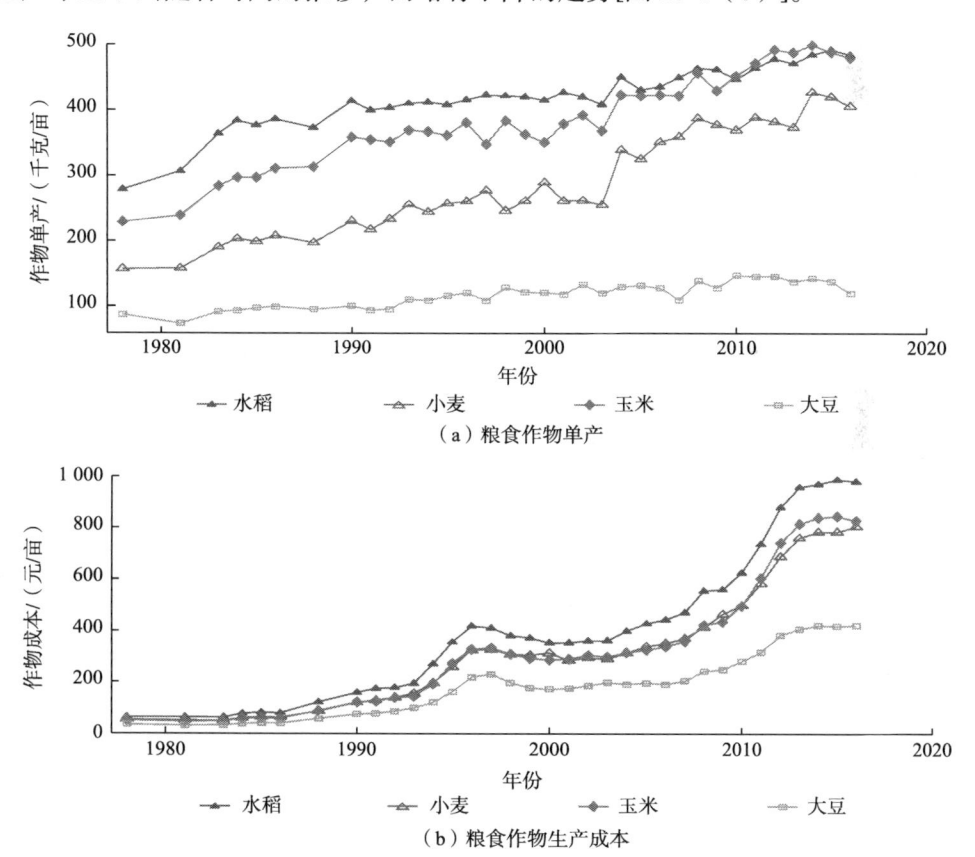

图 10-1 显示了作物产量、生产成本和全要素生产率的动态变化。很显然，粮食作物的产值受到农产品价格的显著影响，而粮食作物的价格在 20 世纪 90 年代初期和以前一直受到政府的严格控制（Fan，1997；Fan and Pardey，1997）。在近十几年，粮食价格得到政府大量的价格补贴。因此，用粮食作物的产值作为被解释变量并不合适。鉴于此，本章研究将粮食作物的产量作为分析目标（即被解释变量）。如前所述，所有成本数据，包括总生产成本，都经过了 CPI 的调整（1978 年价格标准化为 100）。全要素生产率是使用 Fan 和 Zhang（2002）中所示的方法计算得到的。如图 10-1 所示，随着时间的推移，四种粮食作物的产量均显示出明显增加的趋势[图 10-1（a）]。另外，经 CPI 调整后，这四种粮食作物的总生产成本的增速均快于其各自的产量[图 10-1（b）]。相应地，这四种粮食作物的全要素生产率显示出随着时间的推移，而略有下降的趋势[图 10-1（c）]。

(a) 粮食作物单产

(b) 粮食作物生产成本

(c)粮食作物全要素生产率

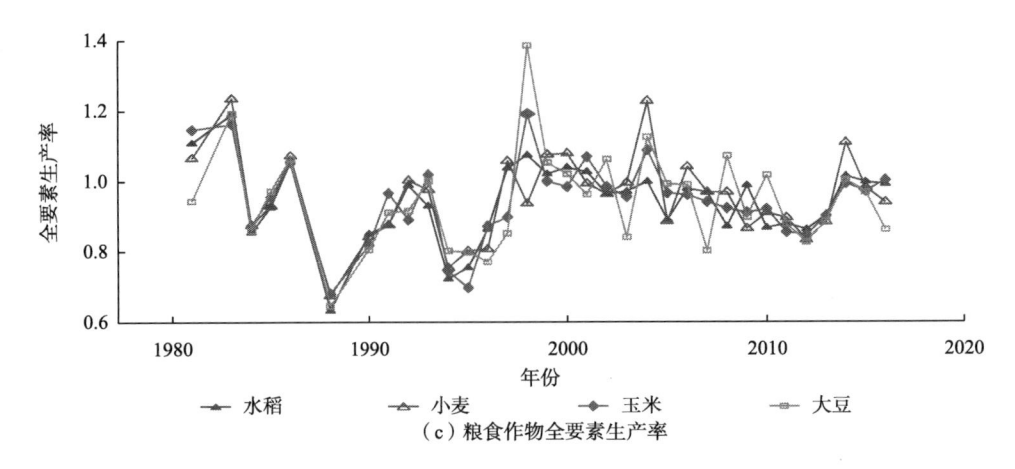

图 10-1　我国四种主要粮食作物的单产、生产成本和全要素生产率

近几十年来，我国农业生产中最重要的变化是劳动力投入的减少。随着工资水平的提高和非农工作机会的增加，城乡人口迁移成为影响农业及工业和服务业的重要因素（Qiao，2015）。由于劳动力投入的减少，特别是从 21 世纪初期以来，农业机械在农业生产中得到了广泛应用。在这项研究中，笔者使用两个变量来衡量生产结构的变化：机械成本占总生产成本的比率和家庭自有劳动力数量与总劳动力投入的比率。如图 10-2（a）所示，四种粮食作物的机械成本与总生产成本的比率，均出现随时间推移而急剧增长的趋势。同样，如图 10-2（b）所示，所有粮食作物的家庭自有劳动力与总劳动投入之比，显示出明显的下降趋势。这一结果符合预期，因为随着越来越多的农民到城市中从事非农业工作，在农业生产中雇用劳动力也变得越来越普遍。

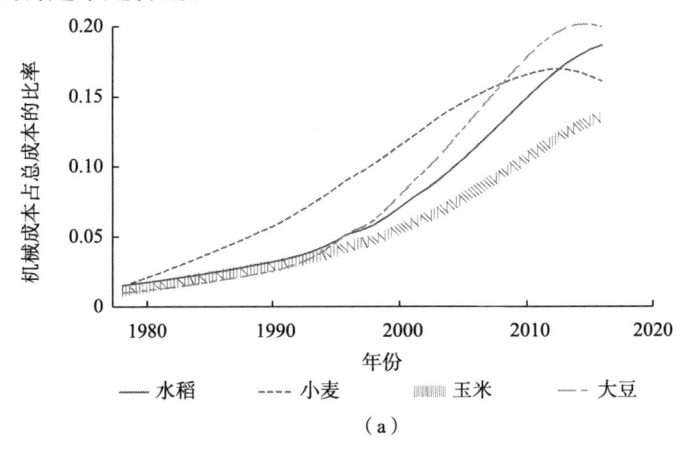

(a)

(b)

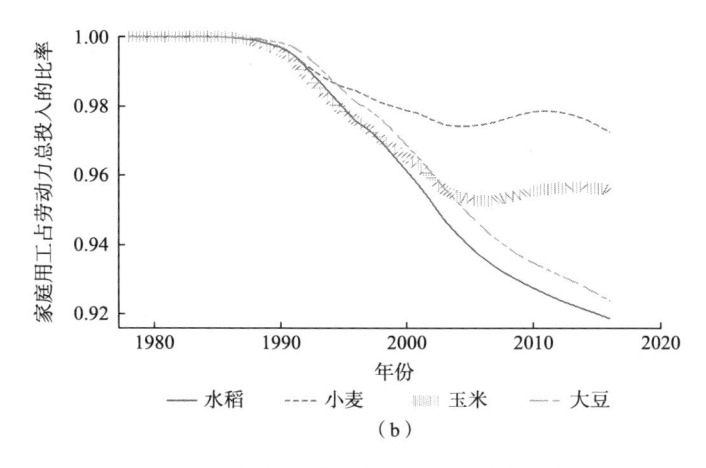

图 10-2 机械成本和家庭用工的动态变化

与已有研究不同的是，本章研究中使用农业农村部发布的优质农产品品种推广的信息，作为技术进步的指代变量。为了促进农业生产，农业农村部每年都推广在一些试验地区表现良好的品种。农业农村部推广的这些农作物品种数量和总面积可从中国种子产业大数据平台（即中国种业大数据平台）获得。该平台由农业部种子管理局发布（农业部，2017）。笔者相信，使用该变量将使本章的研究比以前的研究更为可靠（这些研究多将时间作为技术进步的代理变量）。

图 10-3 分别显示了农业农村部在四种粮食作物上推广的品种的具体数量[图 10-3（a）]和总面积[图 10-3（b）]。如图 10-3（a）所示，随着时间的推移，这四种农作物的推广品种数量均显示出显著的增长趋势。类似地，这四种作物的推广品种数量的增长率也相似。换句话说，似乎四种粮食作物都经历了相似的技术进步。同样，这四种农作物总面积的动态也显示出增加的趋势[图 10-3（b）]。总而言之，图 10-3 显示的结果表明，用农作物推广的数据来代表农业技术的发展趋势是合理的。

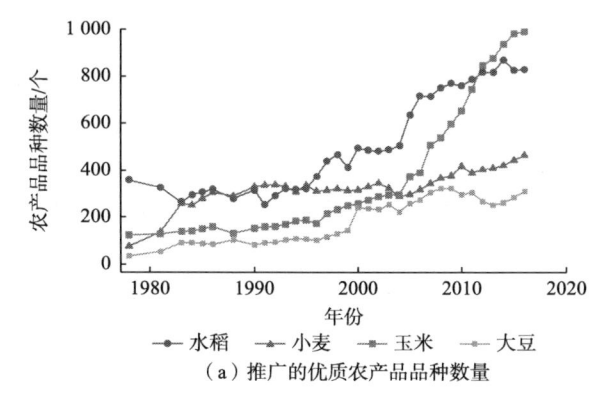

（a）推广的优质农产品品种数量

（b）推广的优质农产品播种面积

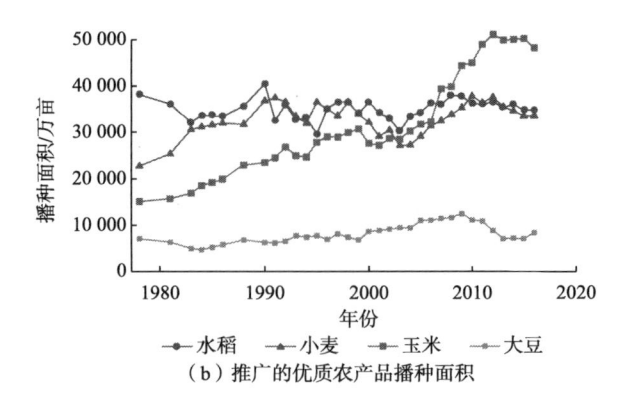

图 10-3　农业农村部推广的优质农产品的品种数量和播种面积

10.3　实　证　模　型

为了进行随机生产可能性前沿分析，经验研究中广泛使用了 Cobb‑Douglas（CD）生产函数和超对数生产函数（Thiam et al.，2001）。Battese 和 Coelli（1995）引入了对数形式生产函数，该函数在许多已有的研究中得到了常规使用，如 Jin 等（2010）、Darku 等（2016）和 Wang 等（2016）。遵循这些研究方法，本章研究中使用的经验生产函数可以写为：

$$\begin{aligned}
\text{Yield}_{it} &= \beta_0 + \beta_1 \text{Input}_{it} + \beta_2 \text{Technology}_{it} + \beta_3 \text{Input}_{it}^2 + \beta_4 \text{Technology}_{it}^2 \\
&\quad + \beta_5 \text{Input}_{it} \times \text{Technology}_{it} + \beta_6 \text{Technology}_{it} \times \text{Year\_dummy}_t \\
&\quad + \beta_7 \text{Crop\_dummy}_{it} + \varphi_{it} - \mu_{it} \\
\mu_{i,t} &= \alpha_0 + \alpha_1 \text{Area}_{i,t} + \alpha_2 \text{Machine}_{i,t} + \alpha_3 \text{Seed}_{i,t} + \alpha_4 \text{Family\_labor}_{i,t} \\
&\quad + \alpha_5 \text{Crop\_dummy}_{i,t} + \varepsilon_{i,t}
\end{aligned} \quad (10\text{-}1)$$

其中，下标 i 是第 i 个作物，而下标 t 则是第 t 年。如前所述，在这项研究中，我们考虑了四种重要的粮食作物：水稻、小麦、玉米和大豆。最后，ε 和 φ 分别是误差项。方程（10-1）中的被解释变量是粮食作物产量的自然对数（以千克/亩为单位）[①]。

如前所述，本章研究利用农业农村部推广的优质农产品的品种数量，来衡量技术进步对粮食生产可能性前沿的影响。具体来说，在方程的估计中，技术进步是通过农业农村部推广的品种数量的对数来衡量的。农业农村部推广的品种越多，技术随时间变化的速度就越快。我们通过总生产成本（以元/亩为单位）的对数来

---

① 1 公顷=15 亩。

衡量另一个自变量，即投入，对产量的影响①。

在随机前沿生产方程中，我们还考虑了投入品的平方项（即 Input²），技术的平方（Technology²）及技术与输入的交互项（Input × Technology）。如果这三个变量的估计系数均统计检验不显著，则该超越对数随机前沿生产函数可以被 Cobb-Douglas 生产函数所替代。因此，我们用超越对数似然比检验结果，作为选择超越对数和 Cobb-Douglas 生产函数的依据（Thirtle et al.，2003）。换句话说，我们首先通过测试这三个变量的显著性，决定是使用 Cobb-Douglas 生产函数还是使用超越对数生产函数。如果这三个参数的估计值都不能通过显著性检验，则简单的 Cobb-Douglas 生产函数就是足够的。否则，我们用超越对数方程。

另外，笔者在方程中添加了一个技术进步和时间虚拟变量的交互项（Technology × Year_dummy）。该变量在 2000 年之前为零，在 2000 年以后的年份为技术进步的数值。添加此变量是为了考虑技术进步对随机生产前沿函数在时间上的不同影响。如果该变量的估计系数微不足道，则表明 2000 年之前的技术进步对随机生产前沿的影响，与 2000 年之后的影响没有差异。同时，用 2000 年作为时间区隔也将整个时间段分为两个相等的子时间段。

在随机前沿生产函数和技术无效率方程中，Crop_dummy 变量是一组作物虚拟变量的向量。因为本章的研究对象包括四种粮食作物，所以分别为小麦、玉米和大豆创建了三个虚拟变量。换句话说，这三个虚拟变量的估计系数分别显示了这三个作物和水稻之间的产量差异。

技术非效率方程式中的因变量可以分为三类。第一类是面积变量向量。该向量包括两个变量，农业农村部推广的优质农产品的品种总面积和每个推广品种的平均推广面积。优质农产品的推广面积越大，则表示技术进步影响到的农户越多，所以农作物的生产效率越高。同理，每个推广品种的平均推广面积越大，技术效率可能也越高。因此，笔者期望这两个变量在方程中的估计系数均为负，因为该方程的被解释变量是技术非效率。

第二组变量向量包括三个变量，即机械投入、种子投入和家庭用工。机械投入用机械成本与总生产成本的比率来表示。特别是近年来，随着非农工作机会的增加和工资的上涨，越来越多的农民从农村地区迁移到城市。因此，机器被广泛用于农业中，以替代劳动力投入的减少。因此，我们期望 Machine 变量与技术非效率存在负相关关系。与机器投入变量的构造方法类似，种子变量是以种子成本与总生产成本之比来衡量的。由于优质种子通常具有较高的价格和效率，因此笔者预计在技术非效率方程中，种子变量的估计系数也为负。家庭用工变量是家庭劳动与总劳动投入之比。笔者预计更多的家庭劳动投入，会导致更高的技术效率

---

① 1 美元=6.3 元人民币。

（即该变量在技术非效率的方程中，其估计系数为负）。最后，第三组变量向量是作物虚拟变量。对这组变量向量，笔者前面已经讨论过，在此不再赘述。

最后，正如先前的研究（如 Kumbhakar et al., 2012; Reifschneider and Stevenson, 1991; Battese and Coelli, 1995）所指出的那样，如果我们分别估算随机前沿生产函数和技术非效率方程，则估算结果可能是偏差的。换句话说，两步法的估算程序因为忽视了技术非效率的内生性，因而可能造成估计误差。因此，本章研究使用联合估计程序。面板数据研究方法和模型估计方法的发展使得我们可以用已有的统计分析软件对随机前沿生产函数和技术非效率方程进行联合估计。

10.4 实证模型的估计结果

在估算随机前沿生产方程和技术非效率方程之前，笔者首先需要测试方程中使用的变量的平稳性。如果这些变量不是平稳的，则由于存在虚假的相关关系，方程式（10-1）的估计可能会导致严重的偏差。在这项研究中，笔者使用的面板数据包括四种作物，时间跨度为 34 年。[①]这些变量的单位根检验结果见表 10-2。如表 10-2 所示，除了种子成本与总生产成本的比率和优质农产品数量的自然对数×1990 年及其以后虚拟变量这两个变量外，其他变量都是非平稳数据序列。进一步的研究表明，所有这些非平稳变量是 I（1）变量。然后，笔者测试这些 I（1）变量是否协整。如表 10-3 所示，估计结果表明这些 I（1）变量是协整的。因此，笔者可以使用这些变量的原始数据，而不是取其变化率，来估计方程（10-1）。

表10-2　主要变量稳定性检验

变量名	原始水平 统计值	原始水平 P 值	一阶差分 统计值	一阶差分 P 值
产量的自然对数	−0.098 6	0.460 7	−6.439 9	0.000 0
优质农产品数量的自然对数	1.355 5	0.912 4	−12.037 6	0.000 0
生产成本的自然对数平方	0.177 4	0.570 4	−5.806 4	0.000 0
优质农产品数量的自然对数平方	1.698 7	0.955 3	−10.374 5	0.000 0
log（生产成本）×log（优质农产品数量）	0.418 9	0.662 4	−6.808 5	0.000 0
log（优质农产品数量）×1990 年虚拟变量	−2.614 2	0.004 5		
log（优质农产品数量）×2000 年虚拟变量	−0.169 4	0.432 8	−5.196 7	0.000 0
推广品种播种总面积/（×10^6 亩）	−0.657 1	0.255 6	−4.017 7	0.000 0

---

① 1979~1980，1982，1987 和 1989 的数据存在缺失。

续表

变量名	原始水平 统计值	原始水平 P值	一阶差分 统计值	一阶差分 P值
推广品种平均播种面积/(×10⁴亩)	2.300 0	0.989 3	−15.310 5	0.000 0
机械成本占总生产成本比率	1.603 6	0.945 6	−3.444 0	0.000 3
种子成本占总生产成本比率	−1.596 0	0.055 2		
家庭投工占劳动力总投入比率	−0.904 2	0.182 9	−8.119 9	0.000 0

表10-3　不稳定数据序列的协整检验

变量名	随机前沿方程 T值	随机前沿方程 P值	非效率方程 T值	非效率方程 P值
包括2000年以后虚拟变量				
改良的迪基·富勒检验	7.501 1	0.000 0	3.058 0	0.001 1
迪基·富勒检验	5.061 6	0.000 0	2.400 4	0.008 2
增广的迪基·富勒检验	1.428 7	0.076 6	1.554 1	0.060 1
未调整的改良迪基·富勒检验	8.530 5	0.000 0	2.815 1	0.002 4
未调整的迪基·富勒检验	5.186 8	0.000 0	2.337 3	0.009 7
不包括2000年以后虚拟变量				
改良的迪基·富勒检验	5.471 5	0.000 0		
迪基·富勒检验	3.693 3	0.000 1		
增广的迪基·富勒检验	0.583 6	0.279 7		
未调整的改良迪基·富勒检验	6.278 0	0.000 0		
未调整的迪基·富勒检验	3.832 3	0.000 1		

如前所述，本章研究通过对数广义似然比（LR）检验，用来确定是使用Cobb-Douglas生产函数还是超越对数生产函数来估计随机前沿生产方程。表10-4显示，交叉变量全为零的假设被否定了。换言之，用Cobb-Douglas生产函数来估计随机前沿生产方程是不合适的。因此，本章的实证分析用超越对数生产函数来估计随机前沿生产方程。类似地，下面关于估计结果的讨论也都基于超越对数生产函数。

表10-4　随机前沿生产函数和非效率函数的最大似然估计结果

变量名	包括2000年以后虚拟变量 Cobb-Douglas	包括2000年以后虚拟变量 超越对数	包括1990年以后虚拟变量 Cobb-Douglas	包括1990年以后虚拟变量 超越对数
最大似然统计值	194.55	199.49	197.58	201.14
检验值	9.88		7.12	
标准值	$\chi^2_{3,0.90}=6.25$	$\chi^2_{3,0.95}=7.81$	$\chi^2_{3,0.90}=6.25$	$\chi^2_{3,0.95}=7.81$
结果	拒绝H0：Cobb-Douglas充分		拒绝H0：Cobb-Douglas充分	

注：混合卡方检验标准值来自Kodde和Palm（1986）

γ统计量用于确定估计随机前沿生产方程是否合适（相对于响应生产函数）。估计结果显示 γ= 0.99，非常接近于 1，并且统计检验显著（表 10-5，最后一行）。该结果表明，估计随机前沿生产方程是适当的。在下文中，笔者将首先讨论随机前沿生产方程的估计结果。然后，讨论粮食作物生产中技术效率的决定因素。最后，讨论技术进步、农业推广和机械化对国家粮食作物生产的影响。

表10-5　随机前沿生产函数和非效率方程估计结果

变量名	参数	T值
随机前沿生产函数		
常数项	2.094 4	3.15***
生产成本的自然对数	0.994 5	3.29***
推广品种的自然对数	0.394 7	3.62***
生产成本的自然对数平方	−0.168 5	−2.37**
推广品种的自然对数平方	−0.072 8	−2.88**
生产成本的自然对数×推广品种的自然对数	0.117 5	1.42
2000 年及以后虚拟变量×推广品种的自然对数	0.003 6	1.62
小麦虚拟变量	−0.084 9	−3.97***
玉米虚拟变量	0.028 6	3.89***
大豆虚拟变量	−0.963 4	−49.02***
非效率方程		
常数项	1.974 4	2.69***
推广品种的总播种面积	−0.132 7	−2.43**
每个推广品种的平均播种面积	−0.000 7	−1.09
机械成本占总生产成本比率	−3.784 1	−5.19***
种子成本占总生产成本比率	−2.423 9	−1.38
家庭投工占劳动力总投入比率	−1.391 3	−2.06**
小麦虚拟变量	0.804 8	5.20***
玉米虚拟变量	0.090 0	0.85
大豆虚拟变量	0.024 0	0.10
Sigma 平方	0.015 8	4.40***
Gamma	0.990 0	122.70***

*** $p<0.01$，** $p<0.05$

10.4.1 随机前沿生产方程的估计结果

前沿生产函数的估计结果如表 10-5 所示。如表 10-5 所示，除生产成本和技术之间的相互作用项外，所有其他变量的估计系数均通过了统计显著性检验。[①] 换句话说，估计结果表明，超越对数生产函数很好地拟合了本章使用的数据。进一步的研究表明，生产成本的平均边际效应为 0.247 9，而技术进步的边际效应在 2000 年以前为 0.063 2，在 2000 年以后为 0.066 8。也就是说，估计结果显示如果总生产成本（或者其他投入）增加 10%，则产量将增加约 2.5%。同样，如果农业农村部推广的优质农产品品种数量增加了 10%（即技术进步），则粮食作物生产可能性前沿将增加约 0.6%~0.7%。

在估计了前沿生产函数之后，笔者又计算得出所有农作物不同时间的技术效率值。如图 10-4 所示，大部分的技术效率值相对较高[图 10-4（a）]。此外，随着时间的推移，四种粮食作物的技术效率值都显示出非常相似的增长趋势[图 10-4（a）]。换句话说，估计结果表明粮食作物的技术效率很相似，这与作者的预期相符，因为所有粮食作物的技术进步也相似，如图 10-2 所示。

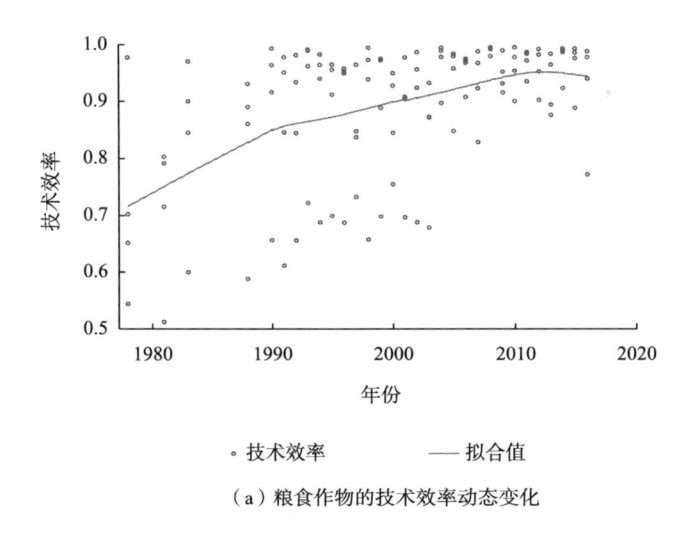

（a）粮食作物的技术效率动态变化

[①] 技术进步和 2000 年虚拟变量的交叉项的估计参数的 T 值为 1.62，非常接近 90% 的显著性检验值。

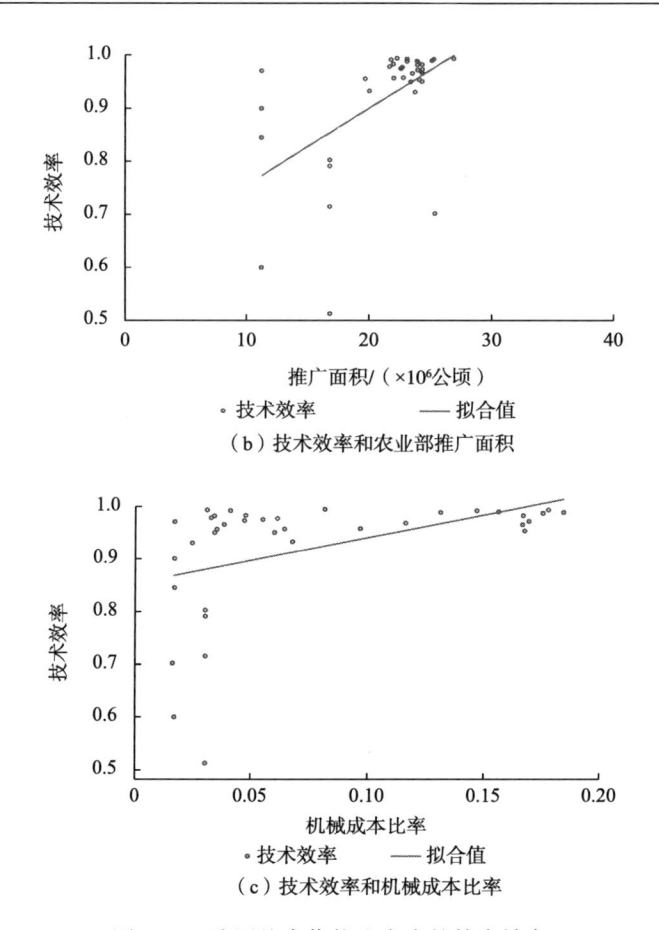

图 10-4　我国粮食作物生产中的技术效率

然后，作者尝试将技术效率与技术进步、技术推广和生产成本结构的变化关联起来。首先，尝试将技术效率与农业部推广的优质农产品品种推广的总面积联系起来。如图 10-4 所示，技术效率与总推广面积之间似乎存在正相关关系[图 10-4（b）]。换句话说，高质量品种的推广面积的增加，将导致更高的技术效率。其次，将机械化的发展与技术效率的水平联系起来。如图 10-4（c）所示，随着机械成本与总生产成本之比的增加，技术效率的价值也随之增加。换句话说，机械化的发展也有助于技术效率的增加。

10.4.2　技术效率的决定性因素

在解释技术效率的方程中，笔者使用农业农村部优质农产品品种的推广总面积、机械成本与总生产成本的比率及家庭劳动力与总劳动力投入的比率等变量。估计结果显示，优质农产品推广总面积的估计系数为负值，并且统计检验显著。该估计结果表示，增加推广面积将导致技术无效率的降低，或者说技术效率的提高。这一结果也是在意料之中的。随着优质农产品推广面积的增加，不仅直接导致这些地区更高的产量（和增产潜力），而且间接导致当地农民的增产（和增产潜力）（Umetsu et al., 2003；Genius et al., 2014；Barham et al., 2015）。进一步的研究表明，如果农业农村部推广的优质农产品品种的总面积增加 10%（2 683 万亩），技术效率将提高 1.5%。受此影响，粮食作物生产可能性边界将增加 3.62%。

技术效率方程的估算结果还表明，农业生产中使用的机器越多，粮食作物生产的效率就越高。如表 10-5（第 4 行，表 10-5 下部）所示，机械成本与总生产成本之比的估计系数为负，并且在统计上具有显著意义。换句话说，估计结果表明，机械成本与总生产成本的比率越高，生产效率越高。此结果也是可以预期的。如前所述，随着农民从农村地区迁移到城市，农业劳动中劳动力的投入已大大减少，尤其是在最近几年。因此，更多的机器被应用到农业生产中，用来代替劳动力投入的减少。因此，机械化导致技术效率的增加和产量潜力的提高。进一步的计算表明，若机械成本与总生产成本的比率增加 10%，则技术效率将增加 3.78%。

最后，技术效率方程的估计结果还表明，家庭劳动力投入与总劳动投入之比的估计参数为负号，并且通过了统计显著性检验。换句话说，与那些雇用劳动力的农场相比，拥有自己的家庭劳动力的农场的技术效率更高。

10.4.3　技术进步和技术效率提高对我国农业生产的综合影响

讨论完技术进步对生产可能性边界的影响的估计结果，以及技术效率的决定因素之后，笔者计算了它们对我国粮食生产的综合影响。具体来说，笔者首先计算技术进步（用农业农村部推广的优质农产品的品种数量）对单产和全国粮食作物产量的影响。然后，估算技术效率的两个主要决定因素，即农业推广和机械化对国家粮食作物生产的影响。为了计算全国性影响，笔者使用表 10-5 中所示的估计系数，其中总粮食作物产量来自 2017 年发布的数据（国家统计局，2017b）。计算结果总结在表 10-6 中。

表10-6　技术进步和技术效率提高对我国粮食生产的影响

变量名	技术进步增加			技术推广增加			机械化增加		
	10%	30%	50%	10%	20%	30%	10%	30%	50%
单产增加/（千克/亩）	2.19	6.07	9.43	12.45	25.36	38.73	11.14	34.68	59.98
单产增加率/%	0.64	1.77	2.75	3.62	7.38	11.27	3.69	11.47	19.84
全国粮食总量提高/（×10^{6}吨[a]）	3.95	10.92	16.96	22.40	45.61	69.66	22.78	70.88	122.60

注：a 根据国家统计局的数据，2017年粮食总产量为6.1791亿吨；估计结果依据于表10-5中2000年以后的边际影响

如表10-6的前3列所示，如果农业农村部推广的优质农产品品种数量分别增加10%、30%和50%，则粮食作物产量将分别增加0.64%、1.77%和2.75%。这些数字听起来似乎很小，但考虑到2017年粮食作物总产量为61 791万吨的事实，我们发现粮食作物总产量将分别增加395万吨，1 092万吨和1 696万吨。另外，农业农村部推广的品种总面积的增加导致技术效率的提高，从而提高了粮食产量。如表10-6的第4至6列所示，如果农业农村部推广的优质农产品品种播种总面积增加30%，则粮食作物总产量增幅可能高达6 966万吨。最后，机械化也有助于增加技术效率和增加粮食产量。根据这项研究，如果机械成本占总生产成本的比率增加10%至30%，全国产量将增加2 278万吨至7 088万吨（表10-6最后一行）。

10.5　结论和政策性建议

粮食生产和粮食安全始终是我国政府的头等大事。与以前的基于响应生产函数的研究不同，本章研究估计了技术进步对粮食作物生产可能性边界的影响。估算结果表明，技术进步使生产可能性的边界向外扩展。重要的是，这项研究使用农业农村部推广的优质农产品实际品种作为技术进步的指代变量。使用这一变量，使得估算结果比以前常规使用时间的研究更加可靠。此外，这项研究表明，粮食作物生产中的技术效率相对较高，这与以前的大多数研究不同（Fang，2010；Peng and Wu，2013；Liu and Yu，2014）。这项研究还表明，农业推广和机械化有助于增加粮食作物生产中的技术效率。

这项研究的结果具有重要的现实意义。第一，这项研究表明技术进步在粮食作物生产中起着重要作用。随着经济水平的不断增长，我国的粮食需求将持续增长。因为我国是世界市场上最大的粮食进口国，所以我国能否满足日益增长的粮食需求将影响到其他国家，特别是对粮食主产国和主要进口国，都产生重要影响

（Brown，1995）。由于大量使用化肥和农药可能导致环境恶化，技术进步在未来的农业生产中将发挥更加重要的作用。已有的研究表明，政府在农业研究中的投资，在促进我国农业生产增长中的作用尚未得到足够的重视（Fan，1997）。意识到这一重要性后，我国政府应继续增加对农业的投资，以促进长期的生产和生产力增长，这是未来养活我国人口所急需的。

第二，我国政府可能需要加大对农业推广的重视力度和投资力度。如本章研究所示，技术推广对技术效率有积极的影响。换句话说，推广工作的质量直接影响技术效率的大小，并进而影响粮食作物的实际产量。经过几轮改革，我国的农业推广体系已经无法正常运行（Hu et al.，2012；Babu et al.，2015）。更重要的是，近年来农业生产模式发生了显著变化，而且现代传媒体系的发展使得技术传播方式也发生了根本性变化。在这种情况下，似乎越来越多的声音认为技术推广体系是不重要的。本章研究的结论表明，技术推广对农业生产仍然是至关重要的。因此，政府要加大农业推广的力度。

第三，机械化的发展促进了技术效率的增长。随着城市化进程的持续，预计会有更多的农民到城市中务工。因此，不断扩大的农场规模和机械化将严重影响我国未来的农业生产模式，尤其是粮食作物的生产模式。如本章研究所示，机械化的广泛使用能够成功地减少劳动力，并促进农业生产中技术效率的增加。这项研究的结果表明，我国政府应该为机械化发展提供更多的助力，因为这不仅可以增加农民收入，而且对我国的粮食生产安全也很重要。

参 考 文 献

国家发展和改革委员会. 1978~2017. 全国农产品成本收益资料汇编. 北京：中国统计出版社.
国家统计局. 1978~2017. 中国统计年鉴. 北京：中国统计出版社.
国家统计局. 2017a. 中国科技统计年鉴. 北京：中国统计出版社.
国家统计局. 2017b. 国家统计局关于 2017 年粮食产量的公告. http://www.stats.gov.cn/tjsj/zxfb/201712/t20171208_1561546.html.
农业部. 2017. 中国种子工业大数据平台.http://202.127.42.47:6006/home/totalindex.
Babu S C，Huang J，Venkatesh P，et al. 2015. A comparative analysis of agricultural research and extension reforms in China and India. China Agricultural Economics Review，7（4）：541-572.
Barham B L，Chavas J，Fitz D，et al. 2015. Risk，learning，and technology adoption. Agricultural Economics，45：1-14.
Battese G E，Coelli T J. 1995. A model for technical inefficiency effects in a stochastic frontier

production function for panel data. Empirical Economics, 20: 325-332.

Brown L R. 1995. Who Will Feed China? Wake-up Call for a Small Planet.London: Earthscan.

Darku A B, Malla S, Tran K C. 2016. Sources and measurement of agricultural productivity and efficiency in Canadian provinces: crops and livestock. Canadian Journal of Agricultural Economics, 64（1）: 49-70.

Fan S. 1997. Production and productivity growth in Chinese agriculture: new measurement and evidence. Food Policy, 22（3）: 213-228.

Fan S, Pardey P. 1997. Research, productivity, and output growth in Chinese agriculture. Journal of Development Economics, 53: 115-137.

Fan S, Zhang X. 2002. Production and productivity growth in Chinese agriculture: new national and regional measures. Economic Development and Cultural Change, 50（4）: 819-838.

Fang H. 2010. Technical efficiency of agricultural production in China: measure, discovery and interpretation based on the provincial level. Journal of Agrotechnical Economics, 1: 34-41.

Genius M, Koundouri P, Nauges C, et al. 2014. Information transmission in irrigation technology adoption and diffusion: social learning, extension services, and spatial effects. American Journal of Agricultural Economics, 96: 328-344.

Hu R, Cai Y, Chen K Z, et al. 2012. Effects of inclusive public agricultural extension service: results from a policy reform experiment in western China. China Economic Review, 23: 962-974.

Huang J, Rozelle S. 1996. Technological change: rediscovering the engine of productivity growth in China's rural economy. Journal of Development Economics, 49（2）: 337-369.

Huang J, Rozelle S, Pray C, et al. 2002. Plant biotechnology in China. Science, 295(5555): 674-677.

Jin S, Ma H, Huang J, et al. 2010. Productivity, efficiency and technical change: measuring the performance of China's transforming agriculture. Journal of Productivity Analysis, 33（3）: 191-207.

Kodde D, Palm F. 1986. Wald criteria for jointly testing equality and inequality restrictions. Econometrica, 54（5）: 1243-1248.

Kumbhakar S C, Lien G, Hardaker J B. 2012. Technical efficiency in competing panel data models: a study of Norwegian grain farming. Journa of Productivity Analysis, 41: 321-337.

Lin J Y. 1992. Rural reform and agricultural growth in China. American Economic Review, 82: 34-51.

Liu J, Yu G. 2014. Impact of provincial investment on agricultural technical efficiency. Chinese Journal of Agricultural Resources and Regional Planning, 35（5）: 129-134.

Peng D, Wu X. 2013. A study on China's agricultural technology efficiency and total factor productivity—A perspective on the changes in the structure of rural labor force. Economist, 9: 68-76.

Qiao F. 2015. Fifteen Years of Bt Cotton in China: the Economic Impact and Its Dynamics. World Development, 70: 177-185.

Reifschneider D, Stevenson R. 1991. Systematic departures from the frontier: a framework for the analysis of firm inefficiency. International Economic Review, 32（3）: 715-723.

Rozelle S, Huang J, Rosegrant M. 1996. How China will not starve the World. Choices, 1: 12-17.

Rozelle S, Park A, Huang J, et al. 2000. Bureaucrat to entrepreneur: the changing role of the state in China's grain economy. Economic Development Cultutral Change, 48(2): 227-252.

Sicular T. 1995. Redefining state, plan and market: China's reforms in agriculture commerce. China Quarterly, 143: 1020-1046.

Thiam A, Bravo-Ureta B E, Rivas T E. 2001. Technical efficiency in developing country agriculture: a meta-analysis. Agriculutral Economics, 25: 235-243.

Thirtle C, Beyers L, Ismael Y, et al. 2003. Can GM-technologies help the poor? The impact of Bt cotton in Makhathini Flats, KwaZulu-Natal. World Development, 31(4): 717-732.

Umetsu C, Lekprichakul T, Chakravorty U. 2003. Efficiency and technical change in the Philippine rice sector: a Malmquist total factor productivity analysis. American Journal of Agricultural Economics, 85(4): 943-963.

Wu H, Meng X. 1996. The direct impact of the relocation of farm labour on Chinese grain production. China Economic Review, 7(2): 105-122.

Wang X, Yamauchi F, Huang J. 2016. Rising wages, mechanization, and the substitution between capital and labor: evidence from small scale farm system in China. Agricultural Economics, 47(3): 309-317.

Zhou Z, Tian W, Wang J, et al. 2012. Food Consumption Trends in China, April 2012. Report submitted to the Australian Government Department of Agriculture, Fisheries and Forest.